Ulrich Schacht
Vereister Sommer

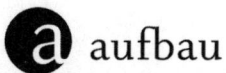 aufbau

Der Autor dankt der Kulturstiftung des Freistaates Sachsen
für die Förderung seiner Arbeit an diesem Buch.

»Wo beginnt Geschichte? Wo sind die Quellen unseres individuellen Lebens? Welche versunkenen Abenteuer und Leidenschaften haben unser Wesen geformt? Woher kommt die Vielfalt widerspruchsvoller Züge und Tendenzen, aus denen sich unser Charakter zusammensetzt? Ohne Frage, wir sind tiefer verwurzelt, als unser Bewusstsein es wahrhaben will ... Jede unserer Gesten wiederholt einen urväterlichen Ritus und antizipiert zugleich die Gebärden künftiger Geschlechter; noch die einsamste Erfahrung unseres Herzens ist die Vorwegnahme oder das Echo vergangener oder kommender Passionen.«

Klaus Mann: »Der Wendepunkt«

»Gewöhnlich poetisiert man die Liebe, schmückt sie mit Rosen und Nachtigallen, wir Russen aber schmücken unsere Liebe mit diesen schicksalsschweren Fragen ... «

Anton Tschechow: »Von der Liebe«

4. April 1999

Ein Mann geht durch den Schnee. Der Schnee unter seinen Füßen bricht, splittert, knirscht. Seit Monaten liegt das eisige Weiß über dem Land, zusammengepresst, verharscht. Jeder Schritt ist zu hören, es dröhnt in seinen Ohren, als stapfe ein mächtiges Wesen durch eine totenstille Winterlandschaft. Manchmal aber gibt der Schnee nach, geräuschlos, morsch und schwach rutscht er dann unter dem Gewicht des Mannes zur Seite, es liegt Tauwetter in der Luft. Die Augen des Mannes überfliegen die leicht abschüssige Dorfstraße, auf der er sich unsicheren Schrittes voranbewegt: Vor keiner Minute noch hat er sie zum ersten Mal in seinem Leben betreten, links und rechts, hinter Zäunen aus Holz oder Draht, Häuser. *Datschen:* Von Moskau aus, mit dem Auto Richtung Smolensk, in einer guten Stunde zu erreichen. Vorbei am Dichterdorf Peredelkino und der kleinen Stadt Moschaisk, in deren Nähe Napoleon 1812 sein russisches Waterloo erlebte. Die Wände der Häuser aus hellen oder nachgedunkelten Balken, verputzten und unverputzten Ziegeln, kein Leben regt sich vor oder hinter den Fenstern, weiße Flächen die Gärten, verblichenes Gras sticht heraus, vergessenes Kraut, frostschwarze Gemüsestauden. Am Ende der Straße füllt ein Birkenwäldchen den niedrig liegenden Horizont aus. *Birken*, denkt der Mann, russische Birken im Winter. Für den Bruchteil einer Sekunde hat er das Bild einer Formation erstarrter Balletelevinnen vor Augen, so zart und zerbrechlich stehen sie, neben Eichen seine Lieblingsbäume, am Rande des Dorfes zwischen hellblauem Himmel und grauweißem Grund. *Schwanensee*, denkt der Mann, und lacht, ohne eine Miene zu verziehen, lautlos in sich hinein, nur das Geräusch des knirschenden, brechenden Schnees in seinen Ohren: Wenn hier einer tanzt, denkt er, der spürt, wie er beim Gehen schwankt, an der Seite eines anderen, kleineren, feingliedrigen Mannes, in schwarzer Hose, schwarzer Lederjacke und mit schwarzer Baseballkappe auf dem Kopf, der seinen linken Arm in seinen rechten eingehakt hat, damit er nicht stürzt, wenn hier einer tanzt, dann ich: mit Klischees, mit reinen Klischees, noch auf den letzten Metern vorm Ziel. Tschaikowski, Tschechow, Turgenjew, russische Birken, russischer Winter, russische Seele, und in der Supermarkttüte in meiner linken Hand schaukeln Wodka und Kaviar, eingekauft noch in Moskau, auf dem Weg hierher. Aber was weiß ich denn wirklich vom Land des Menschen, dem ich gerade entgegengehe, weil er zu mir gehört wie nur noch ein anderer, weit weg von hier, in einem Raum aus anderen Wörtern und Sätzen, anderen Wintern und Sommern, anderem Licht und anderen Finsternissen, in dem auch ich groß geworden bin, nicht hier, und der mich geprägt hat wie kein anderer auf dieser Erde?

Förslöv, den 25. März 1998

Sehr geehrter Wladimir Jegorowitsch,

verzeihen Sie, wenn ich mich auf diesem Wege an Sie wende; aber ich glaube, auch wenn Sie zur Stunde noch nicht davon überzeugt sein mögen, daß ein persönliches Wort von meiner Seite in der Angelegenheit, mit der Sie durch mich seit einigen Jahren konfrontiert werden, die aufrichtigste Form ist, sie zu klären und, wenn möglich, zu einem guten Ende zu bringen. Was aber sollte aus meiner Sicht so unbedingt wie möglich zwischen uns, zwei sich bislang völlig fremden Menschen, geklärt werden? Nun, das Wichtigste, denke ich im Leben eines Menschen: die Herkunft oder Existenz seiner Mutter, seines Vaters, seiner Eltern! Wer meine Mutter ist, weiß ich: Ich bin heute 48 Jahre alt; fast 44 Jahre davon lebte ich mit ihr zusammen oder in ihrer

Nähe. Die ersten 3½ Jahre meines Lebens aber war ich ihr entzogen. In dieser Zeit war sie im Gefängnis, aus dem sie erst 1954 entlassen wurde, amnestiert nach Stalins Tod. Ins Gefängnis gekommen ist sie durch ihre Liebe zu einem sowjetischen Offizier, von dem sie ein Kind erwartete, den sie deshalb heiraten wollte. Doch weil das politisch nicht möglich war, wollte sie mit ihm in den Westen Deutschlands. Dieses Vorhaben wurde dem sowjetischen Geheimdienst, aus welchen Gründen auch immer, bekannt – meine Mutter wurde verhaftet, nach Magdeburg gebracht und dort von einem sowjetischen Militärtribunal wegen »Verleitung zum Landeshochverrat« zu 10 Jahren Arbeitslager verurteilt. Im Magdeburger NKWD-Gefängnis sah sie auch zum letzten Mal jenen sowjetischen Offizier, der mein Vater ist! Es versteht sich von selbst, daß meine Mutter und ich in den Jahrzehnten, die wir dann in der DDR lebten, eine Suche nach meinem Vater nicht betrieben. Die Dinge waren nicht nur aussichtslos, meine Mutter fand es auch viel zu gefährlich, daran zu rühren. Dennoch haben wir uns in all den Jahren hin und wieder über meinen Vater unterhalten, und schon frühzeitig teilte sie mir alles über ihn mit, was sie wußte: Namen, Geburtsjahr, Dienstgrad. Vor mir entstand ein Bild des 1925 geborenen russischen Offiziers mit Namen Wladimir Jegorowitsch Fedotow – eines Leutnants zu jenem Zeitpunkt, den die Zeitumstände in eine katastrophale Situation gebracht hatten, die ihn in Rußland und meine Mutter im Gefängnis verschwinden ließen. Meiner Mutter wurde 1950 auch mitgeteilt, daß Wolodja »25 Jahre Sibirien« bekommen hätte, aber als er ihr gegenüberstand, hatte er noch seine komplette Uniform an. Das machte sie fortan skeptisch; dennoch sprach sie nie schlecht über den Mann, der mein Vater ist, enttäuscht schon eher. Wenige Jahre nach dem Fall der Mauer lernte ich den russischen Journalisten Konstantin Issakow kennen. Ich erzählte ihm meine Lebensgeschichte. Sie beeindruckte ihn so sehr, daß er nicht nur einen Artikel in der Zeitschrift »Neue Zeit« darüber schrieb; er bot mir auch an, in Rußland nach meinem Vater zu suchen. Mit seiner Hilfe bin ich

11

nun auf einen Mann gestoßen, der mein Vater sein könnte, denn sein Name und alle Daten stimmen mit jenen Fakten überein, die meine Mutter und ich seit Jahrzehnten kennen. Dieser Mann sind aller Wahrscheinlichkeit nach Sie; aber wie ich höre, wollen Sie es nicht sein! Lieber Wladimir Jegorowitsch, glauben Sie mir: Ich habe fast volles Verständnis für eine solche erste Reaktion – fast! Denn ich glaube, daß es fast normal ist, im Rahmen der geschichtlichen, politischen und menschlichen Umstände, denen Sie seit 1950 ausgeliefert waren, in denen Sie lebten, eine Geschichte wie diese zu vergessen oder auch zu verdrängen. Ich weiß dabei nicht, ob das Motiv des Verdrängens eher identisch ist mit objektiver Angst oder mit subjektivem Schuldbewußtsein – aber ich weiß, daß der Mann, den ich suche und mit Ihnen glaube, gefunden zu haben, keine Angst zu haben braucht vor dem Mann, der sein Sohn sein könnte – denn es gibt nichts zu richten in diesem Fall von Vatersuche, sondern zuerst und zuletzt nur zu erkennen, zu verstehen und, ja, vielleicht auch zu verzeihen! Anders verhält es sich im Zusammenhang mit meiner Mutter: Sie hätte von dem Mann, der der Vater ihres Sohns ist, gewiß zu Recht mehr zu erwarten an Erklärungen als der Sohn! Aber auch davor bräuchten Sie, lieber Wladimir Jegorowitsch, so Sie denn mein Vater sein sollten, keine Furcht zu haben: Ein belastetes Gewissen, das sich demjenigen gegenüber, an dem es vielleicht oder tatsächlich schuldig geworden ist, öffnet, wird sich entlastet fühlen und auch fühlen dürfen. Lieber Wladimir Jegorowitsch, ich weiß, daß es nicht leicht ist, den Schritt zu vollziehen, um den es mir geht – aber ich denke, daß es bei allem nicht nur um mich oder meine Mutter geht. Ich denke, es geht auch um Sie – um Ihre Ehre und Würde: Begriffe, die heute aus der Mode gekommen zu sein scheinen. Mir aber, und auch meiner Mutter, haben sie immer viel bedeutet: Unser beider bisheriges Leben ist jedenfalls nachhaltig von dem Versuch geprägt, unsere Würde, unsere Menschen-Würde, unter allen Umständen, so würdelos sie auch sein mochten, zu verteidigen und so zu bewahren! Meine Mutter hat das in ihrer Gefängniszeit bewiesen, und das hat mir die Kraft

gegeben, es ihr in meiner Gefängniszeit von 1973 bis 1976 als po-
litischer Häftling in der DDR nachzutun. Sie und ich, lieber
Wladimir Jegorowitsch, sollten uns deshalb treffen und mitei-
nander reden. Sie hätten nichts davon zu befürchten; aber viel-
leicht vieles zu gewinnen! Lassen Sie mich deshalb diesen Brief
mit dem Schluß eines Briefes Iwan Turgenjews, meines russi-
schen Lieblingsautoren, an einen seiner französischen Bekann-
ten beenden: »Wir werden uns über all das bei unserem nächsten Zusammentreffen unterhalten, nehmen Sie einstweilen die
Versicherung meiner besten Gesinnung entgegen.«

Herzlich: Ihr Ulrich Schacht

Slavik, wenn du wüsstest, was mir gerade durch den Kopf
geht, ach, was denke ich: wirbelt, müsste ich sagen, da du mich
diesen schneeverkrusteten, leicht abschüssigen Weg hinab-
führst, dem in Wintertüll gehüllten Birkensaum von *Schali-*
kowo entgegen, so heißt das Nest doch, durch das wir gerade
stolpern, jenem Mann entgegen, dem ich vor ein paar Tagen
einen noch in Schweden geschriebenen Brief zukommen ließ
und darin ein Treffen vorgeschlagen habe, der dir vollkommen
vertraut ist, mir aber, verzeih, mir ist er gänzlich fremd: ein
Name, ein Datum, eine Zeitspanne, die in meinem bisherigen
Leben nicht einmal so real war wie eine der vielen Stern-
schnuppen, die ich gesehen habe, noch jedes Mal mit einem
Wunsch versehen, doch mit diesem Namen, ich weiß nicht,
warum nicht, verband sich keiner. Kein Quäntchen Sehnsucht
quälte mich, wenn ich ihn, selten genug, auszusprechen versuchte, keine unstillbare Neugier, wie es dem Menschen, der
sich dahinter verbarg, wohl ergangen sein mochte, kein Gesicht, in dem ich mich spiegeln wollte. Nicht einmal egal war
er mir. Er war nur nicht da, nie, und blieb bis vor nicht allzu
langer Zeit unverändert das, was er so lange war: eine abstrakte
Buchstabenreihe. Bildlos, es gab kein Bild von ihm. Stimmlos,
nie habe ich ihn sprechen gehört. Reine Behauptung: aus dem
Mund meiner Mutter, die nicht die deine ist. Und doch hältst

13

du mich auf diesem rutschigen und abschüssigen Weg ans Ziel mit deinem Arm wie einen Bruder, mein Bruder.

Vor zwei Stunden haben wir uns, das Filmteam aus den Niederlanden, mit dem ich hier bin, Vater zu treffen, und ich in meinem Zimmer im »Rossija« versammelt, um den entscheidenden Anruf zu tätigen. Nach dem Telefonat hat Konstantin, der es für mich führte – ich spreche eure Sprache ja nicht, obwohl ich sie einmal sogar für ein paar Jahre gelernt habe, auch lesen kann ich sie, mühsam zwar und stockend, aber immerhin, doch eben nicht so sprechen, wie es jetzt nötig wäre –, Konstantin hat einen Moment lang geschwiegen und nach Worten gesucht und dabei sogar vergessen, den Telefonhörer zurück auf den Apparat zu legen, so dass man das Freizeichen hören konnte, laut und vernehmlich wie ein akustisches Signal, das etwas Großes und Wichtiges ankündigt, während er das in eurer Sprache Vernommene übersetzte in meine. Eine ganze Weile schwebte sein Arm noch in der Luft, bis er klar und deutlich, jedes Wort betonend, auf Deutsch sagte, was ihr ihm und damit mir endlich mitzuteilen wünschtet: dass ihr bereit wäret zu einem Treffen zwischen uns allen und euch darüber freuen würdet, dass es nun endlich so weit sei, nach fast fünfzig Jahren. Und er wiederholte: »Sie sind bereit, sehr sogar!« Aber merkwürdig: Als ich diesen klaren Satz hörte, dem eine Pause folgte, in der er nichts von seiner Klarheit verlor, wurde ich weder euphorisch, noch hat er mich erschreckt. Nur ein großes Durchatmen erfüllte mich, das einen Blick auf meine Armbanduhr begleitete und die merkwürdig lakonische Frage gebar: »Wie viel Zeit haben wir noch?« Es war wie ein Einsatzbefehl für Fallschirmjäger, deren Absprung ins Ungewisse in Kürze erfolgen sollte. Die Operation, hundertmal durchdacht, bot dennoch erhebliche Risiken, die unklar ließen, wie es letztendlich ausgehen würde. Das überfallartige Eindringen ins Seelengehäuse anderer Menschen, die bis eben noch nicht wussten, dass es dich gibt, gestern haben wir es ja

14

erlebt und gesehen, was es bewirkt, an Jurij, deinem und nun auch meinem Bruder, diesem freundlichen Mann mit der mächtigen Gestalt, der mir im ersten Moment wie ein Nachfahre von Ilja Muromez vorkam, jenem Filmhelden meiner Kindheit, der auch euch ein Begriff sein dürfte. Ganz benommen von der Tatsache meines Erscheinens in seinem und euer aller Leben, saß er auf seinem Stuhl und gestand, mit leiser Stimme, abwesendem Blick und dem wiederholten Schütteln des Kopfes: »Ich kann das alles nicht begreifen!« Er wehrte nichts ab, aber er war fassungslos. Diese Fassungslosigkeit jedoch war zugleich der Beweis, dass mein Vater, der auch der eure ist, geschwiegen hat, eisern geschwiegen, bis zur letzten Minute. Warum? Ich weiß es nicht, vielleicht wird er es einmal sagen. Euch muss er es sagen, euch vor allem. Mir nicht. Ich wusste ja immer, dass es ihn gibt, und er wusste wenigstens dies: dass seine deutsche Freundin, meine Mutter, ein Kind von ihm bekam, von ihm und niemand anderem, was immer danach geschah und wohin auch immer die beiden sich aus den Augen verloren. Aber seit einigen Jahren weiß er, nachdem Konstantin ihn in Moskau entdeckte, mit Hilfe von Oberst Nikischkin, dem Chef des Historischen Militärarchivs eurer Armee, Konstantins hilfreichem Freund, der ihn auf militärischem Wege zu sich gebeten hatte, und aus den Akten in seinem Institut, dass dieses Kind wirklich ans Licht der Welt gekommen ist und es damit, neben dir und Jurij, noch einen Sohn gibt, den ältesten aller drei, die er nun und seit langem hat, im fernen Deutschland, von jener Frau, die vor vielen Jahrzehnten einen kurzen Sommer lang die seine war und es bleiben wollte für ein ganzes Leben und die für diesen natürlichsten Wunsch aller Wünsche, wenn Liebe im Spiel ist und ein Kind unterwegs, zuletzt ins Gefängnis ging. Doch vor Nikischkin und Issakow hat er bestritten, sie jemals getroffen zu haben, zugleich gab er zu, Wladimir Jegorowitsch Fedotow zu sein, geboren am 21. Dezember 1925 in einem Dorf bei Smolensk, gab zu, nach Deutschland abkommandiert und 1950 in

Wismar stationiert gewesen und im selben Jahr in die UdSSR zurückgekehrt zu sein. Aber wenn die Frage auf meine Mutter kam, ob er sie kenne, schüttelte er nur den Kopf und sagte: »*Nein, kenne ich nicht.*« Das war 1993. Dabei hatte er doch Glück im Unglück, wie ich seit einigen Tagen weiß, und musste, *als moralisch nicht gefestigte Person*, wie es in den Akten heißt, nur zurück nach Russland, das damals noch die Sowjetunion war: *in Begleitung eines Offiziers derselben Militärabteilung am 26. 10. 1950 bis zur Station Brest.* Aber von dort ging es weiter, weiter und weiter, unendlich weit weg vom Ort der »moralischen Verfehlung«, ohne Gelegenheit zum Rückfall, bis nach Tschita, hinter dem Baikalsee, im Jablonovyj-Gebirge, nahe der Grenze zur Mongolei und zu China. Das war keine Strafe, und wenn, dann die geringste von allen möglichen; aber eine Auszeichnung war es eben auch nicht.

Es steht in *den* Akten, aus denen mir Militärjustiz-Oberst Kopalin vorgelesen hat, dieser gute Mensch von Moskau, den alle noch lebenden Opfer Stalins in Deutschland inzwischen kennen wie einen Engel mit froher Botschaft, weil er unermüdlich ihre Rehabilitierung betreibt und entsprechende Beschlüsse unterzeichnet. Sein Name steht, wie kein anderer russischer Name in diesen Jahren, für die Rückkehr der Gerechtigkeit in ihre Leben, die nie ganz frei geworden sind von der Last jener Schreckenszeit, wie sollten sie auch. Ich habe gegrübelt, schon früher, was unseren Vater zu dieser Abwehr getrieben haben könnte, vor allem aber die letzte Nacht im Hotel, kaum fand ich Schlaf, denn selbst noch in dieser Woche, da er wusste, dass wir hier sind, so gut wie vor seiner Tür, hat er auf einen Anruf von Konstantin nur abwehrend reagiert. Schuldgefühle? Skepsis, ein falscher Sohn pirsche sich da an ihn heran, ein Dimitri auf dem Wege nach Moskau, in den Kreml der Fedotows? Zuletzt sagte ich mir, Scheinrationalist, der ich auch sein kann: Eine Liebesgeschichte von nur wenigen Monaten, die zudem ein halbes Jahrhundert zurückliegt, kann die wirklich, selbst wenn sie so dramatisch endete wie die meiner Mutter und jenes Offiziers, der unser Vater damals war, ein ganzes weiteres Leben besetzen wie ein alles beherrschender Okkupant? Oder war es einfach nur die Weigerung des gesunden Menschenverstandes, zu glauben, dass das absolut Unwahrscheinliche tatsächlich Wirklichkeit werden könnte? Manchmal dachte ich auch, vielleicht wirkt sich hier bloß das Phänomen des so oft zitierten russischen Fatalismus' aus, diese Schicksalsergebenheit: Es ist, wie es ist, und war, wie es war?! Diese Apathie den Schrecknissen des Lebens gegenüber, die einem andere bereiten, Stärkere, Mächtigere. Der Totstellreflex als Überlebensstrategie. *Ein* Leben hat man ja nur; man hat wirklich nur *eins*. Hier. Ist Vergessen deshalb nicht die größte aller Tugenden, wenn es darum geht, zu überstehen, was nur überwältigen will? Einfach weiterzuleben, auf dem Floß der Medusa, bis endlich wieder Land in Sicht ist, Überlebensgelände, selbst wenn es bloß der alte Grund ist, auf den wir zuletzt erneut geworfen werden? Nein, ich blicke nicht zornig auf diese Ausweichbewegungen vor mir, nicht einmal bitter oder auch nur irritiert; eher wie auf eine schwierige Aufgabe, die gelöst werden muss. Früher musste sie das nicht für mich; die drei Frauen, die mein Leben geprägt haben, Mutter, Großmutter, Schwester, waren stark genug, mich das Fehlende nicht als Verlust spüren zu lassen. Doch seitdem ich wusste, dass unser Vater noch lebt, packte mich eine elementare Neugier, auch auf ihn, natürlich, vor allem aber auf mich: Ihn zu treffen, tot oder lebendig, würde das Spiegelbild meiner Existenz vervollständigen. Bisher hat es mich nur zur Hälfte gezeigt, die andere Hälfte blieb schwarz. Aber jetzt, gestern, heute, morgen, ganz allmählich und rasend schnell zugleich, beginnt der dunkle Teil sich zu lichten, heller zu werden mit jeder Stunde, ich sehe meine Umrisse, wie sie sich vervollständigen, ein Fragment komplettieren. Gewiss, da entsteht kein gänzlich neues Bild von mir, aber nun wird es ein ganzes. Es ist dieses Ziel, das mich hierhergetrieben hat, auf diesen Dorfweg westlich von Moskau. Einem Haus entgegen, das ein spätes Vaterhaus genannt werden könnte. Aber das liegt nicht allein an mir. Was mag jetzt in deinem Kopf vor sich gehen, der du mich tapfer stützt und brüderlich führst, und erst recht im Kopf desjenigen, der uns unaufhaltsam auf sich zukommen sieht?

22. Januar 1954

In den ersten Wochen des Jahres 1954, elf Monate nach Stalins Tod, hätte ein Mensch mit göttlichem Überblicksvermögen im deutschen Teilstaat zwischen Elbe und Oder, Ostsee und Erzgebirge ein Phänomen wahrnehmen können, das im Getriebe des grauen Alltags der Diktatur punktuell immer wieder geradezu farbenprächtig aufleuchtete, wenn man einmal absah vom omnipräsenten Propagandarot der Fahnen, Transparente und Plakate: einen Schwarm Hunderter, meist jüngerer Frauen, der sich von einem bestimmten geographischen Punkt aus im südlichen Mitteldeutschland, über Tage hinweg, zwischen dem 15. und 18. Januar, ins Land ergoss. Alle diese Frauen trugen, als sie jenen Punkt, die Kreisstadt Stollberg im Erzgebirge, verließen, einen dunkelblauen wollenen Wintermantel und um den Hals einen warmen weinroten Schal, der ihre blassen Gesichter noch auffälliger werden ließ. Sie führten kaum Gepäck bei sich, nur kleinere Beutel oder Taschen, und wurden sichtbar für die Öffentlichkeit erst auf dem Bahnhof der nahe Stollberg gelegenen alten Industriestadt Chemnitz, des »sächsischen Manchester«, das seit dem 10. Mai 1953 Karl-Marx-Stadt hieß und neuerdings eine von vierzehn Bezirkshauptstädten war, gemäß dem Beschluss der Volkskammer vom 23. Juli 1952 über die Neugliederung der Länder in Bezirke im »Gesetz über die weitere Demokratisierung des Aufbaus und der Arbeitsweise der staatlichen Organe«. Doch was das wirklich bedeutete, wenn sie es denn überhaupt erfahren hatten im scheinbar unveränderlichen isolierten Alltag hinter den hohen Mauern, vor denen Tag und Nacht scharf gemachte Schäferhunde herumliefen und bellten, hinter den vergitterten Fenstern und verriegelten Türen der alten Burg Hoheneck über der Stadt, in der sie für Jahre ihr Leben fristeten, wusste keine von ihnen.

Vor dem Hauptbahnhof verließen sie graugrüne Kleintransporter und eilten in die Schalterhalle, um von den Fahrplänen, die dort aushingen, abzulesen, von welchem Bahnsteig aus sich der Zug in Bewegung setzte, der sie endlich von hier fortbringen sollte, dem lang entbehrten Zuhause entgegen. Die meisten nahmen zunächst die Verbindung in Richtung Leipzig, dort erst trennten sich ihre Wege, falls sie nicht ein gemeinsames Endziel hatten. Die letzten dieser jungen Frauen in blauen Mänteln und weinroten Schals konnte man am 22. Januar dieses eher milden und regnerischen Wintermonats beobachten. Im Unterschied zu all denjenigen, die schon Tage früher den Weg gegangen waren, den auch sie jetzt zurücklegten, hatte diese Gruppe, für die kurzfristig eine ganze Veranda geräumt und zum Bettensaal umfunktioniert worden war, einige Zeit im Krankenhaus der Stadt Stollberg verbracht und noch geschwächter die Reise angetreten als ihre nun in alle Winde verstreuten Gefährtinnen zuvor. Ihre uniformierten Begleiter trugen ihnen ihre karge Habe fast bis an den Zug, um dann wortlos zu verschwinden. Wie ihre Vorgängerinnen auch, musste keine von ihnen eine Fahrkarte kaufen; sie alle verfügten über ein amtliches Dokument, auf dem nicht nur festgehalten war, dass es sich um einen »Entlassungsschein« handele, im Vordruck vermerkt waren auch die Aushändigung von Verpflegung und Reisegeld sowie die Charakterisierung des Papiers als Fahrtberechtigungsschein. Mit Schreibmaschine eingefügt hatte man die Namen der Frauen, ihre Geburtsdaten, Ort und Tag der Entlassung, das Reiseziel und die Höhe des Geldbetrages: Zehn Deutsche Mark waren jeder von ihnen demgemäß ausgehändigt worden. Beglaubigt war das Dokument mit einem kreisrunden violetten Stempel, in dessen Zentrum die Kokarde der Deutschen Volkspolizei prangte, der Schriftzug im Innern, parallel zum äußeren Kreis, lautete: »Strafvollzugsanstalt Hoheneck«. Auch eine Unterschrift war vorhanden; doch der Name des Menschen, der sie geleistet hatte, schwungvoll und mit stahlblauer Tinte, blieb für alle, die ihn nicht kannten, unlesbar. Die Frauen, die den Entlassungsschein ausgehändigt bekommen hatten, wussten allerdings genau, wer die Unterschrift auf das Papier gesetzt hatte: Niemand anderes als der Leiter der Strafvollzugseinrichtung Hoheneck persönlich, Volkspolizei-Kommandeur Ahlborn. Die Fahrkartenkontrolleure der Deutschen Reichsbahn registrierten noch in jedem Fall sofort, wen sie vor sich hatten, streckte ihnen eine schmale Hand das amtliche Papier von der Größe einer halben DIN-A5-Seite entgegen. Belanglos, wie es von weitem aussah, war es von unschätzbarem Wert für seine Besitzer.

Den meisten der jungen Frauen war das Erkanntwerden vollkommen gleichgültig, einer von ihnen ganz besonders. Vor vier Monaten war sie sechsundzwanzig Jahre alt geworden, ohne im Geringsten zu ahnen, dass es ihr letzter Geburtstag im Gefängnis sein würde, sechs hatte sie zu jenem Zeitpunkt an diesem Ort laut Urteil des Sowjetischen Militär-Tribunals vom 19. November 1950 noch vor sich, erst im August 1960 sollte sie heimkehren dürfen. Heim zu Tochter und Sohn, Mutter und Schwester, Schwager, Nichte und Freunden: zurück nach Hause. Nach Wismar an der Ostsee. Noch in ihrem letzten großen Brief aus dem Gefängnis an die Familie bestimmte die Aussichtslosigkeit, den Ort täglichen Schreckens und nächtlicher Seelenqual endlich verlassen zu können, den Ton, blieb die Perspektive verdüstert, führte die Traurigkeit angesichts der Unerreichbarkeit von Familie und Kindern die Feder: Die Sorge um ihr Wohlbefinden, nicht dasein zu können für sie, war die größte Last im brutal erzwungenen Fernsein. Und doch enthielt er auch viele kleine Momente von Würde und Hoffnung: über die Erinnerung an schönere Zeiten oder Hinweise auf die Gestaltung des bevorstehenden

Weihnachtsfestes, auch fragte er kryptisch nach dem Kontakt zu den Schwestern der Mutter, den Tanten, die im Westen wohnten, in Hannover und Düsseldorf, und versuchte andererseits sogar eine Kontaktaufnahme zu inspirieren, zu den Eltern einer Mitgefangenen aus der Heimatstadt. Mit all dem gerann der Brief so zum widersprüchlichen Notat des Alltags in einem Gefängnis, das mit ihr, der Schreiberin, vor allem Frauen umzwang, denen die Diktatur nicht mehr und nicht weniger als die Freiheit genommen hatte und damit oft auch, was am schwersten wog, die Nähe zu den eigenen Kindern, wegen nichts:

Hoheneck, den 14.11.1953

Meine liebe, gute Mutti, meine lieben kleinen Spatzen! Leider noch keine Post diesen Monat von Euch, aber wird schon noch kommen. Im letzten Monat warst Du sicherlich schon unruhig, weil die Post so spät kam, was? Mutti, bist Du noch gesund und die Kinder auch? Das ist mir immer das Wichtigste. In 14 Tagen ist schon 1. Advent und dann kommt ganz schnell Weihnachten. Ich darf dieses Jahr gar nicht dran denken. Es wird eben von Jahr zu Jahr schwerer. Die Geburtstage sind nun auch alle vorüber. War meine Dorle sehr enttäuscht, daß ihre Mami immer noch nicht da war? Ach, Mutti, je häßlicher mich alles umgibt, desto mehr denke ich an alles Schöne zu Hause und die Sehnsucht wächst. Aber wenn ich nicht alle schönen Erinnerungen hätte, dann wär's traurig bestellt. Macht Angelika sich weiter so gut in der Schule? Glaubst Du, ich freue mich riesig über sie. Sie soll nur weiter so machen!! Wonach hat Susi an ihrem Geburtstag gegriffen? Sie muß ja ein rechter Wildfang sein. Na ja, bei den Eltern ja auch kein Wunder. Und was machen meine 2? Vom Jungen habe ich heute nacht geträumt. Mutti, weiß mein Ulli eigentlich noch, daß er irgendwo noch ein Mami hat? Oder nicht? Ich hab Angst vor der Stunde des Wiedersehens. Bei Dorle nicht, denn sie weiß es ja. Was machen Margarete und Horst?

21

Hoffentlich geht es allen gut. Mutti, jetzt habe ich noch eine Bitte; kannst Du mir im Weihnachtspaket recht viel Kekse (eckig) und Lebkuchen sowie ausgepahlte Nüsse schicken. Rosinen, gibt's die überhaupt? Bekommt Ihr eigentlich noch Post von Tante Käte + Dora? Wissen sie, daß ich hier bin? Ach so, 2 Seiflappen könnte ich noch brauchen, meine sind zu Ende. Für heute ist wieder Schluß. Es gibt gleich Essen und um 4 Uhr geht's zur Schicht. Nun Euch allen recht, recht herzliche Grüße und Küsse. Eure Wendelgard Annemaries Mutter war hier. Geh doch mal zu ihr. Fr. Grube Nr. 2. Paket soeben erhalten, vielen, vielen Dank.

Doch nun war sie frei, so plötzlich, wie sie vor Jahren unfrei geworden war: hinter sich Hoheneck, die Gefängnisburg. Hinter sich Stollberg, das ihr und den anderen zwar zu Füßen gelegen hatte, zum Greifen nah, und doch all die Zeit über unerreichbar blieb wie Sonne, Mond und Sterne am Himmel hinter den Gittern oder das Grün von Wiesen und Bäumen auf den sanften Gebirgshängen des Erzgebirges, die den Ort umgaben, selbst im kältesten Winter blieb die Sehnsucht, den eigenen Fuß auf die Landschaft zu Füßen zu setzen, brennend. Hinter sich Karl-Marx-Stadt, wo sie zum ersten Mal seit dreieinhalb Jahren wieder einen Zug betreten hatte. Hinter sich auch Leipzig, dort war sie umgestiegen in den D 184, der sie nach Norden bringen sollte, bis der Schienenweg endete, weil die Küste erreicht war, die Küste der Ostsee, an der Wismar lag, seit Jahrhunderten. Mit seinen riesigen Kirchen und wunderschönen Giebelhäusern, mit der Wasserkunst und der Frischen Grube, mit dem uralten Backsteintor zum Hafen und dem großen Platz vor dem Rathaus, auf dessen Weihnachts- und Pfingstmärkten sie und ihre Geschwister, Straßen- und Schulfreundinnen so viel Spaß und Vergnügen gehabt hatten. Der Zug kam aus Dresden, sein Endbahnhof lag in Rostock, davor machte er halt in Leipzig, dann in Halle, Dessau, Magdeburg, Stendal, Wittenberge, Ludwigslust und Schwerin. Erst in Bad Kleinen, einem Ackerbürgernest und

Bahnknotenpunkt im Nordwesten Mecklenburgs, das nun nicht mehr so hieß, sondern aufgelöst worden war in die Bezirke Schwerin, Rostock, Neubrandenburg, musste sie erneut umsteigen und den Personenzug nach Wismar nehmen; von dort stammte sie, und dorthin wollte sie wieder zurück. Wenn die Deutsche Reichsbahn noch immer so pünktlich war wie früher, würde sie um 17 Uhr 35 in Bad Kleinen sein und, eine knappe Dreiviertelstunde später, gegen 18 Uhr 17, in der Stadt an der Ostsee ankommen.

Es war sechs Minuten vor elf, als sich der D 184, auf die Minute genau und unter Dampfschwaden, Signalpfiffen und Räder- wie Lautsprechergedröhn, in Bewegung setzte und langsam aus der riesigen Halle des Leipziger Hauptbahnhofs zu rollen begann. Die junge Frau hatte ein Abteil gefunden, in dem niemand saß, auch stieg im Laufe der nächsten Stunden keiner zu. Sie bedauerte es nicht, sie war froh darüber. Sie wollte alleine sein, nur alleine. Erfüllt von unbändiger Freude und größter Angst zugleich, dem Anlass und Ziel dieser Freude seelisch nicht gewachsen zu sein, kauerte sie sich in einen der Sitze neben dem Fenster und blickte hinaus in den vorbeifliegenden Tag und zurück in die verflossenen Jahre. Ab und zu schlugen Regentropfen gegen die Scheibe, der Winter war nass in diesen Tagen. Sie verwischten die Realität draußen noch mehr. Nichts nahm sie wirklich wahr von den Städten, Dörfern und Landschaften, die der Zug passierte. Nichts von Mensch und Tier, nichts von den langsam sich schließenden Kriegswunden an Gebäuden, Bahnhöfen und Fabriken, die dreieinhalb Jahre zuvor noch so überdeutlich in den Gesichtern der Städte klafften, als sie am Nachmittag des 15. August 1950 von einem Kriminalkommissar der Deutschen Volkspolizei unter nebulösem Vorwand aus dem Hause gelockt und nur wenige Straßen weiter der sowjetischen Geheimpolizei übergeben wurde, um zunächst für Wochen, später für Monate spurlos verschwunden zu bleiben.

Noch immer sah sie sich, wie sie gerade dabei war, in der winzigen Wismarer Wohnung, in der sie zusammen mit ihrer Mutter und ihrer Tochter lebte, die knapp Zweijährige anzuziehen, die den Nachmittagsschlaf beendet hatte, als es gegen sechzehn Uhr klopfte. Sie nahm das Kind auf den Arm, ging zur Tür, öffnete und stand, ziemlich überrascht, einem in Zivil gekleideten Herrn gegenüber, an dessen Namen sie sich sogleich erinnerte, obwohl sie ihn nur flüchtig kannte: »Bernhardt, Kriminalpolizei!«, hatte er sich zwei Jahre zuvor militärisch knapp vorgestellt, in der örtlichen Handwerkskammer, wo sie damals arbeitete, als Kontoristin. Man ermittelte in jenen Tagen so kurz nach dem Krieg in einer Angelegenheit von Diebstahl: Schnaps war verschwunden, zwanzig Flaschen, ein gewisses Vermögen. Sie waren angeschafft worden, weil ein Fest bevorstand. Doch nun, über Nacht, waren sie verschwunden, und niemand konnte sich einen Reim darauf machen, weder in Form eines Verdachts noch auch nur einer Idee davon. Es gab Verhöre, man hatte Fingerabdrücke genommen. Am Ende verlief sich die Sache im Sande, und als sie den Ermittler danach zufällig wieder traf, auf dem Weg zum Marktplatz, und er zunächst auch nicht abgeneigt schien, ein Wort mit ihr zu wechseln, konnte sie ihr loses Mundwerk nicht halten und fragte mit leichtem Spott in der Stimme: »Na, Herr Bernhardt, hat sich die Sache erledigt? Oder haben Sie was davon abgekriegt?« Doch der Kriminalkommissar war daraufhin, schnellen Schrittes und ohne noch ein weiteres Wort zu verlieren, fortgeeilt. Nun stand er plötzlich wieder vor ihr und fragte sie höflich, ob sie das Fräulein Schacht sei? Als sie bejahte, fragte er auch nach ihrem Vornamen, es gäbe ja zwei davon in der Familie? Sie nannte ihn, ohne zu zögern, doch der Kriminalpolizist entschuldigte sich überraschenderweise für einen Moment und sagte, er müsse noch einmal kurz weg, wäre aber gleich wieder da. Er blieb tatsächlich nicht lange fort, und als er zurück war, bat er sie so freundlich wie zuvor, doch bitte mit ihm zu kommen, es ginge um eine Aussage in einer bestimmten Angelegenheit. Im selben Moment kam Kätchen, ihre ältere Schwester, das andere bisherige Fräulein Schacht, ins Haus, sie hatte zehn Tage zuvor geheiratet, den Tischler Karl-Friedrich Mäker aus der Nachbarschaft, und wollte stolz die gerade fertig gewordenen Hochzeitsphotos zeigen. Es war keine kirchliche Hochzeit gewesen, aber man war mit der Droschke vorgefahren, und die halbe Straße hatte Spalier gestanden, das ganze Haus mitgefeiert. Sie selbst hatte auf dem Fest die neuen schwarzen Pumps mit den grünen Schleifen eingetanzt, ein Geschenk ihres russischen Freundes Wladimir. Während die Schwester ins Wohnzimmer ging, fragte sie den Kriminalkommissar, ob sie ihre Tochter nicht mitnehmen könne? »Aber nein«, beruhigte sie der Kommissar, »lassen Sie sie mal lieber hier, das ist wirklich nicht nötig, es dauert doch höchstens zehn Minuten!« Zwar passte ihr die überraschende Störung im Tagesablauf überhaupt nicht ins Konzept, aber wahrscheinlich ging es immer noch um die alte Sache, den blöden Schnapsklau, wie lächerlich! Also übergab sie der Schwester das Kind, zog sich nicht einmal einen Mantel über, es war ja Sommer und warm, sagte zu Schwester und Tochter: »Bis gleich«, und folgte dem Beamten, der ihr sogar noch die Tür aufhielt. Vor dem Haus wunderte sie sich, dass der Kriminalkommissar nicht den kürzesten Weg zum Volkspolizeikreisamt einschlug, sondern offenbar einen längeren bevorzugte, einen Umweg durch die Hauptstraße der Stadt. Als sie ihn darauf aufmerksam machte, gab er eine undeutliche Antwort und dirigierte sie plötzlich völlig überraschend in den *Badstaven*, eine winzige Seitenstraße, an deren Ende ein großer roter Backsteinbau stand, ihre ehemalige Volksschule, die noch vor wenigen Jahren den Namen Hitlers getragen hatte, nach dem Krieg wurde sie in Pestalozzi-Schule umbenannt. Dort sah sie, bezog es aber noch immer nicht auf sich, eine dunkle Limousine mit verhängten Fenstern stehen, nur das Geräusch des laufenden Motors schien ihr ungewöhnlich, aber auch das wurde ihr erst nachträglich bewusst. Zielstrebig führte der deutsche Polizeibeamte die zum kurzen Gespräch Gebetene nun auf den Wagen zu, dessen hintere Tür in dem Moment aufsprang, als dem Fahrzeug nicht mehr auszuweichen war. Ein Mann in sowjetischer Uniform federte heraus, ebenso behende trat er zurück, die weit geöffnete Tür mit der linken Hand fest im Griff. Wortlos übergab der deutsche Polizist dem russischen Geheimdienstoffizier vom MGB die junge Frau, um danach eiligen Schrittes im Gassenlabyrinth der alten Hafenstadt zu verschwinden, in der sie am 9. September 1927 geboren und ihr Vater, ein Seemann, im Frühjahr 1939, kurz vor dem Ausbruch des Zweiten Weltkriegs, viel zu früh, verstorben und begraben worden war. Aber auch er hätte ihr jetzt nicht mehr helfen können, so wenig wie ihre Mutter, die noch an ihrem Arbeitsplatz im örtlichen Kirchensteueramt war. Niemand hätte ihr helfen können in diesem Moment. Der MGB-Mann schob sie ohne ein Wort zu sagen, doch mit unnachgiebigem Druck, in den Fond des Wagens, wo ein weiterer Uniformierter saß, auch der Platz neben dem Fahrer war mit einem Mann in Uniform besetzt. Dann stieg er wieder ein, so dass sie jetzt eingekeilt zwischen ihnen zu sitzen kam, zog mit schnellem Griff die Wagentür zu, der Motor heulte auf, und die geheimnisvolle Limousine, deren Seiten- und Rückfenster verhängt waren, fuhr unaufhaltsam und mit steigendem Tempo davon.

Vier Monate später, am Heiligen Abend des schrecklichen Jahres, erhielt ihre Familie das erste persönliche Lebenszeichen von ihr. Sie hatte es am 20. Dezember abgeben dürfen, fünfzehn kurze Zeilen, mit Bleistift geschrieben, auf einem Briefbogen, Format DIN A5. Dass diesen Brief, der aus dem Frauengefängnis Hoheneck in Stollberg im Erzgebirge kam, im Unterschied zu den noch vielen folgenden, die alle mit ruhiger Hand geöffnet worden zu sein schienen, offenbar zitternde Hände aufgerissen hatten – zwei blaue 12-Pfennig-Briefmarken mit dem Porträt Max Plancks, das Porto, waren dabei halbiert worden, die Ränder des Blattes zerfetzt –, regis-

trierte sie erst Jahre später, als sie das leicht vergilbte Bündel
Briefe im Nachlass der Mutter entdeckte:

*Liebe Mutti, mein Dorlekind! Endlich, endlich kann ich Euch
die erste Nachricht geben und sagen, daß es mir noch gut geht.
Ich hoffe auch, daß zu Hause alles wohlauf ist. Was macht mein
Dorle und Neina? Bekommt keinen Schreck, aber Dorle wird
im März ein Schwester- oder Brüderlein haben. Mach Dir um
nichts Sorgen, wir tragen alle unser Los tapfer und der Herrgott
wird uns schon zur rechten Zeit ein Wiedersehen schenken. Sei
nur nicht mehr böse, daß ich nicht auf Dich gehört habe, ich habe
es schon mehr als genug bereut. Ihr dürft mir jeden Monat 1 Brief
mit 15 Zeilen und 1 Paket von 2 Kilo schicken mit Lebensmitteln. Appetit habe ich auf alles, und dann bitte ich um Kämm-
chen und Zahnpasta. Nun Euch allen ein gesundes Fest und
»neues Jahr«. Eure Wendi*

Nur einmal wurde ihr Blick zurück unterbrochen, als der Zug-
kontrolleur kam und um die Fahrkarte bat. Er sah nicht lange
auf den merkwürdigen Fahrschein, den die junge Frau ihm
entgegengereicht hatte, aber er machte, als er ihn wieder zu-
rückgab, ein besonders freundliches Gesicht, wünschte eine
gute Heimreise und schloss behutsam die Coupétür. Der
gleichmäßige Rhythmus des D-Zuges versetzte sie in einen
unwirklichen Zustand zwischen Überwachheit und Tiefschlaf,
aus dem sie immer wieder auffuhr, in den sie immer wieder zu-
rücksank, umschwirrt von Bildfetzen und ganzen Szenenfol-
gen, die weit Zurückliegendes zum Vorschein brachten oder
erst vor wenigen Tagen Geschehenes überscharf wieder ins
Bewusstsein hoben.

Nein, sie lag nicht mehr mit abklingender schwerer Angina
im frischbezogenen Bett auf der Veranda des Krankenhauses in der Johnsdorfer Straße der Stadt Stollberg im Erzgebirge, umsorgt von Menschen, die es gut meinten mit ihr und
den anderen im provisorischen Krankensaal untergebrachten

ehemaligen Häftlingen. Auch von dort war sie inzwischen entlassen worden, medizinisch versorgt und mit einer »Ärztlichen Bescheinigung« ausgestattet, die nicht nur den viertägigen Aufenthalt bestätigte, vermerkt und abgezeichnet für jede zukünftig zuständige Behörde hatte die Assistenz-Ärztin der inneren Abteilung, eine Frau Dr. Halank, auch noch, dass ihre Patientin »mit 14 Tagen Schonung entlassen« worden sei. Am unteren Rand des Krankenhaus-Briefbogens, linksbündig aufgedruckt, prangte das offizielle Zeichen für den ersten Fünfjahresplan des neuen Staates, zum Gesetz gemacht mit dem Charakter einer Anweisung zur Fronarbeit am 11. November 1951, die sie beide, Staat und Plan, bislang fast nur aus der Perspektive eines politischen Häftlings erlebt hatte. Noch weniger aber lag sie, wie vor Tagen, die eine Ewigkeit her zu sein schienen, apathisch in einer Einzelzelle des Krankenreviers des größten Frauengefängnisses dieses Staates, deren schwere Tür jedoch weder abgeschlossen noch verriegelt werden durfte. Das signalisierte ein großes, mit weißer Farbe aufgemaltes Kreuz, weil der jeweilige Häftling dahinter, so die Bedeutung des Zeichens, lebensbedrohlich erkrankt war und der Arzt oder die Schwestern jederzeit Zutritt haben mussten. Doppelt hilflos und von hohem Fieber gequält, hatte sie dennoch mitbekommen, dass die Entlassungen, von deren Bevorstehen sie seit Tagen wussten, begonnen hatten, aber keine Verantwortliche vom Wachpersonal war bislang an ihr Bett gekommen, um ihr mitzuteilen, dass auch sie unter die Amnestie falle, die sie alle dem immer noch das öffentliche Bewusstsein beherrschenden Tod Stalins zuschoben, weil sie nicht wussten, dass der wahre Grund ihres Glücks einer politischen Geste geschuldet war, die sich die UdSSR aus Anlass der Vier-Mächte-Konferenz in Berlin geleistet hatte, um gut Wetter zu machen. Zur gefährlichen Erkrankung kam so eine mit jedem Tag stärker werdende Furcht hinzu, nicht zu denen zu gehören, die den Ort des Schreckens vorzeitig verlassen durften. Es war das Gift des Zweifels, der zur Verzweiflung werden konnte, das mit jeder verstreichenden Stunde tiefer in sie eindrang, sie weiter schwächte, die eitrige Entzündung im Hals nicht abschwellen ließ, bis plötzlich ein rettender Engel vor ihrem Bett stand, weißgekleidet und glaubwürdig wie kaum eine andere Erscheinung an diesem Ort: Doktor Gerhardt, die Ärztin, die selber eine politische Gefangene war. Sie gab ihr nicht nur eine Spritze, sie flüsterte ihr zu, während sie die vorgesehene Dosis »Eleudron« in den Oberarm injizierte, ein Ersatzmittel für Penicillin, dass sie ruhig sein könne, ganz ruhig, auch sie stehe auf den Entlassungslisten. Die Injektion war schmerzhaft, doch erinnerte sie sich, dass das Mittel ihre Tochter gerettet hatte, 1948, kurz nach deren Geburt, die an einer doppelseitigen Lungenentzündung erkrankt gewesen war. Als sie endlich begriff, dass Wirklichkeit werden sollte, was sie sich so sehnlichst gewünscht hatte, schoss jedoch, wie ein Flaschenteufel mit böser Grimasse, ein Verdacht in ihr hoch, der sie dem Gehörten gegenüber sogleich wieder in tiefe Skepsis stürzte: Hatte die Ärztin sie vielleicht nur beruhigen wollen? Eine gutgemeinte Lüge, aus therapeutischen Gründen? Damit sie durchhielt, wieder zu Kräften kam? Es kreiste in ihrem Kopf, der fieberheiß war, schneller und schneller, ein Gefühlssturm durchtobte sie, bis sie, erschöpft und schweißnass, endlich für kurze Zeit einschlief.

Wie hätte sie auch wissen können, dass schon vor Monaten, am 9. Juni 1953, in der Sowjetunion entschieden worden war, dass auch sie freizulassen sei: mit dem »**BESCHLUSS Nr. 6279/n**« des »Militärkollegiums des Obersten Gerichts der UdSSR in der Zusammensetzung von: Vorsitzender: General-Major der Justiz, Matulevitsch, Mitglieder: General-Major der Justiz, Sarjanow, und General-Major der Justiz, Dimitrijew«, die festgestellt hatten: »Nach Prüfung der Dokumente durch die Gerichtssitzung vom 9. Juni 1953 über die vorzeitige Freilassung von Schacht, Wendelgard, Ursula, Lisa, Scharlotte, geb. 1927, deutsche Bürgerin, verurteilt zu 10 Jahren Gefängnis durch das Militärtribunal der Militärabteilung 92401 am 18.11.1950 lt. Artikel 17-58-I ›b‹ UK RSFSR, und in Anbetracht der Unnötigkeit des weiteren Aufenthaltes der Verurteilten Schacht im Straflager, wurde folgendes **beschlossen:** Schacht, Wendelgard, Ursula, Lisa, Scharlotte, ist aus dem Straflager vorzeitig zu entlassen.« Dabei hatten sie und ihre Kameradinnen in jenen Tagen auf eine ganz andere Befreiung gehofft: auf die durch den Aufstand der Arbeiter vom 17. Juni, der ihre Lage zunächst schlagartig verbessert hatte. Plötzlich wurden die Wachmannschaften freundlich, nicht wenige der uniformierten Frauen holten sich in vertraulichen Zweiergesprächen von ihren gefangenen Geschlechtsgenossinnen gar die Versicherung ein, nichts Böses an ihnen getan zu haben; plötzlich blieben die Zellen offen, so dass man sich gegenseitig besuchen konnte; plötzlich durften die trostlosen Räume mit den vergitterten Fenstern, in denen man steckte, verschönert werden; plötzlich gab es die Erlaubnis zu ausgedehnten Spaziergängen im Innenhof, gab es Kinovorstellungen und zusätzliche Paketgenehmigungen. Und ebenso plötzlich war alles wieder vorbei, wurde, drinnen wie draußen, die alte Ordnung erneut wieder die herrschende, und die Uran-Bergarbeiter der Wismut aus Aue, die, wie es sich bis auf den Gefängnisberg heraufgesprochen hatte, auch auf dem Weg zu ihnen gewesen waren, um sie herauszuholen aus der Zwingburg, waren schon im Vorfeld von der Volkspolizei abgefangen worden.

Im Bett auf der Veranda des Stollberger Krankenhauses entschuldigte sie sich im Stillen bei der Ärztin für ihren Verdacht. Aus reinem Selbstschutz hatte sie ihn gehegt, der so falsch nicht gewesen war, sahen sie alle doch, die jetzt hier unten lagen, im Ort, auf der ersten Etappe der wiedergewonnenen Freiheit, das Elend all derer, die zurückbleiben mussten. Von ihren Betten aus, durch die großen Glasscheiben der Veranda hindurch, konnten sie, *mussten* sie mitansehen, wie oben, in der Burg, hinter den vergitterten Fenstern oder aus ihnen heraus, Arme und Hände verzweifelt in der Luft herumruderten, wie Münder in Gesichtern, die sich an die Stahlstäbe pressten, ihren Schmerz hinausschrien, hinunter in den Ort, den Kameradinnen hinterher: sie nicht zu vergessen, an sie zu denken, um sie zu kämpfen.

Es war das Grauen. Schlimmer als alles, was sie selbst auf der Burg erlebt hatten: ein Schiff vor Augen, das am Versinken war, mit Menschen, die man kannte, schätzte, liebte, in schwersten Prüfungen bewährte Freunde, während man selber in einem Rettungsboot dem Untergang gerade noch entkam. Das Glück, das sie empfanden, der Festung und dem gnadenlosen Regiment, das in ihr herrschte, entronnen zu sein, wurde mit jedem Blick hinauf wie von einer eisernen Faust zusammengepresst. Schon auf der Veranda wusste sie, dass sie dieses Bild nie mehr loslassen würde. Tief eingebrannt ins eigene Bewusstsein, würde es fortan zu den unauslöschlichen Szenen ihres Lebens gehören. Doch jetzt rollte der Zug, in dem sie saß, unaufhaltsam nach Norden, immer weiter fort von der schwarzen Quelle, der die dunklen Szenen wieder und wieder entströmten. Ein Film, für den es dennoch keinen Winkel im Bewusstsein geben würde, der abseitig genug gewesen wäre, ihn irgendwann zu vergessen und so verschwinden zu lassen im Archiv des Unbewussten.

Wer würde sie abholen, wenn sie zu Hause ankam, auf dem Bahnhof erwarten, hinter der Sperre oder davor, die zu passieren man eine Bahnsteigkarte benötigte? Nach dreieinhalb Jahren ihres Heraustretens aus der Zeit der anderen? Würden ihre Kinder sie erkennen, wiedererkennen: die Tochter, die inzwischen fünf war, der Sohn knapp drei? Aber wie sollte *er* sie wiedererkennen, war er doch bis jetzt ohne sie aufgewachsen, bei engen Freunden, die keine Kinder hatten und nun seine Pflegeeltern waren?! Sie selber hatte sie ausgesucht. Wieder stieg Angst in ihr auf, der sehnlichst erwarteten Be-

gegnung nicht gewachsen zu sein, einfach zusammenzu-
klappen, wenn es so weit war. Schon in ihrem Brief aus dem
Stollberger Krankenhaus, den sie noch am 18. Januar, dem
Einlieferungstag, geschrieben hatte, hatte sie die Befürch-
tung geäußert, die Nerven zu verlieren, und deshalb um einen
fröhlichen, lustigen, ja verrückten Empfang gebeten, der sie
ablenken könnte davon, wegreißen von der Gefühlswoge, die
sich schon jetzt vor ihr aufzutürmen, sie zu überrollen begann:

*Mutti, meine liebste, beste Mutti! Frei bin ich! Frei und glück-
lich. Ich kann es nicht fassen. Fühlst Du nicht in dieser Stunde,
daß irgendetwas mit mir ist? Mein Gott, ich möchte weinen und
lachen und habe Angst vor der Stunde, wo ich bei Euch sein
werde, Angst, daß dann die Nerven endgültig versagen. Ich
konnte nicht sofort den Weg nach Hause antreten. Am 10. 1. bekam ich 1 schlimme Angina und wurde mit 40 ins Revier gebracht. Nun geht es mir wieder ganz gut, nur das dumme,
dumme Herz. Aber ich denke doch, daß ich in den nächsten Tagen reisen kann. Wenn ich fahren kann, dann schicke ich Euch 1
Telegramm, damit ihr mich abholen könnt vom Bahnhof, aber
bitte schön mit recht viel Täterätä, damit ich lachen muß. Ich
habe Angst, daß ich sonst schon auf dem Bahnhof aus den Lat-
schen kippe. Was wird mein Dorle sagen, wenn ihre Mami jetzt
kommt? Ja, mein geliebtes Mädel, nun hat der liebe Gott doch
unsere Bitten erhört. Dein Glaube ist schon wichtig, mein geliebtes Kind, wirst Du Deine Mami wiedererkennen? Ich glaube
kaum. Und was sagt die Neina? Mutti, ich will jetzt Schluß machen. Ich bin einfach zu durcheinander und kann mich nicht
richtig konzentrieren. Der Gedanke will mir eben einfach nicht
in meinen Kopf. Gelt, mein Muttel, freust Dich doch auch, daß
ich endlich zurückkomme? Seid nun alle tausendmal gegrüßt
und geküßt von Eurer bald heimkehrenden Wendelgard und
Mami*

Heute früh schließlich hatte sie dem Brief noch ein Telegramm folgen lassen: »Komme Sonntagabend 18 00 Uhr = Wendelgard«. Nein, es war ja nicht nur so dahin geschrieben, ob die Mutter etwas Bestimmtes in ihre Richtung gefühlt hätte an jenem 18. Januar, als sie das Gefängnis im *Sanka* als freier Mensch verlassen hatte, um ins Stollberger Krankenhaus eingeliefert zu werden: Die Mutter hatte die Gabe des zweiten Gesichts. Sie hatte sich damit jedoch nie hervorgetan oder gar Kapital daraus geschlagen, sondern das dunkle Talent eher als eine Last empfunden, als Bedrückung. Fürchtete sie sich doch, seit es ihr zum ersten Mal erschien, erneut wieder Dinge zu sehen, die sie nicht sehen, Ereignisse zu spüren, die sie nicht spüren wollte, bevor sie nicht auch für andere sichtbar wurden, für jeden, der gleichfalls betroffen war davon. Aber die Gabe fragte nicht danach, was ihre Trägerin wollte oder nicht wollte. Sie machte aus ihr das Medium, das der Geist des Ereignisses offenbar brauchte, um Gestalt anzunehmen, bevor es Gestalt für alle werden konnte, als müsste es sich und seine Kontur zuvor erproben an einer einzelnen Seele, sie zum Botschafter einer Wirklichkeit machen, der mit den Grundrechenarten nicht beizukommen war und der man deshalb im normalen Leben mit Abwehr und Ignoranz begegnen durfte: *Fühlst Du nicht in dieser Stunde, daß irgendetwas mit mir ist?* Oder konnte die Mutter nur Leben erspüren, das gerade verging? Nicht jedoch Leben, das zurückkehrte ins Leben?

Nichts weniger als den Tod ihres eigenen Vaters, Franz Bartz, vor Jahrzehnten, hatte die Mutter ja wahrgenommen, als es zum ersten Mal geschah: sie ganz allein, und in genau jener Stunde, in der es passierte. Am 15. März 1916 war er gefallen, bei Dünaburg, an der Front in Russland, mit vierundvierzig Jahren, ein Arbeiter aus Stettin, der mit seiner Familie inzwischen in Berlin lebte. Da war sie fast einundzwanzig. In jenem Moment, als ein Querschläger ihm im vordersten Graben die Halsschlagader zerfetzte, musste er an sie, nur noch an sie, seine Tochter, gedacht, einen unsichtbaren Energiestrom über die endlose Distanz hinweg zu ihr geschickt haben, der sie, unaufhaltsam wie eine sich materialisierende Wahrheit, in der kleinen Wohnküche in der Senefelder Straße am Prenzlauer Berg in Berlin erreichte, wo sie mit ihrer Mutter, der Weißnäherin Wanda Bartz, auch sie aus Stettin, beim Licht der Petroleumlampe saß, um Kleidung auszubessern und Strümpfe zu stopfen: Als sich plötzlich, vor ihren Augen, der hölzerne Schemel, der dort stand, damit die Mutter, wenn nötig, die Füße darauf entspannen konnte, in die Luft hob, eine scheinbare Ewigkeit so verharrte und dann wieder zu Boden sank, langsam, unübersehbar langsam. Für die durch und durch nüchterne junge Frau, die sie war, ein vollkommen verrücktes, irreales und zugleich gespenstisches Bild, das sie weder bestreiten konnte noch zu deuten vermochte in dieser Sekunde, aber sofort entschlüsselte, als wenige Tage später ein Feldpostbrief ins Haus kam, der die Nachricht vom Tode des Vaters enthielt, versehen mit einem Hinweis auf die genaue Stunde, in der das Unwiderrufliche geschehen war: Exakt zu jenem Zeitpunkt, der sie instinktiv auf die Uhr in der Küche hatte blicken lassen, als das unscheinbare Möbelstück von einer Sekunde zur anderen schwerelos wurde, allen Gesetzen von Raum und Zeit Hohn sprechend, und zu schweben begann, ihr Gesicht jedoch aschfahl, so dass die Mutter, die vom gespenstischen Vorgang nichts mitbekommen hatte, die sich die plötzliche Blässe auf dem Gesicht ihrer Tochter aber nicht erklären konnte, fragte, ob ihr schlecht geworden sei. Als sie verneinte, fragte die Mutter nicht weiter; so war sie: eine starke pommersche Frau, gutherzig, nüchtern, stolz. Doch das Kind dieser Frau wusste von nun an, dass es, wenn es darauf ankam, mehr sah als alle anderen um es herum, selbst wenn es mit ihnen in einem Raum zusammen saß. Dass der Vater, wegen eines Augenleidens, mit einem Entlassungsschein in der Tasche gefallen war, der ihm die dauerhafte Entfernung von der Front für den nächsten Morgen erlaubte, konnte man dem Brief ebenfalls entnehmen und auch, dass es passiert war, weil er zur falschen Sekunde während der Abschiedsfeier seinen Unterstand verlassen hatte, um in einer Grabenecke sein Wasser abzuschlagen. Mit ihm hatte das Wort *Schicksal* nun jeden Abstraktionsgrad, aber auch jeden Glanz verloren: kein Heldentod, was dann? Es kulminierte vielmehr in vollendeter Absurdität, ja, demütigender Lächerlichkeit. Spätestens jetzt, hieß das, saß der Schmerz in ihrer Seele, und er würde nie mehr verschwinden, sondern in den Jahren, die folgten, sich anreichern, um weitere Schicksalsschläge winden. Er war zu trainieren wie eine einzige Herausforderung, seine wiederkehrenden Angriffe auszuhalten, seine Vernichtungskraft vor allem zu überstehen.

Von jener Art jedenfalls waren die meisten ihrer Geschichten mit dem zweiten Gesicht, für Kinder gruselig, für Erwachsene unglaublich. Aber weil sie selbst ein glaubwürdiger Mensch war, geachtet und geschätzt, glaubte man ihr, auch wenn man es nicht begriff, nicht für möglich hielt. Zuletzt fiel immer wieder jenes schwere, unheilschwangere Wort, dessen Wirklichkeit eben keiner entrinnen könne, ob Arbeiter, Kaiser oder Bettler, ob General oder einfacher Soldat: seinem *Schicksal*. Aber manch einer von ihnen, wenn es ihm denn widerfuhr, verfügte wohl doch über so etwas wie eine übermenschliche Kraft, dass er noch eine letzte lautlose Nachricht aufgeben konnte in die sichtbare, lärmende Welt, bevor er selber für immer in der unsichtbaren verschwand. Das war die einzige Erklärung für das Unerklärliche, auf die sich am Ende noch alle einigen konnten, geriet das Gespräch, das vielleicht mit den neuesten Höchstpreisen für Kartoffeln oder Kaffee begonnen hatte, wieder einmal auf dieses abseitige Lebensgelände, auf dem sie alle, wenn es darauf ankam, und es kam immer mehr darauf an in jener Zeit, mit dem Rücken zugewandt lebten, weil es so frontal im Raum stand. Noch jedes Mal wich deshalb eine gewaltige Last von ihnen, verließen sie die unheimliche Zone wieder und erreichten die Welt der vertrauten Zumutungen mit ihren steigenden Preisen für Fleisch und

Kaffee, Kohlen und Kartoffeln; billig blieben in jenen Jahren des ersten großen Krieges allein die Steckrüben, und sie verwandelten sich auf notgedrungen wundersame Weise in Steckrübeneintopf, Steckrübenmarmelade, Steckrübenkuchen. Der Mensch gewöhnt sich an alles, hatte die Mutter immer gesagt, die noch in Stettin geboren, aber in Berlin aufgewachsen war. Wenn es nüchtern klang, so war es in Wirklichkeit illusionslos. Und hatte sie nicht recht behalten?

Ja und nein. Ja, der Mensch gewöhnt sich an vieles. Nein, an alles gewöhnte sich der Mensch zum Glück nicht. Dass sie ihre Tochter Dolores hatte zurücklassen müssen, von einem Tag zum anderen, ohne ein Abschiedswort, ohne Erklärung, ohne eine mütterliche Hoffnungsformel für das knapp zweijährige Mädchen mit den blonden Locken und den großen Augen, das war schon grausam genug, und es hatte nie aufgehört, sie, wie alle gefangenen Frauen in der gleichen Lage, in den Jahren, die nun blitzartig nach rückwärts davonschossen, zu quälen. Aber dass man ihr auch noch den Sohn weggenommen hatte, einfach so, als handele es sich um einen Gegenstand, ihr und den anderen jungen Müttern, die wie sie ein Kind in der Burg zur Welt gebracht hatten: Das hatte einen so barbarischen Schmerz ausgelöst in ihnen, der sie alle in jener Stunde, als sie das Liebste hergeben mussten, fast in den Wahnsinn trieb. Damals, in jenem Juni 1951. Der Junge: Ein Vierteljahr hatte sie ihn bei sich haben dürfen, den am 9. März, wenige Minuten nach Mitternacht und drei Wochen zu früh Geborenen. Auf kleinstem Raum hielt ihr Brief vom 10. März das ganze Glück fest, das mit ihm in ihre düstere Welt gekommen war:

Liebe Mutti, mein liebes Dickerchen! Heute darf ich Euch 1 Sonderbrief schreiben und das hat seinen Grund; gestern ist nämlich mein kleiner Ulli geboren, nachts 0 Uhr 17. Es kam alles bißchen plötzlich, denn er ist 3 Wochen zu früh gekommen. Mach Dir um mich keine Sorge, mein Kleiner und ich sind hier in bester Pflege. Die Hebamme u. die Ärztin sind wirklich vorzüglich und mit dem Kleinen gibt man sich die größte Mühe. Er ist etwas zart, wog 5 Pfund 175 gr., 49 cm und war, so wie Dorli, eine Steißgeburt. Aber die Entb. war bedeutend besser als bei Dorli. Nun habe ich die Bitte, sende mir doch 3–4 Jäckchen und Wickeltücher, sowie Strümpfchen von Dorle und was Du sonst noch hast. Alles andere habe ich von hier bekommen. Und Seife sowie Seiflappen bitte auch. Daß mein Dorle sich so rausgemacht hat, ist mir 1 gr. Freude. Wann werde ich mein Mädelchen nur wieder in die Arme nehmen können? Alles andere im nächsten Brief. Gerda herzl. Glückwünsche zur Konfirmation und Euch Allen herzl. Grüße von Wendi und Mama

Nur drei Tage später musste sie in ihrem regulären Monatsbrief der schönen Nachricht die hässliche folgen lassen, die zu Hause, das wusste sie, als sie es schrieb und, gemäß einer Vorschrift, mit rotem Stift unterstrichen hatte, einen Schock auslösen würde, größer und dauerhafter als jener, der nach ihrem plötzlichen Verschwinden geherrscht hatte: *Ich bin vom Russ. Kriegsgericht wegen Verleitung zum Landeshochverrat zu 10 Jahren Arb.Lg. verurteilt worden.* Dennoch verbreitete sie keine Untergangsstimmung in Richtung Familie, versuchte Kraft weiterzugeben durch tapfere Selbstermutigung: *Nimm Dir das aber um Gottes Willen nicht zu Herzen, denn die 10 J. sitze ich bestimmt nicht; ich lasse den Mut nicht sinken u. denke, daß ich bis zu meinem Geburtstg. spätestens bei Euch bin. Haltet Euch nur recht gesund. … Kopf hoch und fleißig Zeitg. lesen, viell. Gnadenerlaß.* Doch diese Prognose sollte sich in kürzester Zeit als bitterer Irrtum erweisen, wie sie in dieser Stunde auch ahnungslos war, was ihr noch zugemutet werden würde, bald, wenn es um den Kleinen ging, der seit wenigen Tagen bei ihr war und den sie am Schluss des Briefes der Zuneigung der ganzen Familie als neues Mitglied mit den Worten anempfahl: *Der kleine Ulli bittet seine Oma + Schwester, daß sie ihn recht lieb haben. Er liegt bei mir im Zimmer und wir werden bestens versorgt. Soviel Mühe gab man sich in der Klinik nicht mit uns.*

Natürlich hatten sich Hebamme und Ärztin um sie und ihren Sohn gekümmert, rührend, aufopferungsvoll, waren sie doch selber Häftlinge wie sie. Aber war nicht auch der Leiter des Gefängnisses, ein Kommandeur der Volkspolizei, der allerdings nicht lange Leiter blieb, weil sie ihn nicht ohne Grund den »Guten« nannten – war nicht sogar *er* an ihr Bett gekommen, hatte einen Moment lang geschwiegen, dabei mit ernstem Gesicht auf sie und den Kleinen geschaut und dann zu Ärztin und Hebamme, die in der Nähe abwarteten, mit leiser, aber klarer Stimme gesagt: »Sorgen Sie dafür, dass alles getan wird, damit er durchkommt.«?! Doch dann war es verschwunden, das Baby, ihr Kind, das bis dahin durchgekommen war, aus einer Zelle, die nicht abgeschlossen wurde. Auch Gitter vor dem Fenster gab es nicht: Neugeborene, so die menschenfreundlich klingende Begründung, seien im Unterschied zu den Strafgefangenen ja »Freiheitsmenschen«. Tagelang waren diese winzigen »Freiheitsmenschen« nun wie vom Erdboden verschluckt, verschwunden, einfach nicht mehr da. Wo waren sie dann? Das deutsche Wachpersonal jedoch gab keine Auskunft auf die Fragen der verzweifelten Frauen. Danach aber, weil eine der Mütter der verschwundenen Kinder ihren russischen Vernehmer, der sie auch noch in Hoheneck befragte, in ohnmächtigem Zorn von dem Vorfall berichtete und zugleich androhte, solange nicht mehr mit ihm zu reden, bis sie und die anderen wüssten, wo ihre Kinder seien – danach *wussten* die betroffenen Frauen sehr schnell, wo ihre Kinder waren: in einem Leipziger Kinderheim der Volkspolizei. Von dort konnten sie abgeholt werden, wenn es jemanden gab, der sie wollte. Aber damit war der Schmerz nur zur Hälfte betäubt, sie waren ja trotzdem nicht mehr bei ihnen.

Liebe, liebe Mutti und mein Dorle! Post und Paket erhalten. Recht herzlichen Dank. Alles prima. Mutti, ich bin wieder allein, denn mein kleiner Sonnenschein hat mich verlassen. Am 6. 6. ist er ins Kinderheim nach L. gekommen. Frag nicht, was ich wieder durchgemacht habe. Mit meinem Kopf war es wieder sehr schlimm. Doch werde ich durch Arbeit etwas abgelenkt. Meine Arbeit ist gut u. sauber. Ich warte mit großer Ungeduld, daß mein kleiner Mücki zu Hause ist. Holen mußt Du ihn selbst. Und wenn es soweit ist, komme bitte noch hierher, denn ich habe hier noch sehr viel Kinderwäsche, die mitzunehmen ist. Marg. und Horst danke ich herzlich für alles und hoffe, daß ich es mal wieder gut machen kann. Kätes Brief gr. Freude gemacht. Mutti, es tut so furchtbar weh, durch eigene Schuld von den Kindern, von Euch allen fort zu sein. Hoffentlich kann ich bald nach Hause. Seid Ihr noch alle gesund? Bei Käte muß es jetzt schön sein. Meiner kleinen Neina wünsche ich alles, alles Gute zum Geburtstag und Gesundheit. Denkt ein bißchen an mich, wenn Ihr feiert. Meine Süße soll weiter lieb und artig sein u. Mama schenkt ihr viele Küßchen. Schreib sofort, wenn Nachr. von Ulli-Mücki. Mücki wog 11 Pfund, als er fortkam u. konnte schön Brei essen. Euch allen viele liebe Grüße von Wendi

Ihr Sohn war abgeholt worden, zum Glück – von ihrer Mutter, seiner Großmutter, deren Enkel nun einen Vornamen trug, der ihr, der mittlerweile Sechsundfünfzigjährigen, schmerzlich viel bedeutete: *Ulrich.* Es war der Name ihres eigenen, mit achtzehn Jahren als Funker in der Panzerschlacht bei Caen 1944 verschollenen Sohnes, ihres großen Kindes in der Uniform der Waffen-SS, um die es sich nicht gerissen hatte – mit leichenblassem Gesicht und tonloser Stimme hatte er sich bei der Verabschiedung zu Hause vor den Spiegel gestellt und gesagt: »Nun weiß ich, wie ein SS-Mann aussieht!« –, eines Kindes, das sie auch ein halbes Jahrzehnt danach noch immer nicht verloren geben mochte. Sie ließ weiter nach ihm suchen, hielt sie es doch für möglich, ja, für wahrscheinlich, dass er in einem französischen Pflegeheim dahindämmerte, aufgefunden mit einer Hirnverletzung, ohne Kennmarke und Papiere, nicht wissend, wer er war und woher er kam. Hilflos dahinsiechend, ins Leere blickend, ins Nichts, aber vielleicht gab es noch Bilder in seinem Kopf, die ihn an etwas erinnerten, was sie, seine Mutter, ganz genau wusste. Vielleicht war er aber auch in der Fremdenlegion verschwunden, eingesetzt in Vietnam oder Nordafrika. Ein illustrierter Wochenkalender hatte sie darauf gebracht, darunter ein Foto, von, zugegeben, schlechter Qualität, das sie dennoch nie mehr fortwarf, aufhob bis zuletzt. Es zeigte junge Legionäre, die aus Deutschland und anderen europäischen Ländern stammten, verführte Abenteurer und Söldner des kapitalistischen Systems, wie die Bildlegende dazu wusste, in einem Flugzeug, auf dem Weg zu ihrem Einsatzort irgendwo in Algerien. Aber da war ein Gesicht in dieser Gruppe, ein ganz bestimmtes Gesicht: Wenn sie es ansah, wieder und wieder, gewann sie ihm alle vertrauten Züge und Merkmale des Jungen ab, der ihr Junge war und den sie so lange schon, ein im Herzen verkapselter Schmerz, so bitter vermisste.

Für die Zeit der Abwesenheit ihrer Tochter jedoch, die alle Warnungen in den Wind geschlagen hatte, und mit deren Einverständnis – sie selbst musste ja arbeiten, sich um Dolores, das andere Enkelkind, kümmern –, sollte der Kleine der engsten Freundin der Tochter und deren Mann anvertraut werden. Horst und Margarete Koch hatten keine Kinder und waren deshalb überglücklich, als der Junge zu ihnen kam. Ihr großes Glück hatte allerdings einen winzigen Fehler: Es basierte auf einem noch größeren Unglück. Aber wenn nichts mehr das Urteil korrigierte, das über die Freundin verhängt worden war, würde ihr Glück doch wenigstens ein ganzes Jahrzehnt halten, so lange, wie das Unglück währen sollte, das die Freundin getroffen hatte. Und heilte die Zeit nicht alle Wunden? Und welche sollten den Jungen denn quälen, nach den wenigen Tagen Gemeinsamkeit mit seiner leiblichen Mutter in Hoheneck und so vielen Jahren Liebe, Hege und Pflege im weit von jener Burg entfernten Wismar, die sie ihm vorbehaltlos zu schenken gedachten, sie brannten ja förmlich darauf? Gewiss, bis jetzt waren sie nur seine Pflegeeltern, aber dann? Zehn Jahre sind eine lange Zeit, wer wusste schon, was bis dahin alles passieren konnte? Und an solch einem Ort? Nein, sie meinten es nicht böse, und sie wünschten der Freundin auch nichts Böses zu all dem Elend, in das sie geraten war; aber sie waren kinderlos, sie sehnten sich danach, Kinder zu haben, und nun hatten sie eines.

22. Januar 1954

Die Stunden vergingen, und je näher der Zug sie ihrem Ziel entgegenbrachte, umso wacher wurde sie, obwohl es draußen inzwischen dämmrig, ja, dunkel geworden war. In den Coupés hatte man längst das Licht eingeschaltet, ein warmer gelblicher Schein füllte das Abteil aus, in dem sie noch immer alleine saß, allein mit sich und ihrer Geschichte, die sie schließlich auch in diesen Zug getrieben und von dem sie plötzlich das Gefühl hatte, dass sie schon seit Jahren mit ihm durch ihr Leben fuhr. *Ludwigslust*, las sie, als er wieder einmal zu halten begann, mit quietschenden Rädern und dem nicht enden wollenden Zischen und Fauchen der Dampflokomotive. Als der Zug schließlich stand, vor einem weißen, imposanten Bahnhofsgebäude aus alten Zeiten, und sie die Zeiger der Bahnhofsuhr registrierte, die man von ihrem Abteil aus gut einsehen konnte, begriff sie aufgrund ihrer Stellung auf dem Zifferblatt sogleich, dass es nur noch knapp zwei Stunden dauern würde, bis sie zu Hause war, und es durchfuhr sie ein eigenartiges Gefühl. Es erfüllte sie nicht mit Angst wie zuvor, aber mit grenzenlosem Erstaunen: Halb fünf, dachte sie und begriff, dass die äußere Vergangenheit dabei war, sich endgültig wie ein Spuk aufzulösen, wie ein langer Alptraum, der mit jedem Kilometer nach Norden mehr und mehr von ihr wich. Auch Magdeburg lag schon wieder drei Stunden hinter ihr. Jene Stadt, die sie nie kennengelernt hatte, in der ihr aber das Urteil gesprochen, mit ein paar Federstrichen über ihr weiteres Schicksal entschieden worden war: Drei Jahre war das her, drei Jahre, einen Monat und dreißig Tage; dennoch stand ihr, wenn sie daran dachte, noch immer jede Einzelheit vor Augen. Alles war ganz nah und weit weg zugleich. Zwei Wirklichkeiten in einer, aber nur eine Wahrheit in beiden.

19. November 1950

Die junge Frau, die sie sah, war sie selber: Vier sowjetische MGB-Soldaten mit schussbereiten Maschinenpistolen hatten sie aus ihrem Verlies im Häftlingstrakt des großen Gebäudes irgendwo in Magdeburg geholt und eskortierten sie nun aus der Zellenflucht halb unter der Erde ans Tageslicht. Ihre Füße steckten in löchrigen Herrensocken und leichten Schuhen, auf dem Leib trug sie das Sommerkleid, in dem sie verhaftet worden war. Es hatte ein schwarzes Taftoberteil mit viereckigem Halsausschnitt, kurze eingesetzte Ärmel, der dreiviertellange Rock aus Kreppstoff war am Oberteil angenäht und endete in einem fünf Zentimeter breiten Saum, ebenfalls aus Taft. Den Halsausschnitt zierten Rüschen, auch sie aus Krepp. Das Kleid spannte, sie war im fünften Monat schwanger. Die unglaublichen hygienischen Zustände hatten es mit sich gebracht, dass rötliche Ekzeme ihr Gesicht überzogen: Für alle Häftlinge des Traktes, in dem sie lag, gab es, Morgen für Morgen und Zelle für Zelle, denselben Emaillebecher Wasser, dasselbe Stück Seife, ein einziges Handtuch. Zum Glück war sie die erste im Reigen. Später bekam sie auf Anordnung eines Arztes Seife und Handtuch für sich alleine. Seit ihrer Ankunft in Magdeburg am 12. September 1950 hatte sie die Kleidung, in der sie festgenommen worden war, nicht mehr gewechselt. Während sie so durch den Innenhof des Gebäudes geführt wurde, den winterliche Luft erfüllte, bereits am 18. Oktober hatte es den ersten Schnee gegeben, überkam sie, angesichts des Bildes, das sie in diesem Moment wie in einem Spiegel von sich selbst wahrnahm, für Sekunden ein Lachanfall. Hemmungslos brach es aus ihr heraus, und zu Tode erschrocken fuhren die vier Soldaten mit den Waffen im Anschlag darüber zusammen, junge Männer aus Russland, voller Furcht nun, dass die junge Deutsche noch vor ihrem Prozess, zu dem sie gerade abgeführt wurde, die Nerven verlor, durchdrehte, hysterisch wurde. Sie konnten nicht wissen, dass das helle Lachen der jungen Frau nur einem überscharfen Bewusstsein geschuldet war, einem ererbten Sinn fürs Groteske, der sie schützte in Situationen wie dieser. Die Nerven gaben nach, wenn sie alleine war. Nicht jetzt und nicht hier. Nicht vor diesen Gesichtern unter Schirmmützen, auf denen der rote Stern prangte, vor dem sie bislang keine Angst gehabt hatte, aber sie hatte auch keine Sympathien dafür empfunden. Sie hatte nur einen Mann geliebt, der fast dieselbe Uniform trug wie ihre Bewacher, von dem sie ein Kind erwartete, den sie heiraten wollte: den russischen Leutnant Wladimir Jegorowitsch Fedotow.

Wolodja. Einen Monat war es her, dass sie sich zum letzten Mal gesehen hatten, in einer Oktobernacht, hier, im Magdeburger Sitz des sowjetischen Staatssicherheitsdienstes MGB, in einem Vernehmungszimmer, das voller Uniformierter war, als sie gegen dreiundzwanzig Uhr hineingeführt wurde, zur Gegenüberstellung. Der Vernehmer erwartete sie, drei weitere Offiziere, die Dolmetscherin. Zwischen ihnen Wolodja. Noch immer in Uniform, einschließlich der Schulterstücke, aber halb mit dem Rücken zu ihr, saß er auf einem Stuhl neben einem Tischchen, und versuchte zu rauchen, doch die Hand, mit der er die Zigarette hielt, zitterte. Sie zitterte unaufhörlich. Drei Mal erlosch die Zigarette, drei Mal wurde sie wieder angezündet. Dann mussten sie sich identifizieren, für das Protokoll bestätigen, dass sie sich kannten, ein Paar gewesen waren. Unter Drohungen Fragen nach der behaupteten Fluchtabsicht beantworten, die sie in den Nachtverhören zuvor schon längst und wiederholt beantwortet hatte. Irgendwann gab der Vernehmer ihr »noch zehn Minuten«, weil ihre Antworten ihm immer noch nicht ins Konzept passten. Den aufsteigenden Weinkrampf unterdrückte sie, indem sie mit aller Kraft ihre Arme vor der Brust verschränkte und trotzig hervorstieß, zehn Wochen habe sie täglich siebzehn Stunden Zeit gehabt nachzudenken, und was ihr in dieser Zeit nicht eingefallen sei, würde ihr in den nächsten zehn Minuten auch nicht mehr einfallen.

Waren zu viele Leute im Raum? War ein härteres Verhör für den Zweck der Operation nicht nötig? Reichte das Material auch so aus, um den Fall endlich abschließen zu können? Oder war es, wenn es darauf ankam, völlig belanglos, ob und welches Material tatsächlich vorhanden war? Nach einer Pause, die ihre entschiedene Antwort offenbar provoziert hatte, klappte der Vernehmer die Aktendeckel zu und stellte ihr, während er auf dem Schreibtisch hantierte, wie nebenbei die Frage, ob sie noch etwas Persönliches zu Fedotow sagen wolle? Aber sie sagte nein, unterstrich es mit einem deutlichen Kopfschütteln: Niemand ging an, was sie Wolodja, in einer Situation wie dieser, noch zu sagen gehabt hätte. Schon gar nicht Geheimdienst-Offiziere, die erkennbar lüstern danach gierten, ihre hässliche Arbeit mit einer sentimentalen Schlussszene krönen zu können. Auch Wolodja wurde gefragt, auch er lehnte ab. Sie unterschrieb noch das Protokoll, Seite für Seite. Die Dolmetscherin übersetzte, hastig, man wollte fertig werden. Es war spät geworden. Dann brachte man sie zurück in ihre Kellerzelle, wo der bislang unterdrückte Weinkrampf mit Macht ausbrach, so heftig, dass die Wache es mit der Angst zu tun bekam und fragte, ob ein Arzt geholt werden solle. Aber sie wollte keinen Arzt sehen, sie wollte nur alleine sein.

Wolodja hatte das Protokoll ebenfalls unterschreiben müssen. Seite für Seite, wie sie, hatte er seinen Namenszug links neben den ihren gesetzt. Er benötigte keinen Dolmetscher, um zu wissen, was auf den Blättern geschrieben stand, die sie ein letztes Mal vereinten. Dennoch war alles noch einmal verlesen worden, in ihrer beider Muttersprachen, die zu erlernen, um den anderen besser, genauer, tiefer zu verstehen, sie nie Zeit gehabt hatten:

Gegenüberstellung,
protokolliert am 25. 10. 1950, Besatzungsarmee

Ich, Oberuntersuchungsrichter der U-Abteilung des Nachrichtendienstes MGB der Militärabteilung 44400, Kapitän Stupkow, habe mit Hilfe der Dolmetscherin Unteroffizier Silkina eine Gegenüberstellung der Beschuldigten Schacht, Wendelgard, Ursula, Lisa, Charlotte, und dem Zeugen Fedotow, Wladimir, Jegorowitsch, durchgeführt. Zeuge Fedotow wurde über die Strafbarkeit falscher Aussagen und Verweigerung von Angaben lt. Artikel 92, 95 UK RSFSR unterrichtet.

Die Dolmetscherin (russisch-deutsch), Unteroffizier Silkina, wurde über die Strafbarkeit einer falschen oder nicht vollständigen Übersetzung lt. Artikel 92, 95 UK RSFSR unterrichtet.

Mit der Gegenüberstellung wurde um 23:00 Uhr begonnen.

Frage an den Zeugen Fedotow:

Kennen Sie die vor Ihnen sitzende Frau?

Antwort:

Ja, die vor mir sitzende Frau habe ich erkannt, sie heißt Christa. Ich habe sie Ende Mai, Anfang Juni 1950 kennengelernt und mit ihr intime Beziehungen gehabt. Es gab keine Probleme oder Streitigkeiten zwischen uns. Die mir gegenüber sitzende Christa versuchte, mich zur Flucht in die Westzone des besetzten Deutschland zu überreden. Drei Mal hatte sie vorgeschlagen, mit mir dorthin zu fliehen, aber ich habe ihre Vorschläge abgelehnt und gesagt, daß ich nicht in die Westzonen des besetzten Landes fliehen wolle.

Frage an die Angeklagte Schacht:

Erkennen Sie den vor Ihnen sitzenden Offizier der Sowjetarmee?

Antwort:

Ja, den vor mir sitzenden Offizier der Sowjetarmee erkenne ich. Er heißt Wolodja und ist Leutnant. Ich habe ihn Ende Mai dieses Jahres kennen gelernt und mit ihm ein intimes Verhältnis gehabt. Persönliche Probleme oder Streitigkeiten hatte ich mit Wolodja nicht, auch momentan habe ich keine. Den vor mir sitzenden Leutnant Wolodja bewegte ich zur Flucht aus seiner Militärabteilung. Ich habe ihm vorgeschlagen, mit mir in die Westzone des besetzten Landes zu fliehen, wo wir offiziell heiraten und dort bleiben konnten. Wolodja war damit aber nicht einverstanden.

Frage an den Zeugen Fedotow:

Wann und unter welchen Umständen hat Christa Ihnen vorgeschlagen, mit ihr in die Westzone des besetzten Deutschland zu fliehen?

Antwort:

Christa hat mir drei Mal vorgeschlagen, mit ihr in den Westen zu flüchten. Das erste Mal war es irgendwann Ende Mai dieses Jahres. Ich habe mich zu diesem Zeitpunkt mit Christa in der Nähe *der Gaststätte »Sportlerheim« getroffen. Wir haben uns über die nächsten Treffen und das gemeinsame Leben unterhalten. Bei einem Treffen hatte ich Christa mitgeteilt, daß wir uns in Zukunft nicht mehr sehen dürfen und in der Sowjetzone zu heiraten nicht möglich ist. Die Christa fragte mich, warum so etwas in den Westzonen nicht verboten ist. Darauf habe ich geantwortet, daß mich so etwas nicht interessiert. Danach hat Christa gesagt, falls ich sie liebe und heiraten möchte, soll ich in die Westzone fliehen und dort standesamtlich die Ehe schließen. Christa hat mir dann vorgeschlagen: »Laß uns in die englische Zone gehen und dort heiraten!« Auch diesen Plan habe ich abgelehnt und ihr gesagt, daß ich nirgendwo hingehe. Ein zweites Mal hat Christa über die Flucht in der ersten Augusthälfte 1950 mit mir gesprochen, ungefähr am 12. 08. An diesem Tag habe ich Christa und ihre Freundin Lisa nicht weit von meiner Dienststelle getroffen. Als ihre deutsche Freundin Lisa uns allein gelassen hatte, fing Christa an, mir Vorwürfe zu machen, daß ich Treffen mit ihr meide und daß ich sie vergessen habe. Ich habe ihr geantwortet, daß mir verboten wurde, sie zu sehen. Danach hat Christa mir zum zweiten Mal vorgeschlagen, in den Westen überzulaufen und dort zu heiraten. Ich habe ihren Vorschlag wieder abgelehnt. Ein drittes Mal hat die Christa mir Ende Juli diesen Jahres vorgeschlagen, in die Westzonen des besetzten Landes zu ziehen. Dieses Mal war sie bei mir, in meiner Wohnung, als sie zur Übernachtung kam. Wir haben über das gemeinsame Leben und über ihre Schwangerschaft geredet. Die Christa hat mich gebeten, sie zu heiraten und mir erzählt, daß sie schwanger ist. Als ich ihr gesagt hatte, daß eine Eheschließung in der Sowjetzone uns nicht genehmigt ist, war die Christa der Meinung, daß es für mich keinen Grund gäbe, nach Hause zu fahren, weil ich in der Sowjetunion keine Mutter und keinen Vater mehr hätte. Sofort hat sie mir deshalb nochmal vorgeschlagen, in die Westzonen zu fliehen, dort zu heiraten und zu wohnen. Auch dieses Mal habe ich ihre Ideen abgelehnt.*

Frage an die Angeklagte Schacht:

Bestätigen Sie die Aussagen des Zeugen Leutnant Wolodja?

Antwort:

Ja, die Aussagen des Zeugen Leutnant Wolodja werden von mir bestätigt. In der Tat wollte ich ihn zur Flucht aus seiner Dienststelle in die Westzonen des besetzten Deutschland überreden. Dort beabsichtigte ich, ihn offiziell zu heiraten und wohnen zu bleiben. Allerdings erinnere ich mich genau nur in einem Fall, daß ich vorgeschlagen habe, mit dem Wolodja zu fliehen. Ende Juli diesen Jahres hatte ich ihn in der Nacht in seiner Wohnung aufgesucht und blieb bei ihm über Nacht. Wir haben uns über uns unterhalten. Dabei habe ich ihm mitgeteilt, daß ich schwanger bin. Mit diesem Gespräch hatte ich angefangen. Ich sagte Wolodja: »Du hast weder Mutter noch Vater, du hast keinen Grund, in die Sowjetunion zurückzukehren. Auf irgendetwas zwei bis drei Jahre zu warten, ist lange und ungewiß, sich heimlich zu treffen ist schwer. Deswegen sollten wir in den Westen gehen, offiziell heiraten und ganz normal wie Mann und Frau leben.« Der Wolodja hatte meinen Vorschlag abgelehnt. Ich erinnere mich nicht genau an die anderen Fälle, ob ich Wolodja vorgeschlagen hatte, mit mir in die Westzonen des besetzten Landes zu gehen. Momentan ist es für mich schwierig, daran zurückzudenken.

Frage an den Zeugen Fedotow:

Bestehen Sie auf Ihrer Aussage?

Antwort:

Ja, ich bestehe auf meinen Aussagen. Die deutsche Frau Christa hat mir drei Mal vorgeschlagen zu fliehen. Sie hat mir vorge-

schlagen, in der Westzone offiziell zu heiraten und wohnen zu bleiben, worüber ich oben bereits ausgesagt habe. Als wir uns über die Heirat unterhielten, sagte ich Christa, daß in der Sowjetzone so etwas nicht möglich ist. Sie wollte aber mit mir diese Zone verlassen.

Die Angeklagte Schacht und der Zeuge Fedotow haben zugestimmt, daß sie aneinander keine Fragen mehr haben.

Das Protokoll wurde uns in Russisch und Deutsch vorgelesen, die Aussagen von uns wurden richtig erfaßt, darunter unterschreiben wir.

Die Gegenüberstellung wurde um 01 Uhr, am 26. 10. 1950 beendet.

Die Gegenüberstellung wurde vom Oberuntersuchungsrichter der U-Abteilung des Nachrichtendienstes MGB der Militärabteilung 44400, Kapitän Stupkow, durchgeführt.

Hatte er bemerkt, während er das Protokoll unterzeichnete, fast ein Dutzend Mal, dass sie, seine *Christa*, gar nicht mit Christa unterschrieben hatte? Wo er ihren Namen doch immer voller Entzücken und Freude auszurufen wusste, wenn sie endlich da war und er sie in die Arme nehmen und sich mit ihr und unendlichem Schwung um die eigene Achse drehen konnte: »*Christa, meine Christa!*« Christa, sie mochte diesen Namen, sie mochte ihn viel lieber als den, den sie tatsächlich bekommen hatte: *Wendelgard.* Auch dachte sie sich, dass ihr wirklicher Name bestimmt viel zu schwer auszusprechen sei für ihn, den fünfundzwanzigjährigen Leutnant aus Leningrad, wie er ihr erzählt hatte. Die Deutschen selbst kamen ja kaum damit zurecht, immer wieder verballhornten sie ihn. Dass ihre Mutter sich dafür entschieden hatte, verstand sie bis heute nicht. Zwar hatte die ihr erzählt, warum, aber es wurde dadurch nicht plausibler, blieb irgendwie verrückt: Einer Tante, Lina aus Stettin, die zur selben Zeit schwanger gewesen war wie ihre Mutter, aber ihr Kind, gleichfalls ein Mädchen, etwas eher bekam, war von der Hebamme vorgeschlagen worden, falls sie es *Wendelgard* nennen würde, wäre sie bereit, Taufpatin zu werden. Der Tante klang der Name scheußlich, und die Tochter, die sie gebar, hieß mit dem ersten Schrei, den sie ausstieß, Margot. Ihre Mutter jedoch empfand den in Stettin verschmähten Namen als wunderbar und geheimnisvoll, als etwas ganz Besonderes, und damit war die Sache entschieden. Auch war ihr Vater von Kindheit an *Peter* gerufen worden, obwohl er mit Vornamen *Willi* hieß. Aber er ähnelte wiederum so sehr seinem Vater, der ebenfalls zu früh gestorben war, dass *Willi* offenbar wie eine falsche Etikettierung wirkte: Der Sohn des Fischers Peter Schacht aus Fährdorf auf der Insel Poel war seinem Vater wie aus dem Gesicht geschnitten, da passierte das Vertauschen der Namen ganz von selbst, und erst die Lebensspannen beider Peter zusammen ergaben das gesegnete Alter, in dem sie nun gemeinsam ruhten für alle Ewigkeit: der alte und der junge Schacht, der doppelte Peter.

Außerdem hieß auch ihre Lieblingspuppe Christa. Aber das kostbare Sonneberger Schildkrötspielzeug, ein Geschenk von Großmutter Wanda aus Stettin, war ebenfalls nicht mehr bei ihr, eingetauscht in der harten Nachkriegszeit gegen Lebensmittel. Ja, wie gerne sie es gehört hatte, wenn Wolodja sie so rief und sie wie im Karussell um sich drehte! So sehr, dass sie ihn eben deshalb neckte, mit Absicht warten ließ, nicht lange, aber lange genug, damit er ungeduldig wurde, vorbeilaufende Katzen und Hunde mit Fußtritten in die Luft erschreckte oder einfach *»Verfluchte Faschisten!«* rief. Bis sie kam und er vor Glück jeden Fluch vergaß, der ihm noch eben so leicht über die Lippen gekommen war. Sie waren verliebt, ganz normale Verliebte.

Aber ihr erster gemeinsamer Sommer war mitten im August schon zu Ende gewesen: vereist, über Nacht. Einen nächsten würde es nicht mehr geben, nie. Ihre Zeit war abgelaufen. Eine kalte eiserne Maschinerie hatte sie ergriffen und ließ sie nun nicht mehr los; ein Räderwerk, in das schon Millionen andere Menschen geraten und dabei zermahlen worden waren. Was würde werden, wo würde es mit ihnen enden? Ihre größte Furcht war, im Anschluss an das Urteil nach Russland deportiert zu werden und das Kind, mit dem sie schwanger war, dort zur Welt bringen und für immer hergeben zu müssen, des russischen Vaters wegen. Mit Wolodja zusammen wäre sie sogar nach Russland gegangen, aber selbst diese Möglichkeit war ihnen strikt verweigert worden, trotz aller Propaganda seitens der Deutsch-Sowjetischen Freundschaft, die in jeder Stadt auf Plakaten zu lesen, in politischen Reden immer wieder zu hören war. Schon das Ansinnen allein hatte die Situation für sie beide bedrohlich werden lassen, und nun hatte sich die in der Folge davon naheliegendste Idee, einfach eine andere Himmelsrichtung für die gemeinsame Zukunft einzuschlagen, als die katastrophalste von allen möglichen erwiesen und sie vor ein Gericht gebracht, das nicht Recht sprach, sondern Macht exekutierte: ein sowjetisches Militärtribunal.

19. November 1950

Ihr aberwitziges Lachen war verklungen, die Soldaten hatten sich wieder beruhigt, die Uniformierten im Verhandlungssaal von alldem nichts mitkommen. Sie setzte sich auf den Stuhl, den man ihr zuwies. Er stand in der Mitte des Raumes, frontal zur Richterbank, auf der die Mitglieder des Militärtribunals Platz nahmen. Die Wand im Rücken der Richter war drapiert mit einer großen roten Fahne, darauf Hammer und Sichel, und einem kaum kleineren Stalin-Bild. Rechts von ihr befand sich ein Tisch, an dem der Protokollant auf den Beginn der

Verhandlung wartete, links stand der Stuhl für den Dolmetscher bereit.

Der Prozess begann mit der Verlesung und Bestätigung ihrer persönlichen Daten durch den Vorsitzenden des Militärtribunals, einen Obersten der Militärjustiz namens Suchanow. Ihm zur Seite saßen, als Schöffen, die Kapitäne Besrutschko und Malenowski. Suchanow war aber nicht nur Richter, er fungierte auch als Ankläger. Einen Verteidiger gab es nicht. Sie war vollkommen auf sich gestellt. Eine der ersten Fragen zielte darauf ab, ob sie Mitglied der faschistischen Partei gewesen sei? »Nur im BDM«, gab sie zur Antwort. »Und heute«, fuhr der Vorsitzende fort, »sind Sie heute in der Partei oder der FDJ?« Sie schüttelte den Kopf, sagte nein. »Warum nicht?«, fragte der Vorsitzende. »Ich wollte nicht noch einmal enttäuscht werden«, gab sie zur Antwort. Mit der nächsten Frage kam der Oberst der Sache, um die es in Wirklichkeit ging, schon näher. Scheinheilig spielte er darauf an, dass sie ja schon einmal einen russischen Mann gehabt hätte, warum also zwei russische Männer? Die Frage war unverschämt, und mit ihrer Antwort ließ sie Suchanow spüren, dass sie sie auch als unverschämt empfand: »Dann hätten Sie mir den ersten nicht wegnehmen dürfen! Und haben Sie im Leben nur eine Frau gehabt?« Ihre selbstbewusste Reaktion führte dazu, dass die Mitglieder des Tribunals die Sitzung erst einmal unterbrachen, den Verhandlungssaal verließen und sich zur Beratung zurückzogen.

In diesem Moment sah sie ihn wieder vor sich, seine blonden Haare und blauen Augen, das ungestüme, kampfeslustige Jungengesicht: *Jurij,* wo bloß mochte er sein? War er tatsächlich nach Sibirien gekommen, dorthin, wo man vielleicht auch sie hinschicken würde, was *Gott* verhüten mochte, sie glaubte fest daran, dass nur er ihr noch helfen könne?! Über zwei Jahre war es her, 1947 im November, dass sie sich auf dem Weihnachtsmarkt in Wismar näherkamen, gesehen in der Stadt hatten sie sich schon vorher, bei der Fahrt auf der Berg-und-

Tal-Bahn und nicht, was viel wahrscheinlicher gewesen wäre, auf den prächtig bemalten Holzpferden und -kutschen von Hannes Seelers Karussell, dessen Tochter Finchen, ihre Freundin, sie immer wieder einmal mit Freikarten versorgte. Auch er, der temperamentvolle, um keinen Wodka, keine Rauferei verlegene einundzwanzigjährige Schiffsmaschinist aus Archangelsk, Sohn eines hohen Regierungsfunktionärs aus der Stadt am Weißen Meer, kurz unter dem Polarkreis – dessen Schiff, die »Petrodvoretz« aus Odessa, seit dem 10. August 1947 in Wismar zur Reparatur vor Anker lag, ein Reparationsauftrag der SMAD mit der Nummer R 50/704098 –, auch er war in die Mühlen der Justiz seines Landes geraten. Im Restaurant »Zur Kogge«, der berüchtigten Seemannskneipe der Stadt, in der Bier und Schnaps in Strömen flossen und Massenschlägereien an der Tagesordnung waren, hatte er, der die politischen Verhältnisse in seiner Heimat geradezu verachtete, weil er sie aus der Perspektive des Lebens einer Familie der privilegierten Machthaber kannte, den Mund wieder einmal zu weit aufgemacht, war denunziert, dann arretiert worden. Doch war es ihm gelungen, kurz vor dem Rücktransport nach Russland die Wache zu bestechen und zu ihr zu kommen, um ihr ein Bündel Geldscheine zuzustecken, zweitausend Mark, für das Kind, das sie erwartete. Von ihm. Ihre Tochter, die dann am 28. Oktober 1948 zur Welt kam und ihrem Vater niemals begegnen sollte. Doch stolz, wie sie war, nahm sie das Geld, ein Vermögen, nicht an, sosehr Jurij sie auch darum bat, ja, geradezu anflehte. Er verstand ihre Haltung nicht, bis zur letzten Minute versuchte er, auf sie einzureden. Aber sie blieb stur. Bedrückt verließ er sie und kehrte in den Arrest zurück, um die bestochenen Wachen nicht zu gefährden. Warum sie das Geld nicht genommen hatte? Es hätte zwar schlagartig ihr Leben erleichtert, die Sorge um die unmittelbare Zukunft verringert, aber ihr auch das Gefühl bereitet, bezahlt worden zu sein für die Zeit der Gemeinsamkeit. Alles Schöne zwischen ihnen wäre damit für sie ins Unreine gewendet worden, ins

Hässliche. Es ging einfach nicht. Sein Plan, mit ihr nach Amerika zu fliehen, die Dollars, die er sich dafür besorgt und zur Seite gelegt hatte, das alles zerstob mit dieser letzten Begegnung wie der Schaum auf den Wellen des Meeres vor den Toren und im Hafen der Stadt, wenn starker Wind über sie hinwegfuhr; einige Male hatten sie es bei gemeinsamen Gängen nahe der Kaimauer beobachtet und sich am Spiel der Natur erfreut. Von November 1947 bis Februar 1948 hatte die stürmische Beziehung gedauert, doch in diesen wenigen Monaten war es ihr gelungen, seine anarchischen Neigungen so sehr zu zügeln, dass Freunde und Kollegen von der »Petro« sie manchmal fragten, was sie denn bloß mit ihm gemacht hätte, so zahm sei er geworden, sie würden ihn kaum noch sehen, und wenn, dann noch weniger wiedererkennen. Aber sie hatte nichts anderes gemacht, als da zu sein für ihn, nur da zu sein, mit ihrem Selbstbewusstsein und dem darin wurzelnden Willen, sich von niemandem die Butter vom Brot nehmen zu lassen. Ein doppeltes Himmelsgeschenk, von dem sie zu jenem Zeitpunkt absolut nicht ahnte, wie nötig sie es noch haben würde.

Es war ihre Mutter, die den glimpflichen Ausgang dieser ersten leidenschaftlichen Affäre ihrer Tochter zum Anlass genommen hatte, sie eindringlich vor der zweiten zu warnen. Sie beschwor sie regelrecht, als Wladimir auftauchte, die Finger davon zu lassen, es sei mehr als gefährlich, Bindungen dieser Art einzugehen, in diesen Zeiten, unter diesen Verhältnissen. Es sei nur dumm; Liebe hin, Liebe her. Sie hatte zwar nichts dagegen, dass auch der neue Freund ihrer Tochter kein Deutscher und sogar Offizier der Besatzungsarmee war. Aber als lebenserprobter Berlinerin, die dort nicht nur das Ende des ersten großen Krieges überstanden hatte, sondern auch das Elend der Inflation – auch dem Terror der »kommunistischen Revolutionssoldateska« von 1918, so ging ihre Rede, die sie zwei Mal in lebensbedrohliche Situationen verwickelt hatte, war sie mit Bravour und Kaltblütigkeit entgegengetreten, einmal wären sie und ihre Mutter vor einer Straßensperre fast erschossen worden –, fehlte es ihr inzwischen an jeder romantischen Naivität beim Blick auf Welt und Wirklichkeit, ohne jedoch darüber humorlos geworden zu sein, vielleicht nur sarkastischer, als sie ohnehin schon immer gewesen war. Dass sie sich einige Jahre nach dem 30. Januar 1933 in einem persönlichen Schreiben an Adolf Hitler über den rachsüchtigen Umgang der NS-Stadtverwaltung von Wismar unter Oberbürgermeister Pleuger mit ihrem Mann, dem einstigen Mitglied der kommunistischen Seeleutegewerkschaft, beschwert hatte, darüber, dass er noch 1937 arbeitslos war und mitsamt Frau und vier Kindern in einem materiellen Elend steckte, das jeder Beschreibung spottete, auch das gehörte in diese Linie, wie die Tatsache, dass sie nichts zurückgenommen hatte von ihrer Beschwerde, selbst als man ihr im Rat der Stadt mit Einweisung ins KL drohte. Unerschrocken gab sie zurück, mit ihren Kindern so lange im Rathaus sitzen zu bleiben, bis der Rachefeldzug gegen ihre Familie beendet, Arbeit und ausreichend Essen wieder zu ihrem Alltag gehören würden, und sie gewann die Kraftprobe. Ihr Mann erhielt Arbeit bei Dornier, ihre Kinder bekamen Kleidung und Spielzeug, die Familie Lebensmittel, Heizmaterial, einen Tannenbaum und eine prächtige Gans, das Weihnachtsfest stand bevor. Den Weihnachtsmann spielen durfte die NS-Volkswohlfahrt. Es verführte sie dennoch nicht, aus falscher Dankbarkeit der Partei des Führers oder einer ihrer Organisationen beizutreten. Nie sollte sie zudem vergessen, wie sehr es sie wenig später erschüttert hatte, den letzten Gang des jüdischen Arztes Liebenthal 1938 durch die Stadt mitansehen zu müssen, wie viele andere nur vom Bürgersteig aus, die dem Toten, der so oft ohne Honorar geholfen hatte, und trotz des Hasses, den die Partei über Juden ausschüttete, so, wenn auch eher verstohlen und stumm, die letzte Ehre gaben und damit dem Sohn des Arztes, der einsam hinter dem Sarg seines Vaters auf dem dunklen Katafalk durch die Straßen ging, von der überschweren Last, die ihn sichtlich niederdrückte, etwas abnahmen. Lag am Tag der Beerdigung nur ein Kranz auf dem Grab, der des Sohnes, so waren es am nächsten Tag viele. Auch sie hatte einen Blumenstrauß dazugetan. Auch ihrer Familie hatte Liebenthal selbstlos geholfen. Nur einmal drohte sie einen solchen falschen Schritt ihrem eigenen Mann an, der es nicht lassen konnte, auf konspirativen Wegen illegales kommunistisches Propagandamaterial ins Haus zu bringen. Noch jedes Mal riss sie es ihm, zog er es unter der Joppe hervor, sofort aus der Hand und verbrannte es umgehend im Ofen. Aber erst als sie ihm mit erregter Stimme unmissverständlich klarmachte, wenn er nicht aufhöre damit, würde sie, aus Schutz für sich und die Kinder, um Aufnahme in die NS-Frauenschaft ersuchen, begriff er nicht nur den Ernst der Lage, sondern auch ihre Entschlossenheit, und ließ fortan die hochgefährlichen Untergrundspielchen. Zumal sie ihm schon vor der Machtergreifung der Nationalsozialisten, nach dem Besuch einer Weihnachtsfeier der kommunistischen Seeleutegewerkschaft, zu der er sie, ihren Worten zufolge, »regelrecht bequatscht« hatte, zu signalisieren gewusst hatte, wie wenig sie auch mit diesen Leuten gemein hätte und haben wollte. Auslöser der innerfamiliären Botschaft eindeutiger Natur war das Erlebnis eines ordentlichen Handgemenges an jenem Abend gewesen: zwischen Frauen, deren Kinder sich über die verteilten Geschenke in die Haare gekriegt hatten. Das Gekeife und Gekeile unter den Erwachsenen, ausgerechnet bei einer Weihnachtsfeier, waren ihr dermaßen abstoßend erschienen, dass sie ihren Mann mit wenigen Worten, aber einem scharfen Blick zwang, die Veranstaltung in der Wismarer »Tonhalle«, einer vor allem von Arbeiterorganisationen genutzten Lokalität der Stadt, vorzeitig zu verlassen, nicht ohne auf der Straße zu bemerken, dass sie mit diesen Kreisen »ums Verrecken nicht« jemals wieder etwas zu tun haben wolle. Erfahrungen und Kämpfen von existentieller Wucht dieser Art entsprang ihre Nüchternheit, die manch einer als Kälte missverstand oder dort Gefühlsarmut sah, wo nur aus Selbstschutz

Reserve und Distanz herrschten. Dabei war auch sie, die Fontane-, Storm- und Raabe-Liebhaberin, die sich im eleganten Hutmacher-Salon Nischang am Alexanderplatz in Berlin – gelernt hatte sie im Putzmachergeschäft Radloff in ihrer Geburtsstadt Stettin – als waches Talent beim schöpferischen Aufgreifen und Umsetzen neuer Hut-Ideen für die Damenwelt der Stadt bewährt hatte, dem jungenhaften Charme Jurijs erlegen, wie alle in der Familie.

Ja, auch ihre Mutter hatte den blonden Lockenkopf aus Archangelsk gemocht, auch gesagt und gezeigt hatte sie es, obwohl sie doch immer so sparsam gewesen war mit Gesten der Zuneigung, zu sparsam, wie ihre Tochter fand, die sich als Kind nach mehr Umarmungen und Mutterküssen gesehnt hatte. Aber Jurij hatte auch ihr Gesicht wieder zum Leuchten gebracht, vielleicht war mit ihm für dieses eine Weihnachtsfest der vermisste Sohn zurückgekehrt, sie waren gleichaltrig gewesen. Dieses Leuchten in ihrem Gesicht war besonders an jenem wunderbaren Heiligabend 1947 aufgefallen, als sie nach dem bescheidenen Festessen, das ihnen so üppig vorkam, um den spärlichen, aber vom Lichterglanz überfluteten Tannenbaum versammelt saßen und deutsche Weihnachtslieder sangen, die von den russischen Gästen ergriffen mitgesummt wurden. So hatten es sich Jurij und Iwan, sein engster Freund an Bord, ausdrücklich gewünscht, nachdem sie eingeladen worden waren. Gewünscht hatte Jurij sich auch das Festessen: Hackfleisch und Kohl, wie es von seiner Mutter immer bereitet worden war, sie lebte nicht mehr. Seit ihrem Tod hatte er es nicht mehr gegessen. Es gelang ihnen zwar, Kartoffeln zu besorgen, etwas Margarine, Pfeffer und Salz, an Hackfleisch und Kohl jedoch war nicht zu denken, in diesem Dezember 1947. Jurij und Iwan aber schafften es und besorgten beides, zwar kein echtes Hackfleisch, immerhin jedoch eine große Büchse Corned Beef. Am Festtag selber standen sie bereits früh um zehn vor der Tür; nur kannten sie die deutschen Weihnachtssitten nicht. Um sechs Uhr abends durften sie wiederkommen, und sie kamen pünktlich und fein herausgeputzt und erwartungsvoll wie kleine Kinder. Nach dem Festessen zeigte sich vor allem Jurij als reines Glückskind: Er strahlte, denn alles, was er an diesem Abend am Tisch in der Fremde erlebt hatte, erinnerte ihn an sein Zuhause, an das Zuhause, das es seit dem frühen Tod der Mutter für ihn nicht mehr gab. Seinem Vater war er davongelaufen, er verachtete ihn und die anderen Staats- und Parteifunktionäre des Landes. *Sie*, das war seine stehende Rede, besaßen alles, das Volk aber hätte nichts. Er hasste solche Ungerechtigkeit, und er verbarg seinen Hass auf die Verhältnisse kaum. Das sollte ihm bald zum Verhängnis werden. Später stießen, wie in all den Jahren zuvor, auch noch Onkel Karl und Tante Lotte in die weihnachtliche Runde, eine Schwester ihres verstorbenen Vaters. Man sang, trank Schnaps und parodierte die bayerische Mundart, es wurde immer lustiger in dem kleinen Wohnzimmer. Doch um Mitternacht war Schluss. Zusammen mit den beiden Jungs aus Russland verließen Tante und Onkel in bester Stimmung das Haus in der Wismarer Baustraße, die seit 1946 Rosa-Luxemburg-Straße hieß, zu dem im Hof eine Hufschmiede gehörte. Hans Schult, Schmiedemeister und Pächter des Ganzen, war irgendwann auch der Besitzer des Hauses geworden, in dem es zwischen seinen Bewohnern einen wunderbaren Zusammenhalt gab, die politischen Verhältnisse vor und nach 1945 konnten der Hausgemeinschaft nicht das Geringste anhaben. Besonders gefestigt wurde sie in den Bombennächten des Weltkrieges, wenn sie alle, vom Sirengeheul aus dem Halbschlaf gerissen, aus den Betten schossen, in die sie sich zuletzt nur noch mit Tageskleidern begaben, und Zuflucht suchten im Keller, wo sie zusammen mit Frieda Schult, der Hauswirtin, und deren Töchtern Gerda und Elfriede sowie dem älteren Ehepaar Schmidt aus dem zweiten Stock unterm Dach jenem nie zu vergessenden grauenhaften Pfeifen der herabrasenden Spreng- und Brandbomben der angloamerikanischen Luftflotten, dem mörderischen Gedröhn und Geprassel über ihren

Köpfen gemeinsam zu widerstehen suchten. Zum Glück wurde ihr Haus nie getroffen, nicht einmal der letzte Großangriff auf die Stadt in der Nacht vom 14. zum 15. April 1945, der das ganz in ihrer Nähe gelegene berühmte Gotische Viertel mit den mächtigen Kirchen St. Georgen und St. Marien einer schweren Luftminenattacke aussetzte, beschädigte mehr an ihm als lediglich Fenster, Türen und Dachbedeckung. Dass die Türme, Mauern und Pfeiler der beiden gotischen Kathedralen dem Inferno ebenfalls standgehalten hatten und sie nur ausgebrannt waren, grenzte an ein Wunder. Es würde, was zu diesem Zeitpunkt noch niemand ahnte, dem grandiosen Baukunstwerk Marienkirche aus dem 13. Jahrhundert allerdings nichts nützen, dass es dem barbarischen Akt halbwegs entkommen war, blieb es doch der SED-Stadtverwaltung vorbehalten, 1960, mitten im Frieden, wenigstens an ihr das im Krieg begonnene Zerstörungswerk zu vollenden: durch Sprengung des gigantischen Chores. Als die lange herumliegenden Trümmerberge endlich abgetragen waren, wurde aus dem Ort, an dem jahrhundertelang Gottesdienste gefeiert worden waren, ein staubiger Parkplatz für luftverschmutzende Zweitakter.

Noch Jahre später schwärmte die Tante jedenfalls in den höchsten Tönen von dem blonden Lockenkopf aus Russland, der sich auf dem Heimweg als wahrer Kavalier erwiesen und ihr, die den Ort der Feier mit einem ziemlichen Schwips verließ, über so manche Pfütze hinweg geholfen hätte. Auch deshalb trafen sie sich schon am ersten Weihnachtstag alle wieder, dieses Mal zum Kaffee bei Karl und Lotte, die eigentlich Emma hieß, aber in der Konsequenz der merkwürdigen Tradition der Familie, die Vornamen zu tauschen, von den Jungen nur Lotte genannt wurde, die Erwachsenen sagten gar Bobby zu ihr. Das kinderlose Ehepaar verfügte, im Gegensatz zu ihnen, die in einem winzigen und äußerst bescheiden ausgestatteten Quartier lebten, über eine große, schön geschnittene und edel eingerichtete Wohnung, was Jurij so sehr beeindruckte, dass er glaubte, wie er seiner Freundin später verriet, indem er sie auf den Kopf zu danach fragte, bei Kapitalisten zu Gast gewesen zu sein. Doch Karl Oemink war kein Kapitalist, er war als Kassenrendant nur Vizechef der örtlichen Krankenkasse, aber das immerhin. Lotte, das Dienstmädchen Emma aus der armen Fischerfamilie Schacht aus Fährdorf auf Poel, hatte Glück gehabt; doch war sie darüber nicht hochmütig geworden wie im Märchen von des Fischers Fru.

19. November 1950

Der geräuschvolle Wiedereinzug der gestiefelten und uniformierten Mitglieder des Tribunals riss sie aus ihrem traumwandlerischen Fluchtversuch in eine bessere Zeit und holte sie unbarmherzig zurück in die Wirklichkeit des 19. November 1950. Nachdem das Stühlerücken beendet und einen kurzen Moment lang Ruhe eingekehrt war, nahm der Vorsitzende des Tribunals die Verhandlung wieder auf und fragte, ob sie nicht gewusst hätte, dass es verboten sei, mit sowjetischen Offizieren Umgang zu haben? Auch diese Frage war unverschämt, außerdem ging sie in geradezu lächerlicher Weise an jeder Realität vorbei: »Nein«, antwortete sie deshalb so knapp wie möglich, um dann doch noch, sie konnte nicht anders, den langen Satz anzufügen: »Im Übrigen müssten Ihre Offiziere das besser gewusst haben als ich, warum sind sie uns denn so nachgelaufen?« Die Mienen der Mitglieder des Tribunals zeigten nach diesem neuerlichen Beweis, dass man sie mit Fragen, die keine waren, nicht einschüchtern konnte, jenen Zug von Zynismus, der signalisierte, dass alle Beteiligten wussten, dass sie nichts anderes als Marionetten in einer juristischen Farce und weitere Dialoge dieser Art deshalb vollkommen sinnlos waren. Also wandte Justiz-Oberstleutnant Suchanow sich nun, wie in der Regie vorgesehen, den Zeugen im Saal zu, die schon die ganze Zeit hinter ihr gesessen hatten, erhöht, der Raum ging in ein stufenförmiges Auditorium über. Es waren ein Mann und eine Frau, ein Russe und eine Deutsche, ein Offizier und seine Freundin, die ein Kind von ihm erwartete. Der Offizier war Wolodjas Freund, die Frau, Traute Schakat, eine gute Bekannte von ihr. Zunächst befragte der Vorsitzende die beiden, ob sie ein intimes Verhältnis miteinander hätten, was sie rundweg abstritten. Die Lüge war so dreist, dass ihr nichts anderes übrigblieb, als den Vorsitzenden des Tribunals demonstrativ anzugrinsen, während die beiden aus ihrer Höhe herab das Blaue vom Himmel logen. Der Oberstleutnant unterbrach daraufhin seinen abgekarteten Dialog über ihren Kopf hinweg und wandte sich mit der Frage an sie, ob das etwa nicht stimme?! Die Antwort, die er zu hören bekam, hätte er ahnen können, wohl deshalb war es auch das letzte Mal, dass er ihr überhaupt eine Frage stellte: »Wieso fragen Sie mich?«, sagte sie, immer noch einen spöttischen Zug um den Mund: »Den Zeugen wird doch ohnehin mehr geglaubt als einer Angeklagten!« Natürlich belasteten die beiden sie, dafür waren sie aufgeboten worden, indem sie bestätigten, dass sie versucht hätte, Wolodja zur Flucht in den Westen anzustiften. Wie sie dazu kamen, wusste sie nicht, keinem von beiden hatte sie von ihrer Idee auch nur ein Sterbenswörtchen verraten. Bald danach war die Verhandlung beendet. Die Pause bis zur Urteilsverkündung verbrachte sie mit den Belastungszeugen, die bis vor zwölf Wochen noch vertrauenswürdige Menschen für sie gewesen waren, miteinander in einem Vorraum, natürlich bewacht, aber sie konnten sprechen. Traute Schakat, die für kurze Zeit ebenfalls inhaftiert worden war, überraschenderweise aber wieder freigelassen wurde, wandte sich ihr plötzlich zu und sagte leise und mit weinerlichem Unterton: »Deine Mutter guckt mich gar nicht mehr an!« Sie antwortete der falschen Freundin mit derselben Deutlichkeit wie dem Vorsitzenden des Tribunals zuvor: »Dann wird meine Mutter wohl auch Grund dazu haben!«

Das Urteil wurde zuerst auf Russisch verkündet. Da sie

ein wenig von der Sprache ihres Freundes verstand, hörte sie etwas von *zehn* Jahren, glaubte aber sofort, sich verhört zu haben. Die deutsche Version allerdings raubte jeden Zweifel daran und damit alle Hoffnung auf einen milderen Ausgang der Geschichte:

Urteil Nr. 126

Im Namen der Union der Sozialistischen Sowjetrepubliken

Am 18. 11. 1950 wurde vom Militärtribunal der 92/401. Truppe, in Zusammensetzung von Oberstleutnant der Justiz Suchanow (Vorsitzender), Kapitän Besrutschko und Kapitän Melnowski, sowie dem Sekretär-Leutnant Melnikow, in einer geschlossenen Gerichtssitzung wegen der Anklage gegen die deutsche Bürgerin Schacht, Wendelgard, Ursula, Lisa, Scharlotte, wohnhaft in Wismar, Land Mecklenburg, ledig, parteilos, Ausbildung Mittelschule, nicht vorbestraft, die vorliegende Akte geprüft. Aufgrund der vorhandenen Beweispapiere der vorgerichtlichen Untersuchung wurde vom Militärtribunal folgendes

festgestellt:

Die Angeklagte Schacht hat in Wismar den Sowjetoffizier Leutnant Fedotow kennengelernt und hatte mit ihm ein Intimverhältnis. Da sie mit ihm eine Familie gründen wollte, hatte Schacht im Juli-August 1950 dem Fedotow zweimal vorgeschlagen, die Heimat zu verraten und zusammen mit ihr in die Westzone Deutschlands zu fliehen, mit der Absicht, dort die Ehe zu schließen und wohnen zu bleiben.

Zumal Fedotow in der Sowjetunion sowieso keine Eltern habe, müsse er dorthin auch nicht zurückkehren. Deshalb schlug sie vor, nach dem Westen zu fliehen.

Auf der Grundlage des Dargelegten hat das Militärtribunal die Schacht für schuldig erklärt, wegen Aufhetzerei die Heimat zu verraten bzw. wegen Verbrechen lt. Artikel 17-58-1 »b« UK RSFSR. In Anbetracht der Schwangerschaft von Schacht und daß die Folgen ihrer Absicht, obwohl sie den Fedotow zum Landesverrat überreden wollte, nicht eingetreten sind, ist es dem Militärtribunal möglich, sie nicht umfassend nach Artikel 17-58-1 »b« UK RSFSR zu bestrafen.

Entsprechend Artikel Nr 319, 320 UPK RSFSR wurde sie weiterführend vom Militärtribunal zu nachfolgendem

verurteilt:

Schacht, Wendelgard, Ursula, Lisa, Scharlotte, ist, aufgrund des Artikel 17-58-1 »b« UK RSFSR und des Artikels 51 UK RSFSR, ins Besserungsarbeitslager für zehn (10) Jahre zu inhaftieren, ohne Beschlagnahme des Vermögens, da die Angeklagte nichts hat.

Zeitlich beginnt die Strafe für die Schacht ab dem 15. 08. 1950, Vorgerichtszeitraum eingeschlossen.

Das Urteil ist unwiderruflich, eine Kaution ausgeschlossen.

Alle Unterschriften sind beglaubigt.

Für die Richtigkeit: Oberstleutnant der Justiz: (Suchanow)

Während sie hörte, was ihr zugedacht worden war, ein ganzes Jahrzehnt Trennung von Kind, Mutter, Verwandten und dem werdenden Wesen in ihrem Leib, für nichts anderes als für den Versuch, aus einer Liebe eine Familie werden zu lassen, fing ihr Bewusstsein an, Karussell zu spielen, Kettenkarussell: Es drehte und drehte sich, immer schneller und schneller, so schnell, fast hätte es sie aus der Wirklichkeit geschleudert. Dennoch schaffte sie es, die Unterschrift auf das Schreckenspapier zu setzen; doch wie ihr das gelungen war, keinem hätte sie es mehr sagen können danach. Der Schock saß tief. Und niemand hatte ihr in dieser Stunde mit dem Wissen helfen können, dass das Tribunal in ihrem Falle nur die geringste Strafe verhängt hatte, die derartigen Tribunalen vorgegeben war. Als sie es wusste und begriff, später, in Hoheneck, wusste sie auch, dass sie dann, im Moment der Urteilsverkündung, stärker gewesen wäre. So hatte sie ihn zwar ohne Tränen überstanden, nicht aber ohne Blick in einen Abgrund, der sie schaudern machte.

Nach dem Urteilsspruch gab es keine Verhöre mehr, konnte sie nachts endlich durchschlafen. Zwar holte ihr Vernehmer sie noch einmal zu sich und fragte, als ob er es nicht gewusst hätte, welches Urteil sie erhalten habe? Sie sagte es ihm, er aber meinte nur, dass sei doch wenig. Damals hielt sie ihn für verrückt oder zynisch, obwohl er sich in den Wochen zuvor ihr gegenüber anständig verhalten hatte, nie bösartig geworden war. Später, in Hoheneck, wusste sie es besser. Hinzugefügt hatte er, wie um seine Einschätzung ihrer Strafe glaubwürdiger zu machen, dass Wolodja fünfundzwanzig Jahre Sibirien bekommen hätte. Wofür, fragte sie sich? Nichts von dem, was sie vorgeschlagen hatte, hatte er akzeptiert, geschweige denn aufgegriffen. Sie hatte deshalb auf sich genommen, was aufzunehmen war, nicht zuletzt, um ihn von jedem noch so kleinen Verdacht zu entlasten. »Verleitung zum Landeshochverrat«, ihr Verbrechen, war das eine; aber Vorbereitung? Es wäre sein Todesurteil gewesen. Das hatte sie begriffen. Zuletzt in der Gegenüberstellung, als sie seine zitternden Hände bemerkte, den hilflosen Versuch, die Zigarette in Brand zu setzen, sie am Glühen zu halten. Es ging, weiß Gott, um mehr als um eine unschuldige Affäre, das war inzwischen auch ihr überklar ins Bewusstsein getrieben worden. Aber fünfunddreißig Jahre Arbeitslager für beide zusammen nur dafür, dass sie nichts anderes gewollt hatte, als dass er und sie ein Paar mit Trauschein sein sollten? Warum durfte sie nicht mit nach Russland? Sie wäre dem Vater ihres Kindes doch jederzeit gefolgt. Sogar dorthin, und wohin dort auch immer. Aber das waren nun alles sinnlose Fragen, Gedanken, Vorwürfe.

Mit dem Urteil hatten sich endgültig nicht nur alle Zukunftshoffnungen zerschlagen, auch die unmittelbare Gegenwart hatte sich gewandelt: Jetzt war sie keine Untersuchungsgefangene mehr, jetzt war sie eine Verurteilte und musste die Zelle wechseln, auf die gegenüberliegende Seite des Traktes, wo die Verurteilten auf ihren Abtransport warteten. Allerdings unterschied sich die neue Zelle kaum von der alten, auch hier gab es außer einem Holzpodest, auf das abends ein paar Matratzen gelegt wurden, einem Kübel für die Notdurft und einer Heizung mit wenigen Rippen, nichts, was den neuen Ort wenigstens um eine Nuance erträglicher gemacht hätte als den alten. An das Schlafen ohne Decke, Laken und Kopfkissen hatte sie sich gewöhnt. Lediglich ihr alter Mantel wärmte sie ein wenig. Am Abend nach der Urteilsverkündung, als wieder die Matratzen in die Zelle geworfen wurden, rollte sie sich darauf zusammen wie ein waidwundes Tier und weinte sich, an Tochter und Mutter denkend, in den Schlaf. Sie erwachte, weil etwas neben sie gefallen war, ein Gegenstand, mit dumpfem Geräusch auf ihr Lager halb unter der Erde. Als sie die Augen öffnete, sah sie in der geöffneten Klappe ein Gesicht; aber sie erschrak nicht, sie erkannte seinen Träger: Es war »Hering«, so nannte sie ihn. Einer der Wachsoldaten, der sie einmal gefragt hatte, wie der Fisch auf Deutsch heiße, der zum allmorgendlichen russischen Gefangenenfrühstück gehörte. Er hatte ihr eine Mohrrübe zugeworfen, wie er es früher schon mit Zwiebeln oder Kartoffeln getan hatte. Als sie sich leise bedankte, fragte er nach dem Urteil. »Zehn Jahre«, sagte sie und weinte. »Du musst nicht weinen«, sagte er mit beschwörender Stimme, »in zwei Jahren bist du wieder zu Hause, glaub mir! Und da, wo du hinkommst, kriegst du Besuch, auch Pakete wirst du bekommen, du kannst es mir glauben.« Aber sie glaubte ihm nicht, konnte ihm nicht glauben, glaubte vielmehr, dass er sie nur trösten wolle. Es tat ihr gut, und es änderte doch nichts.

22. Januar 1954

Hering, dachte sie und sah hinaus in die Dunkelheit hinter der Fensterscheibe ihres Zugabteils. Draußen war es so finster, wie es nie finster geworden war, nachts, in den Zellen halb unter der Erde von Magdeburg, immer brannte das Licht in den zwei mal vier Meter großen Löchern, aber auch daran gewöhnt sich der Mensch, wenn er nur Schlaf bekommt, seligen Schlaf, in dem alles versinkt, was die Seele im Wachen quält. Der schmächtige Russe hatte recht behalten. Überhaupt hatte er Licht gebracht in das andere Dunkel, das dort unten herrschte, selbst noch am Tage. Wenn er zum Wachdienst eingeteilt war, ging es ihr besser. Er sorgte dafür, dass sie sich bei der Brotausgabe das größte Stück aussuchen konnte, blieb Würfelzucker übrig, der zum obligatorischen Tee gehörte, brachte er ihr ihn, mit dem Hinweis auf das Baby in ihrem Leib, ihr und keinem anderen. Er stahl sogar Mohrrüben und Zwiebeln für sie aus der Küche. Jeden Morgen zum Frühstück reichte man allen Gefangenen am Sitz des Tribunals im ehemaligen Polizeipräsidium der Stadt Magdeburg einen Brocken Brot von fast einem Pfund, einen halben gesalzenen Fisch, vier Stückchen Würfelzucker und einen Topf heißen Tee. Da sie Tee nicht mochte, kippte sie ihn sogleich weg. Mittags gab es Buchweizengrütze, Kascha genannt; manchmal waren es aber auch nur aufgequollene Haferflocken oder Sago, in Salzwasser gekocht und so dick, dass der Löffel darin steckenblieb. Das Abendessen variierte ebenso wenig: Tagaus, tagein fand sich Kapusta in der Blechschüssel, Kohlsuppe, die sie allerdings mit Heißhunger und Genuss herunterschlang. Aber »Hering«, von dem sie bald nur noch »Küken« genannt wurde, dachte, selbst wenn er Hofdienst hatte, an sie: Während seiner Runden entfernte er für einige Zeit die Holzverblendung vor ihrem Fenster, das halb aus der Erde ragte, und sorgte so dafür, dass hin und wieder wenigstens frische Luft in ihr Verlies strömen konnte. »Hering« war in jeder Hinsicht das Gegenteil von »Mephisto«, dem anderen Wachsoldaten, einem schlanken, großen Kerl mit glühenden Augen, der sie in den ersten Wochen so lange mit gemeinen Fragen und obszönen Gesten traktierte, bis sie ihm einmal, nachdem sie lange so getan hatte, als würde sie ihn nicht verstehen, einen Becher Wasser durch die geöffnete Klappe ins Gesicht klatschte. Da die Tür verschlossen war und die Wachtposten über Schlüssel nicht verfügten, konnte er ihr nichts anhaben. Aber selbst »Mephisto« war nicht gänzlich unerreichbar für das Elend, das er und seine Kameraden bewachten, zumal sie die einzige Frau war, wie »Hering« ihr verraten hatte, so wie er ihr verraten hatte, dass die Männer viel mehr weinten als sie. Seit der Nacht der Gegenüberstellung mit Wolodja, als sie nach der Rückkehr in ihre Zelle auf den Matratzen ein heftiger Weinkrampf gepackt hatte, war »Mephisto« ihr gegenüber ein anderer geworden. Er wirkte betreten, wenn er sie sah; keine Anzüglichkeit verließ mehr seinen Mund. Auch »Mephistos« Herz war offenbar noch nicht ganz versteinert.

Sechs Minuten nach fünf lief der D 184 Dresden–Rostock auf dem Hauptbahnhof in Schwerin ein. Sie war so gut wie zu Hause und spürte, wie ihre innere Spannung fast ins Unerträgliche wuchs und eine nicht mehr zu dämpfende Erregung Besitz von ihr ergriff. Zum ersten Mal auf dieser Reise versuchte sie dennoch, bewusst wahrzunehmen, was draußen, auf dem Bahnhof, in all der Geschäftigkeit des normalen Alltagslebens, wirklich geschah: Bahnbeamte mit roten Dienstmützen eilten hin und her oder tauschten Informationen aus, Menschen verließen den Zug, andere stiegen hinzu, technische Kontrolleure mit kleinen Hämmern an langen Stielen liefen in gebückter Haltung an den Wagen vorbei und prüften mit kurzen Schlägen die Sicherheit der Räder von Lok und Waggons, Gepäck wurde vorbeigekarrt, Postsäcke wurden ausgetauscht, aber kein Gesicht war darunter, das sie wiedererkannt hätte, kein Mensch, dem sie vom regenfeuchten Fenster aus hätte zurufen können: *Ich bin wieder da, bin wieder frei! Erkennt ihr mich noch?*

Vor drei Jahren und vier Monaten war sie zum letzten Mal in dieser Stadt gewesen. Sie war ihr nicht unvertraut, aber verhasst. Hier war ihre Schwester gestorben, 1944, mit Zwanzig, an einer Schwangerschaftsvergiftung. Für eine Nacht hatte man sie hierhergebracht, eine Zwischenstation auf dem Weg nach Magdeburg, wo das zuständige Sowjetische Militärtribunal seinen Sitz hatte. Die Gesichter, mit denen sie die Nacht in der Schweriner Durchgangszelle verbracht hatte, waren ihr in der zurückliegenden Zeit verlorengegangen. Was nicht verlorengegangen war und niemals verlorengehen würde, waren die unmittelbaren Stunden davor, die letzten in Wismar, wo sie seit dem 15. August einsaß, in den Kellerzellen des Volkspolizeikreisamtes zwar, aber tabu für Befragungen durch die deutsche Behörde. Hier war sie – nach der ersten Vernehmungsrunde, ohne Essen oder Trinken bis Mitternacht, im Wismarer Hauptquartier des allmächtigen Lawrentij Berija und seines Vertrauten in Deutschland, des stellvertretenden Chefs der Sowjetischen Kontrollkommission und leidenschaftlichen Folterknechts, Generaloberst Bogdan Kobulow, in einer kleinen Backsteinvilla am Lembkenhof, wo auch viele andere Offiziere der Besatzungsarmee ihre Häuser hatten –, vom sowjetischen Staatssicherheitsdienst wochenlang verhört worden, meist nachts, wenn der Körper sich danach sehnte, zur Ruhe zu kommen. Oder am Tag, nach nur wenigen Stunden Schlaf. Wieder und wieder wurde ihr im Vernehmungszimmer dieselbe unsinnige Frage an den Kopf geworfen, welchem westlichen Agenten sie ihren Ausweis übergeben hätte? Ja, sie hatte keinen Ausweis mehr, als man sie verhaftete.

Nein, sie wusste nicht, wo er war. Vielleicht hatte sie ihn verloren; vielleicht hatte ihn ihr auch einer gestohlen. Sie wusste es jedenfalls nicht. Irgendwann konnte sie nervlich nicht mehr und schrie, wenn sie ihr nicht glauben wollten, könnten sie sie ja erschießen. Von da an wurde nicht mehr nach dem Ausweis gefragt, aber wie beiläufig erfuhr sie wenig später von der Dolmetscherin, dass das angeblich gesuchte Dokument die ganze Zeit über im Schreibtisch des Vernehmers gelegen hätte. Und dann gestand ihr die Russin in der Uniform des Geheimdienstes zu ihrer vollkommenen Überraschung, sie könne sie sehr gut verstehen, auch sie habe einmal einen Deutschen geliebt. Der Umstand jedoch, dass sie ansonsten in deutschem Gewahrsam war, sorgte eines Tages dafür, dass ihre Angehörigen, solange sie sich noch in Wismar befand, die Möglichkeit hatten, sie zu besuchen, ein wenig Kleidung und andere Dinge vorbeizubringen, darunter einen Mantel, den ihr ihre Mutter genäht hatte.

Dieser letzte Kontakt für lange Zeit war aber nur das Ergebnis eines ebenso unglaublichen wie unwahrscheinlichen Zufalls in den wenigen Wochen ihres offiziell nicht mitgeteilten Gefangenendaseins in ihrer Heimatstadt. Eines Vormittags holte ein wachhabender VP-Offizier sie und eine andere Inhaftierte aus ihren Zellen, mit der Maßgabe, ihn nach draußen zu begleiten, zur nahe gelegenen Stadtpoliklinik, von wo das warme Essen für die Untersuchungsgefangenen bezogen wurde. Zwischen der Poliklinik und der Polizeibehörde, einem Bau im Tudorstil, von Zinnen und Türmchen gekrönt, in dem die erste Zeit nach dem Krieg noch die sowjetische Ortskommandantur residiert hatte, drapiert mit Stalinbildern und Propagandatransparenten, lag jedoch ein beliebter Durchgangspark voller Spielplätze, Bänke, alter Bäume und Gewässer, auf denen Schwäne und Enten ihre Kreise zogen oder auf zugeworfenes Futter warteten. Er wurde »Lindengarten« genannt. Ihn musste man durchqueren, pendelte man zwischen beiden Institutionen oder wollte man aus den östlichen und südlichen Teilen der Stadt zum Bahnhof oder zum Hafen. Nichtsahnend, folgten sie und ihre Haftkameradin dem Polizeioffizier, als sie, nur wenige Sekunden nachdem sie den Park betreten hatten, auf einer Bank eine gute Bekannte sitzen sah, zu deren Füßen selbstvergessen ein Kind spielte, ein kleines Mädchen: Es war kein anderes Mädchen als ihre Tochter, von der sie vor Tagen so brutal fortgerissen worden war. Das ungeheure Glück, das sie durchfuhr, als sie ihr Kind so plötzlich in der Nähe sah und ihr Kind sie, zum Greifen einander nah, war nichts anderes als ein ungeheurer Schmerz, der sie fast zu Boden riss. Doch schaffte sie es, auf ihre Tochter zuzulaufen, die sich ebenfalls in Bewegung gesetzt hatte, sie in den Arm zu nehmen, an sich zu drücken und ihr immer wieder nur liebkosende Worte zuzuflüstern. Zutiefst verwirrt von der vollkommen unerwarteten Begegnung, ja, erschüttert, hielten der Polizeioffizier und die Mitgefangene eine ganze Weile lang Abstand, bis der Uniformierte schließlich behutsam zu der lebenden Skulptur aus Mutter und Kind trat und leise sagte, sie müssten nun wohl doch langsam weiter. Weit entfernt von jedem Befehl, war es eine fast demütige Bitte, die der Mann in Uniform an seine Gefangene richtete. Mit der beruhigenden Formel, dass die Mama bald wiederkommen würde, übergab sie der Bekannten, die geradezu schockstarr neben der Szene stand, das Kind und lief, wie in Trance, mit ihrem Bewacher und der Haftgefährtin die letzten Meter zur Poliklinik. Von weiteren Essenstransporten bat sie allerdings, befreit zu werden. In jener Zeit auch schob ein anderer Polizist, der Stiefvater einer Klassenkameradin, der sie erkannt hatte, einen Kassiber in den Schlitz des Briefkastens ihrer Familie, zwei Mal kam daraufhin ihre Mutter ins Volkspolizeikreisamt, und zwei Mal brachte sie die Tochter mit, die sogar bis in die Zelle durfte, in der die Mutter gefangen war, um dort einen kurzen langen Moment mit ihr zu spielen. Viel später erfuhr sie, dass derselbe Polizeioffizier, dem sie in die Poliklinik gefolgt war, nach ihrem endgültigen Verschwinden bei einem

Zufallstreff auf dem Marktplatz ihrer Mutter auf deren Frage, ob er etwas über ihre Tochter wüsste, mit einer merkwürdigen Ausflucht geantwortet hatte: Er habe leider keine Zeit, er müsse heute noch nach Magdeburg fahren. Die Mutter deutete die Antwort richtig; ebenso begriff sie, dass nach Magdeburg für sie kein Weg führte. Auch schien jener Offizier, der das Drama im Stadtpark miterlebt hatte, dafür gesorgt zu haben, dass sich am Nachmittag des 9. September, ihres dreiundzwanzigsten Geburtstags, plötzlich die Klappe ihrer Zellentür öffnete und zu einer lustigen Melodie, die ein Unsichtbarer offenbar auf einem Kamm blies, ein Frühstücksbrett hindurchgeschoben wurde, auf dem Blumen lagen und ein wenig Kuchen. Zuletzt machte der Kalfaktor, der ihr die Gaben auf diese etwas umständliche Art gereicht und zu dem sie sich dankend hinuntergebeugt hatte, wie ein Clown noch einen Handstand auf dem Gang, dabei gratulierte er mit fröhlicher Stimme.

Am 11. September 1950, gegen einundzwanzig Uhr dreißig, war sie wieder einmal aus ihrer Wismarer Zelle, die sie mit Kriminellen teilte, geholt worden. Zuerst dachte sie an ein weiteres Verhör; aber die sowjetischen Offiziere, die sie in Empfang nahmen, sagten zu ihrer Verblüffung, sie könne jetzt nach Hause. Als sie Anstalten machte zu gehen, bedeutete man ihr, dass sie gefahren werden würde. Die Fahrt, die ebenfalls in einer Limousine stattfand, deren Fenster mit dunklen Gardinen verhängt waren, ging zunächst aber quer durch die Stadt bis zur ehemaligen deutschen Flak-Kaserne, in der seit 1945 die Russen einquartiert waren. Hier stieg einer der Offiziere aus und verschwand in dem Objekt. Kurze Zeit später kam er jedoch wieder zurück, und die Fahrt ging nun tatsächlich in die richtige Richtung, stadteinwärts, nach Hause. Als sie von der Lübschen Straße aus in die Rosa-Luxemburg-Straße einbogen und nach wenigen Sekunden Fahrt durch die Frontscheibe des Wagens die zwei erleuchteten Fenster ihrer kleinen Wohnung im Parterre der Nr. 31, hinter denen sie Mutter und

Tochter wusste, zu sehen waren, begann ihr Herz schneller zu schlagen, gleich würde der Alptraum vorbei sein, die Lehre gezogen und das Leben wieder schön. Der Wagen wurde langsamer, rollte aus, fast hielt er. Fast. Denn bevor er tatsächlich stand, gab der Fahrer plötzlich wieder Gas, und die Limousine schoss wie ein Rennwagen davon. Instinktiv, als hätte sie geahnt, welches Spiel mit ihr gespielt werden sollte, hatte sie sich jedoch schon während des Einbiegens in ihre Straße schlafend gestellt und nur aus zusammengekniffenen Augen heraus die Annäherung an ihr Zuhause beobachtet. So schrie sie weder vor Entsetzen auf, noch gab sie überhaupt zu erkennen, dass die Aktion sie getroffen haben könnte. Die Sadisten vom MGB hatten ein Opfer in den Fängen, dessen innerer Widerstandskraft ihre diabolische Phantasie nicht gewachsen war. Schon am ersten Tag, als sie sie in die Finger gekriegt hatten und man sie, unter taxierenden Blicken, ins Vernehmungszimmer der Wismarer MGB-Residenz brachte, hatte einer der Offiziere sich schwer in ihr getäuscht. Zuvor gefragt, ob sie Russisch verstünde, verneinte sie intuitiv. Aber das stimmte nicht; sie verstand eine Menge. Und so sagte er höhnisch und auf Russisch in die Runde: »Wie sie guckt, wie die Katze nach der Butter!« Die Antwort, die ihr auf der Zunge lag, verkniff sie sich im letzten Moment. Sich hier dumm zu stellen war nicht nur klüger, es war in höchstem Maße notwendig. Vielleicht sogar überlebensnotwendig.

Ende November 1950 verließ sie Magdeburg und ging auf Transport. Zunächst brachte man sie in ein Gefängnis nach Potsdam, das unter der Kontrolle des sowjetischen Innenministeriums stand. Die Zelle, in die sie kam, war schon mit zwei Frauen belegt, auch sie waren aus politischen Gründen in Haft geraten und bereits seit längerem hier. In der Potsdamer Zelle fühlte sie sich nach scheinbar unendlicher Zeit aus Dreck, Einsamkeit und Demütigung endlich wieder halbwegs wie ein Mensch, die Frauen halfen ihr, wo sie nur konnten, wuschen ihre verschmutzte Wäsche und trockneten sie auf der Hei-

zung. Sie selber spürte zum ersten Mal seit langem wieder hei-
ßes Wasser auf der Haut, frische Kleider am Körper, die ihr die
Frauen aus ihrem eigenen Bestand liehen. Als eine Decke
fehlte für die Nacht, da sie ja nun zu dritt waren, und eine der
Frauen den Posten mit der Begründung darum bat, sie hätten
eine Schwangere bei sich, sagte der zunächst nur, dafür könne
er nichts. Doch hatte er sich bloß einen schlechten Scherz erlaubt und lachte, als er mit der erbetenen Decke in der Hand
wieder vor der Zelle stand. Knapp zwei Wochen später lag
auch Potsdam hinter ihr, und nach einer Nacht in Torgau öff-
neten sich vor ihren Augen die Zuchthaustore von Waldheim.
In der Zelle, in die sie nun kam, lagen fünf junge und ältere
Frauen, auch sie allesamt politische Gefangene, eines der Mädchen hatte bereits einen Selbstmordversuch hinter sich. Die
Wachtmeisterin, von der sie in die Zelle gebracht worden war,
wandte sich deshalb mit der Auflage an die übrigen, auf das
Mädchen besonders zu achten, schon gar nicht sollten sie ihm
etwas nachmachen. Als sie den merkwürdigen Rat hörte, sie,
die das werdende Leben in sich immer intensiver spürte, überkam es sie plötzlich, nichts konnte sie mehr halten. Sie sprang
auf, kreuzte die Arme über ihrem inzwischen sichtbar ge-
wölbten Leib und rief aus: »Wir? Wir sind doch noch jung und
haben noch Schwung!« Als die Wachtmeisterin wieder verschwunden war, sagten die anderen zu ihr, zum ersten Mal,
seitdem sie hier seien, hätten sie diese Uniformierte lächeln
gesehen. Sie gehöre zu den härtesten Bewacherinnen in Waldheim. In der Nacht, sie lagen auf Zweierpritschen, fragte ihre
Bettnachbarin, ob sie einmal ihren Bauch streicheln dürfe, sie
würde so gerne wissen, wie es sich anfühle. Für eine Sekunde
fand sie die Bitte merkwürdig, aber dann verstand sie und ließ
ihre Schicksalsgefährtin gewähren. Kurz vor Weihnachten
fuhr man sie und eine weitere politische Gefangene, die ebenfalls aus Mecklenburg kam, aber fünfundzwanzig Jahre Arbeitslager erhalten hatte, von Waldheim nach Stollberg, in
die Festung Hoheneck. Ihre monatelange Odyssee durch

Geheimdienstgefängnisse und Haftanstalten war damit vorerst zu Ende, und es schien so, als ob ihr Russland erspart bliebe.

22. Januar 1954

Ja, sie war in Deutschland geblieben, auch wenn dieses Deutschland, durch das sie gerade in einem D-Zug fuhr, der soeben in den Bahnhof von Bad Kleinen einlief, nun *Deutsche Demokratische Republik* hieß und sie und ihre Kameradinnen in der zurückliegenden Zeit behandelt hatte, als hätten sie gegen diesen Staat ein Verbrechen begangen. Wie frei konnte sie in ihm überhaupt noch leben, selbst wenn sie nicht mehr im Gefängnis saß? Als der Zug zu bremsen begann, so geräuschvoll wie auf allen Bahnhöfen zuvor, stand sie schon angezogen und mit den wenigen Habseligkeiten unter dem Arm an der Tür – ein kostbares Miniaturbüchlein mit gesticktem Umschlag und ihren Initialen gehörte dazu, das Geschenk einer Kameradin zum Weihnachtsfest 1952; Verse, die Halt gegeben hatten in jener Zeit, mit Bleistift aufs Papier gesetzt: *Lerne, was Dir beschieden, zu tragen. / Glauben heißt auch in der Not nicht verzagen. / Nie schwindet die Sonne, nur wir sind zu klein, / um immer Zeugen des Lichts zu sein*, um ihn so schnell wie möglich verlassen zu können und das Gleis zu finden, von dem der Personenzug nach Wismar abfahren sollte. Es war fünf Minuten nach halb sechs, als er zum Stehen kam. Aber die Suche erwies sich als nicht schwierig, der Bahnhof hatte, obwohl ein Knotenpunkt, nur wenige Gleise und Bahnsteige, bald saß sie im richtigen Zug, auch er setzte sich pünktlich in Bewegung. Keine halbe Stunde Fahrt lag noch vor ihr, dann würde es soweit sein. Endlich. Sie war nun nicht mehr alleine im Abteil, aber sie blickte durch die sie umgebenden Gesichter hindurch, nicht mehr nach vorne, nicht zurück, nur die winzigen Bahnstationen, die vor ihr lagen, zwischen ihr und der Mutter, den Kindern, den Verwandten, spukten durch ihren

Kopf wie gespenstische Endbahnhöfe im Nirgendwo, die den Zug noch aufhalten konnten, kurz vor dem Ziel und dem Glück des Wiedersehens: *Moidentin, Petersdorf, Mecklenburg Dorf.* Doch drei Mal geschah nichts anderes, als dass der Zug nur knapp an spärlich erleuchteten Stationen hielt, die sich im Abenddunkel von Wäldern und sanft ansteigenden Endmoränenhügeln verloren, dass sogleich wieder Pfiffe ertönten und er sich erneut in Bewegung setzte und mit seinem Dampf und dem Funkenflug aus dem Schornstein der Lokomotive die Finsternis, durch die er eilte, zugleich zerteilte, bis immer schneller und schneller – obwohl der Zug die letzten Gleiskilometer langsamer fuhr und immer öfter schlingernd über Weichen polterte – ein Lichtermeer auf sie zukam, während sie sich erhoben hatte, am Fenster stand und auf die scheinbar schwankende Helle blickte: den Bahnhof ihrer Heimatstadt. Er war nicht nur von seinen eigenen Lampen erleuchtet, auch die Lichter des nahen Hafens erreichten ihn mit ihrem Schein und ließen ihn größer wirken als er tatsächlich war. Noch im Juni letzten Jahres hatte sie im Monatsbrief geschrieben, wie sehr ihr neben all ihren Lieben auch die Stadt fehle: *Lese oft in der Zeitung von Wismar; dann ist mir immer ganz komisch. Zu Hause wird wohl tüchtig gebaut. Ich glaube, ich kenne unser liebes Wismar gar nicht mehr wieder. Habe auch oft Heimweh nach unserem Strand, nach dem Wasser und einer frischen Ostseebrise. Na ja! Einmal geht alles vorüber.*

Oh, wie gut war es, dass es eine Schranke gab zwischen dem Bahnsteig und der Halle unter dem Tonnendach, wo alle diejenigen standen, die auf den Zug warteten, auf die Menschen, die er gebracht hatte, auf Kollegen, Freunde, Angehörige. Sie lief die letzten Meter in Richtung Schranke wie betäubt: sah alles und hörte nichts, sah ihre Lieben, aber sie konnte eine lange Sekunde nicht verstehen, was sie riefen. Sie lief nur und lief, bis sie die Schranke, die Barriere, die Sperre erreicht hatte, und dann hielt sie sich fest, nur fest, und wurde gehalten, von den Händen hinter der Barriere, die hinüberflogen, sie auffingen, die Halt gaben im Zusammensacken: Es waren die Hände der Mutter, des Schwagers, des Freundes, der mit seiner Frau den Sohn gepflegt hatte, der Nichte, des Kindes: »Du bist aber schön, Mama!«, sagte das Kind in die kleine Menschengruppe hinein, in der jedem Einzelnen Tränen in den Augen standen oder über das Gesicht liefen, mit verzauberter Stimme sagte es das, als wäre ein Wunder geschehen, und es war ja auch ein Wunder, was da geschah.

Das Wort ihrer Tochter gab ihr Kraft. Sie löste ihre verkrampften Hände von der Schranke, beugte sich über die Barriere, ergriff die fast Sechsjährige und zog sie zu sich hoch: »Bist du aber groß geworden!«, hörte sie sich sagen, und während ihr Kind ihr die Arme um den Hals schlang und seinen Kopf an den ihren schmiegte, fragte sie nach dem Sohn: »Wo ist der Junge, ist was mit ihm, ist er gesund?« »Beruhig dich, Wendelgard«, sagte Horst, der Mann ihrer Freundin, blitzschnell: »Grete ist in Bonn, sie hat Ulli dabei, wir wussten ja nicht, dass du rauskommst, und als wir es wussten, war sie schon drüben. In drei Tagen ist sie wieder zurück.« Die Auskunft beruhigte sie, und endlich verließen sie die Bahnhofshalle, liefen die breite Treppe hinab, die überging in die Unterführung Richtung Stadt, mit Ausstellungsvitrinen, die man in eine der gekachelten Seitenwände eingelassen hatte. Sie wirkten wie kleine Aquarien, aber es schwammen keine Fische darin, sondern zu besichtigen hinter den dicken, in Stahlrahmen gefassten Scheiben waren Auslagen verschiedener Geschäfte, auch eine Miniatureisenbahn, die durch eine Modelllandschaft raste, gehörte dazu. Ein Geldstück, durch einen Schlitz geworfen, setzte sie in Bewegung. Männer und Kinder standen am häufigsten und am längsten davor. Nichts hatte sich scheinbar verändert. Als sie das Ende der Unterführung erreicht hatten und wieder emporstiegen, tauchten sie, wie alle, die vor, hinter oder neben ihnen gingen, in einen kalten Luftstrom ein, der die Schalterhalle durchzog und von den sich ständig bewegten Schwingtüren ins Freie hervorgerufen wurde. Nur wenige Schritte noch, dann lag der Bahnhof hinter ihr: die Uhr über dem Eingang zeigte, als sie ihn verließ, dass seit ihrer Ankunft keine zehn Minuten vergangen waren, es war drei Minuten vor halb sieben. Vor ihr aber lag die abendliche Stadt: Gaslaternen verbreiteten ein warmes gelbliches Licht, Autos fuhren vorbei, ein Bus, Taxilimousinen mit dem Schachbrettmusterband auf der Karosse nahmen Fahrgäste auf oder entließen sie, vom nahen Hafen her erfüllten Werkgeräusche die Luft. Tochter und Nichte an der Hand, überquerte sie gemeinsam mit Mutter, Schwager und Horst, eine scheinbar ganz normale Familie, die Straße vor dem Bahnhofsgebäude und ging auf die Getreidemühle über dem Wasserlauf »Frische Grube« zu, an dem entlang sie ins Zentrum der Stadt gehen wollten, vorbei am Schabbelthaus, an Nikolaikirche und Hafen im Rücken, an der Großen Stadtschule, durch Bademutter- und Krämerstraße hinauf bis in die Hegede hinter der Westseite des Marktes, um in die Sargmacherstraße zu kommen. Zwischen der Ruine des Archidiakonatshauses und dem ausgebrannten Chor von St. Marien hindurch würde es weitergehen, am kleinen Park des Fürstenhofes vorbei, schließlich die Papenstraße hinab, und dann um die Ecke, nach rechts, drei Schritte hinter Kaufmann Elsners Lebensmittelgeschäft mit den Reklameschildern für Maggi und Erdal an der Wand, in die Rosa-Luxemburg-Straße 31, dort lag es, zuletzt gesehen in ähnlicher, tatsächlich aber nächtlicher Dunkelheit und aus einer mit Gardinen verhängten Limousine des sowjetischen Geheimdienstes heraus: das Ziel dieser langen Reise, die drei Jahre, fünf Monate und drei Tage gedauert hatte, und dann würde die Reise vorbei sein. Aber war sie es dann wirklich? Vorbei? Der Weg in die Stadt war keine dreißig Meter weit zurückgelegt, als sie schlagartig begriff, dass diese Reise noch lange nicht alle Stationen hinter sich hatte, auch wenn sich der vor ihr liegende Abschnitt hinter den Kulissen des weitergehenden Lebens, seines Alltags, der Normalität fast vollständig verbergen würde: wie hinter den Mauern des Hauses zur Rechten, mit dem großen Tor für Pferde- und Lastkraftwagen, das sie soeben passierten, als sie in die Mühlengrube einbogen, die Geräusche des Bahnhofs noch im Ohr – das Haus des Fuhrunternehmers Saß, dessen Tochter Annemarie kurz vor ihr aus Hoheneck entlassen worden war. Sie unterließ es, während sie daran vorbeigingen, ihre Mutter zu fragen, ob Annemarie sich schon bei ihr gemeldet hätte oder sie sich bei Annemaries Mutter? Annemarie, die für noch weniger Belastendes, nämlich für gar nichts, anderthalb Mal soviel Jahre Arbeitslager wie sie, nämlich 25, bekommen hatte. Ein ganzes Vierteljahrhundert Strafe sollte die gelernte Floristin, die bei ihrer Verhaftung 1949 gerade frisch verheiratet gewesen war, verbüßen; die erste Zeit davon verbrachte sie im sowjetischen Konzentrationslager Sachsenhausen, wo auch ihr Kind geboren wurde, bevor sie nach Hoheneck kam. Das schwere Verbrechen, dessentwegen man auch sie in Baracken gepfercht hatte, die noch warm gewesen waren von den Opfern der National-Sozialisten: Ihr Name in einer ungelesenen Ausgabe von »Mein Kampf«. Sie hatte das Buch gleich nach dem Krieg einem Bekannten gegeben, der es unbedingt hatte haben wollen, sonst hätte sie es in den Ofen geworfen. Hätte sie nur. Denn dieser Bekannte gehörte einer Untergrundgruppe an. Als sie aufflog, fand man bei den Hausdurchsuchungen auch das gefährliche Buch mit ihrem Namenseintrag. Es nützte ihr nichts, dass sie es nie gelesen hatte, wie es ihr auch nichts nützte, dass sie von der Existenz der Untergrundgruppe erstmals erfuhr, als man sie als eines ihrer Mitglieder verhaftete. Die Maschinerie Berijas, Stalins Mann und Minister für den täglichen Massenterror inklusive Massenmord zwischen 1938 und 1953, griff auch in Deutschland, wen sie kriegen konnte, und wen sie ergriff, den ließ sie nicht mehr los. So hatten sich zwei Wismarer Mädchen, die sich vor ihrer Odyssee durch die Lager und Gefängnisse der Besatzungsmacht und ihrer deutschen Beauftragten nur hin und wieder einmal flüchtig begegnet waren, endlich näher kennengelernt, mehr voneinander erfahren, als zuvor notwendig gewesen war: In jener anderen Welt, die es gleichzeitig gab und in der man verschwand, als gäbe es einen nicht mehr, und wenn man sie wieder verließ, auftauchte aus ihr, wie Überlebende einer verschollenen Expedition in unerforschten Gebieten, gehörte man fortan zu den Wissenden; dieses Wissen versperrte einem jedoch den Mund, und das sollte es auch. Nein, sie würde nicht nach Annemarie fragen, sie würde auch nicht in das Haus gehen, das sie gerade hinter sich zurückließ, jedenfalls so bald nicht. Die Stadt war klein genug, die Chance deshalb groß, sich eines Tages zufällig zu begegnen: beim Einkaufen, beim Arzt, in der Kirche.

Kurz vor dem Erreichen des Zieles aber, als sie die Papenstraße schon fast durchschritten hatten und Elsners Laden mit seinen über Eck gehenden großen Schaufenstern voller Süßigkeiten, Lebensmitteln, Waschpulver, Seifen, Schnapsflaschen und dem knallroten Feuerwehrhydranten davor in Sicht kam, hörte sie zu ihrer Überraschung, dass sie noch ein paar Schritte weiter müssten, nicht nach Hause, sondern den Petritorberg hinab, in die frisch bezogene Wohnung von Schwester und Schwager, Neue Wallstraße 6, des fehlenden Bettes in der alten wegen, ein paar Tage nur, bis eine Liegestatt auch für sie besorgt wäre. An diesem Abend erfuhr sie auch, dass man nach ihrer Festnahme Mutter und Schwester ebenfalls abgeholt hatte, zu Verhören, um herauszubekommen, ob sie sich ihnen anvertraut gehabt hätte. Zum Glück für alle hatte sie damals geschwiegen, eisern, und niemandem von ihrer Fluchtidee erzählt. Es wäre die totale Katastrophe gewesen. Eine Mitgefangene in Hoheneck, sie kam aus Berlin, hatte ihrer Mutter anvertraut, dass sie mit ihrem russischen Freund, auch er ein Offizier, auch sie von ihm schwanger, nach West-Berlin flüchten wollte. Als die Sache aufflog, verhörte man auch die Mutter. Bald stellte sich heraus, dass sie eine Mitwisserin war, aber ihre Tochter und den Vater des werdenden Enkelkindes nicht denunziert hatte. Natürlich nicht. Auch sie wurde verurteilt, nach Russland deportiert, und verschwand in Sibirien. Für Jahre. Was aus dem Offizier geworden war, wusste keiner.

Es dauerte tatsächlich nicht lange. Wenig später kaufte sie, für 218 Mark, die ihr Frieda Schult, des Schmiedemeisters Frau im alten Haus der Familie, geliehen hatte, eine Chaiselongue und kehrte mit ihr endgültig zurück in das vertraute Heim in der Baustraße 31, die seit 1946 zwar Rosa-Luxemburg-Straße hieß, aber daran gewöhnten sich alle im täglichen Sprachgebrauch nur schwer. Allerdings schlief dann doch nicht sie auf dem neuen Stück, das sie bei Möbel-Kanter in der Krämerstraße gefunden hatte, wo ihr Schwager, Karl-Friedrich Mäker, in die Tischlerlehre gegangen war, es war ihre Mutter, die es des Nachts bezog. Sie selbst ging mit den beiden Kindern in das winzige Zimmer nebenan, zwischen Wohnstube und Küche gelegen, mehr Raum war ohnehin nicht vorhanden, und vor dem Krieg hatten sie sogar zu sechst darin verbracht. Aber es war ihr Zuhause. Sie hatte es wieder, und die Kinder dazu. Doch noch musste sie auf den Jungen warten. Als er dann kam, an der Hand seiner Pflegemutter, fremdelte er zwar nicht, aber sie forcierte auch nichts. Er spielte, wie schon in den Jahren vor ihrer Rückkehr, mit seiner Schwester, der Cousine oder der Großmutter, und nun auch mit ihr; aber dann ging er, Abend für Abend, an der Hand seiner Pflegeeltern wieder zurück an den Ort, der ihm seit seinem vierten Lebensmonat vertraut war, bald wurde er drei. Er freute sich, wenn er am nächsten Tag Mutter, Schwester und Großmutter wiedersah, aber er weinte auch nicht, wenn er sie wieder verlassen musste. Keiner wusste, was sich im Kopf des Jungen abspielte, nur seiner Großmutter ging die unentschiedene Situation nach zwei Wochen gegen den Strich. Sie, die noch bei ihrem ersten Besuch in Hoheneck der Tochter angesichts deren Aussicht, ein Jahrzehnt hinter Gittern verbringen zu müssen, zu bedenken gab, ob es nicht doch vernünftiger sei, den

Jungen von Grete und Horst adoptieren zu lassen, in seinem und ihrer aller Interesse, es sei Last genug, die Tochter für sie durchzubringen, sie ergriff nun, resolut wie sie war, energisch die Initiative und holte den Jungen kurzentschlossen ab, brachte ihn nach Hause zurück, zu Mutter, Schwester und Großmutter, zurück für immer. Es war hart, vor allem für die, die ihn ziehen lassen mussten: Ihr Ein und Alles, der immer strahlende Liebling war er für sie gewesen. Nun blieben ihnen von ihm nur noch Bilder, Photographien, die sein Strahlen zeigten und hinter seinem Strahlen das Strahlen der Eltern, die lediglich seine Pflegeeltern gewesen waren, was man den Bildern nicht ansah. Es war ihm gutgegangen bei ihnen, bei dem Schweißer der Matthias-Thesen-Werft, Horst Koch, einem charmanten, melancholischen Mann, der in seiner Freizeit oft in einer kleinen Band am Schlagzeug saß, und seiner Ehefrau Margarete, die nur Grete gerufen wurde. Seine Mutter und sie hatten sich kurz nach dem Krieg kennengelernt, als Reinigungskräfte in den Hallen der Wismarer Waggonfabrik, als es andere Arbeit nicht gab und man froh war, wenigstens diese zu haben. In ihren Briefen aus dem Gefängnis hatte sie den beiden oft für ihre Hilfe gedankt, besonders glücklich, nachdem sie im September 1953 endlich Bilder von den Kindern in den Händen hielt:

Meine geliebte, gute Mutti und alle! Womit soll ich anfangen, ich hab' soviel zu schreiben. Ich bin ja so glücklich, daß ich endlich mal Bilder gesehen habe. Der Monat hat schon so gut für mich begonnen. Kätes Sonderbrief am 1., die Pakete am 2. Den nächsten Tag kam Dein Brief. Für alles recht, recht herzlichen Dank. Auch Frieda für die Schuhe. War sehr überrascht und erfreut. Na, dann kam mein Geburtstag, der auch sehr viele Freuden mit sich brachte. Und dann kam am 11. die Überraschung. Alle Frauen bekamen am 11. Bilder. Ich hatte ja keine hier und war recht niedergeschlagen. Am Abend brachte man mir dann die Bilder. Ich habe aufgeschrien, so erschrocken war ich. Und dann habe ich

geweint vor Freude. Mutti, meine Spatzen konnte ich sehen. Und
gross sind die geworden. Ach, Du kannst Dir nicht vorstellen,
wie mir zumute war. Meine Dorle, mein Blondengelchen und
mein Bub; scheint ein kleiner Frechmops zu sein. Allgemeine
Meinung über Dorle: Kluge, aber traurige Augen, sanft und lieb;
große Ähnlichkeit mit mir. Und Ulli ist groß, stramm und keck,
stellte man fest. Jedenfalls bin ich glücklich über meine Beiden,
und sie machen Dir gewiß auch viel Freude, ja? Du bist auch gut
getroffen auf beiden Bildern, nur Deine Augen und der Zug um
den Mund haben mich traurig gemacht. Aber glaube mir, daß ich
schon 100fach gebüßt habe. Käte und Fieti: auch nett, und das
Susilein reißt ihr Mäulchen wie ein Vogel auf. 3 Tage durfte ich
die Bilder behalten. Vier Stück lasse ich nach Hause schicken, da-
für darfst Du mir 2 neue schicken. Bitte eins von Dir mit den
Kindern und Kätes Hochzeitsbild. – Wir haben hier unterdes
viele Veranstaltungen gehabt. Kino, Konzerte, Theater. Wenigs-
tens für Stunden andere Gedanken. Letzten Sonntag war Kirche
mit Abendmahl. Ich mußte viel an mein Blondengelchen den-
ken, ob sie auch wohl gerade in der Kirche ist. Nun ist der Bogen
voll. Mutti, vielleicht geht unser aller Wunsch in Erfüllung, daß
ich zu Dorles Geburtstag zu Hause bin. Nun an alle, alle recht
herzliche Grüße und den Kindern Küßchen von Mama und
Eurer Wendelgard. Hoffentlich endet der Monat gut!

Am Abend, als der Junge endlich zurück war, brachte sie ihn
und die Tochter ins Bett, zuvor hatte sie ihnen im Wohnzimmer mit Kasperpuppen ein kleines Stück vorgespielt. Und als
wäre es schon immer so gewesen, sagte er, wie seine Schwester
auch: »Gute Nacht, Mama«, legte seine Arme um ihren Hals,
gab ihr ein Küsschen auf die Wange und schlief bald darauf ein,
als hätte er nie in einem anderen Kinderbett Ruhe gefunden.
Als sie im Schlafzimmer das Licht gelöscht hatte und ins
Wohnzimmer zurückkam, war sie versucht, die Mutter an jenes Gespräch vor Jahren im Gefängnis zu erinnern und an ihre
Antwort auf den Vorschlag, den Jungen adoptieren zu lassen:

»Hättest du einen von uns weggegeben?« Schon damals hatte die Mutter, nach kurzem Verstummen, den Kopf geschüttelt, und nun hatte sie bewiesen, dass es nicht nur eine belanglose Geste gewesen war, sondern heiliger Ernst: Man gab in dieser Familie seine Kinder nicht weg, so einfach war das. Mochte die Not auch noch so groß sein. Nein, sie musste darauf nicht zurückkommen.

Die seelische Not der anderen war dafür umso größer, vor allem Margarete litt unter dem Verlust, und ihr Leiden machte sie einmal abgründig böse, in einem Gespräch, warum der Junge denn nicht doch bleiben könne, bleiben bei ihr und Horst? Nach etlichem Hin und Her, in dessen Verlauf sie ihre Freundin daran erinnerte, dass sie ihr ja schon bei deren Besuch auf Hoheneck den Wunsch nach einem endgültigen Überlassen des Jungen mit dem Satz abgeschlagen hatte: »Niemals, und wenn ich alle zehn Jahre absitzen muss!«, als überklar war, wo der Junge am Ende hingehören würde und wohin nicht, und trotz ihrer immer wieder bekräftigten Dankbarkeit den beiden gegenüber, dass sie ihn aufgenommen und sich liebevoll um ihn gekümmert hatten, verführte der Schmerz die Freundin zu der Äußerung: »Wir haben ja gar nicht damit gerechnet, dass du jemals wieder zurückkommst!« Es war ein furchtbares Bekenntnis, und es löste Tränen und verzweifelte Stummheit aus, auf beiden Seiten; zu einem endgültigen Bruch führte es dennoch nicht. Der Junge blieb, wenngleich auf andere Weise als zuvor, auch seinen Pflegeeltern erhalten. Immer wieder kamen sie vorbei, sie wohnten ja, nicht weit voneinander entfernt, in derselben Straße. Es wäre nicht nur absurd, es wäre einfach schwach gewesen, sich nicht mehr zu kennen. Der Junge hätte es ohnehin nicht verstanden. Gleichwohl machte er nie Anstalten, mit ihnen mitzugehen, wenn sie sich verabschiedeten. Es schien so, als hätte er vollkommen begriffen, nur auf Zeit ihr Kind gewesen zu sein, und nun war die Zeit mit ihnen um. Es war vorbei. Sie freute sich zwar darüber, dass er keinerlei Rückkehrwünsche äußerte. Aber sie war auch verwundert. Er war zu klein, viel zu klein, diesen Schnitt bewusst zu tun; doch irgendetwas gab ihm diese Kraft zur Klarheit. Sie glaubte zu wissen, wer und was es war. Einen Monat später, wenige Tage vor seinem dritten Geburtstag, erkrankte der Junge an Scharlach und kam auf eine Isolierstation in einem Krankenhaus in Schwerin. Die furchtbare Erinnerung an den frühen Tod ihrer Schwester in dieser Stadt belastete sie zusätzlich, als sie am 9. März nachmittags zu ihm fuhr und ein Geburtstagspaket und Blumen für ihn abgab, zu sehen bekam sie ihn nur hinter einer Glasscheibe. Er winkte ihr zu, und auch hier wirkte er nicht traurig oder ängstlich. Nach seiner Rückkehr aus Schwerin und der Isolierstation erzählte er von dem Paket, den Süßigkeiten darin und dem Spielzeug. Als sie ihn fragte, was ihm denn am besten gefallen hätte von all den Geschenken, überlegte er nicht lange und sagte, am schönsten für ihn gewesen seien die Blumen, sie seien wunderschön gewesen. Wo er das wohl her hat, fragte sie sich vollkommen überrascht, denn mit solch einer Antwort hatte sie nicht gerechnet? Aber es rührte sie an, und sie fragte es sich voller Freude.

Im selben Monat erhielt sie auch eine Arbeit, über den Rat der Stadt hatte man ihr eine Anstellung als Sekretärin an der Betriebsberufsschule der Matthias-Thesen-Werft vermittelt. Es war eine Tätigkeit, die nahtlos zu ihrer Ausbildung passte, von 1943 bis 1945, in der Wismarer Triebwagen- und Waggonfabrik, hatte sie gelernt, was damals noch unter der Bezeichnung »Bürogehilfin« firmierte, es umfasste Kenntnisse in Buchführung ebenso wie für die Tätigkeit im Lohnbüro, Einkauf und Verkauf, von Stenographie und Schreibmaschine zu schweigen. Bereits am 8. März, dem Internationalen Frauentag, begann sie, und zugleich fing sie an mit einem Blumenstrauß, wie er allen Frauen in der Schule an diesem Tag überreicht wurde. Drei Tage nach ihrer Ankunft in Wismar hatte sie sich bei der Polizei gemeldet, in demselben Gebäude, von dem sie seit dem 15. August 1950 mehr wusste als die meisten

Besucher, die es betraten. Am 3. Februar ging sie wieder dorthin und beantragte einen neuen Personalausweis, der alte lag
offenbar immer noch bei denjenigen, die sie einst verhaftet
und in zermürbenden Nachtverhören wochenlang danach be-
fragt hatten, wider besseres Wissen und so lange, bis sie eine
müde, verzweifelte Sekunde lang bereit gewesen war, sich lieber erschießen zu lassen, als diesen Irrsinn noch weiter an sich
erdulden zu müssen. Auf den Behörden, bei denen sie sich
wieder gemeldet hatte, war man zurückhaltend, ja freundlich
gewesen. Niemand erwähnte auch nur mit einem Wort, was
hinter ihr lag, obwohl man Bescheid wusste, weil es in den Akten stand, von denen wiederum sie wusste, dass diese Papier-
sammlung fortan ihr unsichtbarer Begleiter sein würde. Nicht
einmal Andeutungen wurden gemacht. Es hätte sie nicht ge-
stört, sie hatte sich nichts zuschulden kommen lassen, wofür
sie sich hätte schämen müssen. Aber so war das Leben ein
bisschen leichter, das neue Leben, das gerade begann und dem
das alte dennoch wie ein drohender Schatten folgte, der immer wieder die Nerven strapazierte, aus Träumen Alpträume
werden ließ, das Herz in bedrohliche Unruhe versetzte.
Schließlich letzte Unbefangenheit durch vorletzte Wachsam-
keit verstellte, und wenn es zunächst nur unbewusst geschah.
Dennoch: Die Arbeit in der Schule gefiel ihr auf Anhieb. Ord-
nungssinn und ihr Pflichtbewusstsein, Aufgaben zügig, ja, mit
der Lust an der Perfektion zu erledigen, ihre Korrektheit,
schnelle Auffassungsgabe und ihr Humor, all das sorgte dafür,
dass sie schon nach kurzer Zeit warm wurde mit den Kollegen, die Vorgesetzten sie schätzten, und auch hier befragte sie
niemand in Richtung Vergangenheit, keine Neugierde bohrte
nach, keine Provokation quälte, keine Warnung oder Anspie-
lung machte unsicher. Natürlich war sie spätestens seit ihrer
Rückkehr aus Hoheneck politisch nicht mehr naiv und
konnte sich an fünf Fingern abzählen, dass die Kaderabteilung
Auskunft geben würde, wenn der Staatssicherheitsdienst, der
nun für sie und ihresgleichen im Verborgenen zuständig war,

wissen wollte, wie sie sich machte. Aber an genau diesem Punkt war sie sich sicher, sehr sicher sogar, dass die Kaderabteilung nichts zu melden hatte, was ihr neuerlich gefährlich werden könnte. Im Gegenteil. Zwar arbeitete sie nicht deshalb so vorbildlich, es war schlicht ihr Naturell, sie konnte gar nicht anders. Aber zum ersten Mal wurde ihr bewusst, wie nützlich diese Eigenschaften auch noch waren, und jetzt erst recht.

Vier Monate später – drei Kollegen und sie hatten gemeinsam einen kostenlosen Platz in einem Ferienheim des FDGB erhalten – fuhr sie, mit 40 Mark Urlaubsgeld in der Tasche, von denen auch noch der Gepäcktransport bezahlt werden musste, für vierzehn Tage nach Thambach-Dietharz in Thüringen. Der Kurort lag, sie hatten sich im Büro sogleich mit einem Blick auf eine Landkarte vergewissert, hinter Arnstadt und vor Schmalkalden, wenn man von Norden kam, südlicher ging es kaum noch. Nie zuvor war sie im Gebirge gewesen, wenn sie von jenem Gebirge absah, das sie jahrelang nur aus vergitterten Fenstern heraus hatte erblicken können. War das wirklich erst ein halbes Jahr her? Der Gedanke machte sie für einen langen Moment fassungslos, so ausgeschlossen hatte jene Wirklichkeit diese. Doch nun schien die andere irreal geworden zu sein; zugleich aber wusste sie es besser, und dieses Wissen war Schmerz. Schmerz um Menschen, die dort nach wie vor litten, war Last, ob man es sich gutgehen lassen durfte, wenn andere, die man kannte, nach wie vor in einem Elend steckten, das man nur zu gut ebenfalls kannte. Wenigstens verlief die Reiseroute so, dass sie das Erzgebirge nicht berührte. Sie hätte es nur schwer verkraftet, zu viele Gesichter waren noch in der Burg, die sie nicht vergessen konnte. Sie wollte sie auch nicht vergessen.

Die beiden männlichen Kollegen hatten ihre Ehefrauen mitgebracht; sie selber bezog mit ihrer Kollegin ein Zimmer. Es war, wie sich herausstellte, das prächtigste von allen, mit einer herrlichen Aussicht und groß genug für vier. Die zwei Wochen auf dem Kamm des Thüringer Waldes, inmitten einer idyllischen Landschaft, die unerschöpflich schön zu sein schien mit ihren Wanderwegen durch endlose Wälder und abgeschiedene Täler, durch Dörfer, in denen am frühen Abend das Glockengeläut heimkehrender Kuhherden erklang, über Flüsse und Bäche, aus denen man trinken konnte, an Wasserfällen vorbei, wurden für ihre Seele zu einem Jungbrunnen. Wie lange hatte sie nicht mehr so oft und so ungezwungen gelacht? Kein Tag verging, an dem die kleine Gruppe von der Küste nicht Gründe und Anlässe fand, Blödsinn zu machen, Klamauk, Witze zu reißen. Mit ihrer Zimmernachbarin ging sie, im blauweißkarierten Sommerkleid, passend zum Tun, das sie geplant hatten, Blaubeeren pflücken, zuvor hatten sie sich im Ort eine Tüte Zucker gekauft: gezuckerte Blaubeeren, frisch gepflückt! Es gab Genüsse, die waren so einfach und überirdisch zugleich, dass sie dem Leben einen Geschmack gaben, dem keine Bitterkeit mehr gewachsen war, wenigstens für eine Zeit. Einmal wanderten sie zum Waldrestaurant »Steigerhaus« und entdeckten dort in der Kuchenvitrine eine sündhaft teure Ananastorte. Sie leisteten sich dennoch jeder ein Stück und Schlagsahne dazu. Ananastorte mit Schlagsahne? Zuletzt hatte sie derartige Dinge vor dem Ende des Krieges genossen, in Hoheneck fehlte für solchen Luxus sogar die Phantasie. Sie wurde für Elementareres gebraucht. Aber jetzt schmeckte sie auf Zunge und Gaumen, was an jenem Ort zu träumen nicht gelang, weil man gar nicht mehr auf die Idee kam, dass es so etwas auch noch geben könne, und es schmeckte so verführerisch gut, dass sie ihre Zimmernachbarin überredete, ein zweites Mal zusammen ins »Steigerhaus« zu gehen, noch einmal Ananastorte zu bestellen und noch einmal Schlagsahne auf die phantastischen Früchte zu tun. Natürlich dachte sie auch an die Kinder, kaufte im Ort kleine Geschenke, für Tochter und Nichte je ein Armband aus Bernsteinimitat, in eines der Glieder war eine kleine Ansicht des Ortes eingelassen, und für den Jungen ein Bilderbuch:

»Tautröpflein Blinke Blank's Reise«. Es erzählte die Geschichte eines Tautropfens, der seine heimatliche Glockenblume verlässt, indem er sich einem Schmetterling anvertraut und mit ihm davonfliegt. Natürlich gerät diese Reise dramatisch, Tautröpfchen stürzt irgendwann ins Wasser, wird aber von einer Elfe gerettet und zurückgebracht auf jene bunte Sommerwiese, die es so abenteuerlustig verlassen hatte, heim in eine Gesellschaft von Blumen, Kräutern und Gräsern, der das Schicksal auch schon mal mit der Gewalt ungehobelter Wanderer entgegenkommt, die nicht darauf achten, wen und was sie niedertrampeln auf ihrem Weg durch die Natur. Wenige Wochen nach der Rückkehr erhielt sie zwei Dutzend Photographien geschenkt, die einer aus der Gruppe gemacht hatte. Als ihre Mutter sich die Bilder ansah, fragte sie die Tochter, wann sie denn auf der Reise gelacht hätte, nach ihrem Erzählen sei es doch nur lustig gewesen?! »Immerzu«, hatte sie verwundert geantwortet, »wirklich jeden Tag.« »Das beruhigt mich«, sagte die Mutter mit der ihr eigenen Lakonie, »auf den Bildern sehe ich davon nichts, jedenfalls nicht bei dir.« Jetzt sah auch sie, was ihr alleine nicht aufgefallen war: Die Bilder dieser wunderschönen Reise zeigten mehr, weil sie weniger zeigten: Wenn sie lächelte, dann verhalten, nach innen gekehrt. Schwermut lag auf ihrem Gesicht, Scheuheit. Abwesendsein inmitten photographisch dokumentierter Anwesenheit. Ein Mensch zeigte sich mit ihr, der überrascht und vorsichtig in die Welt schaut, die ihn umgibt, als sei sie nicht wirklich wahr, als ginge es jeden Moment zurück in eine andere, düstere. Gleich hinter den idyllischen Wäldern, Hecken und Häusern schien sie zu lauern. Irgendetwas Lastendes stand im Raum, was die anderen nicht wahrnahmen, nicht wahrnehmen konnten. Fast alle Bilder spiegelten diesen Widerspruch, der keiner war. Er bewies nur eines: die Kürze der Zeit, die zwischen der Reise nach Norden lag, aus dem Gefängnis in die Freiheit, im Januar, und der nach Süden, im Juli, in einen Urlaub, als ob nichts gewesen wäre. Noch im

Zug auf der Rückfahrt, auch hier waren Bilder von allen gemacht worden, von ihr, während sie in einer Zeitschrift las, lag ein Ernst auf ihrem Gesicht, der nicht nur der Lektüre geschuldet sein konnte, es war eine Illustrierte, vielleicht die »Freie Welt«, die über die Sowjetunion berichtete wie über das Paradies, dessen deutsche Ausläufer sie kennengelernt hatte, oder das Kreuzworträtsel eines anderen Blattes, das sie ablenkte, auch von der Menschenmasse in dem vollbesetzten Urlauberzug, die den Schaffner kaum durchkommen ließ, sie wusste es nicht mehr.

Wieder zurück in Wismar, standen weitere Festtage bevor: Die Stadt beging vom 18. bis 22. August ihr 725-jähriges Gründungsjubiläum und war dabei, sich aufs Prächtigste herauszuputzen. Am Vorabend des großen Festumzugs, der am letzten Tag der öffentlichen Feiern stattfand, ging sie mit Schwester und Schwager, es war das erste Mal seit langem, zum Schaufensterbummeln in die Stadt, die Mutter blieb zu Hause bei den Kindern. Die kleineren Privatgeschäfte wie die verstaatlichten Kaufhäuser überboten sich mit einer Fülle von ausgestellten Waren. Einige der noch selbstständigen Händler fielen aber nicht nur mit ihrem üppigen Angebot auf, auch politisch versuchten sie, sich hervorzutun, vielleicht nicht für die Kunden, mit Sicherheit für die Stadtverwaltung und die Partei, die sie, wie alles, beherrschten, aber besonders privaten Geschäftsleuten mit ideologischem Argwohn gegenüberstanden. Das amüsierte die drei besonders im Falle von Läden, die sie schon seit ihrer Kindheit kannten, damals mit den Symbolen der damals herrschenden Einheitspartei im Schaufenster, wie den Lebensmittelhändler Weltzin in der Hegede, bei dem sie in den harten Zeiten hin und wieder eine Tüte »Bielefelder Hausgebäck« gekauft hatten, süßer Luxus, selten genug, das Pfund für sechzig Pfennige. Die erste Reihe seiner Schaufensterauslagen bildeten, wie zusammengerückte Säulen, große Gläser, in denen die farbige Bonbonvielfalt leuchtete, für die er bekannt war: blassrosa Himbeeren, froschgrüne Blätter, Karamellen, dazwischen drei bauchige Glasgefäße, bis unter den Metalldeckel angefüllt mit seidig schimmernden Pfefferminzkissen. Was dann kam, zur Rechten wie zur Linken, war eine Art stufenförmiger Genussmittelaltar aus Weinflaschen, in dessen Mittelpunkt ein Bild Wilhelm Piecks prangte. Auch er, der Staatspräsident, gegen den sie alle irgendwie nichts hatten, weil er so gutmütig wirkte, war umstellt von Flaschen: gefüllt mit Eierlikör, Cognac und Wein. Aber hinter seinem gütigen Großvatergesicht ragte ein mit blauem Tuch bespannter Rahmen empor, auf dem eine Friedenstaube aus schneeweißer Reliefpappe befestigt war. Zwei Flaggen, die rote der Partei und die schwarzrotgoldene des Staates, waren schwungvoll daneben drapiert worden, künstliche Weinreben und Traubenkörbe komplettierten die Inszenierung. Da sah es bei Putschers, dem Fleischereigeschäft in der Lübschen Straße, die während ihrer Abwesenheit in Stalinstraße unbenannt worden war, schon ganz anders aus. Auch hier ging es über Warenterrassen, in diesem Falle aus glänzenden Mettwürsten und prallen geräucherten Schweineschinken mit dunkel schimmernder Schwarte, ins Zentrum des Arrangements: aber kein Pieck und keine Fahnen füllten es aus, vielmehr erhob sich eine Art romanisches Tor aus Talgfett, in dessen offener Mitte eine Glocke aus derselben Materie herabhing, darauf zu lesen waren die Jubiläumszahl der Stadtgeschichte und der Schriftzug »Glocke des Friedens«. Allerdings ragte vor allen Würsten, Schinken und dem Friedenstor aus gehärtetem Schweine- und Rinderfett eine seltsam martialische Skulptur aus drei ineinander verkeilten Fleischerbeilen auf, Schienenstücke hatte man so vor nicht allzu langer Zeit als Panzersperren zusammengeschweißt. »So kann man es doch auch machen«, sagte ihr Schwager leise, aber feixend zu Frau und Schwägerin, er hatte sich schon 1943 in Süditalien den Amerikanern ergeben und seine äußerst komfortable Kriegsgefangenschaft im fernen Texas verbracht, für die Linienführung ihres Fußballfeldes nutzten sie den Maismehlüberschuss, danach hielt er sich, mehr oder weniger freiwillig, noch zwei Jahre in Frankreich auf, wo er in einer Kohlengrube arbeitete und Mitglied einer trotzkistischen Gewerkschaft wurde, und kürzlich war er in die Nationaldemokratische Partei eingetreten, stolz trug er das silberne NDPD-Abzeichen mit den drei senkrecht stehenden Eichenblättern am Revers. Sie aber sagte, begeisterte Fleischesserin seit frühester Zeit und nach Jahren neuerlichen Darbens auch in dieser Hinsicht, ihr laufe das Wasser nur so im Mund zusammen, wenn sie das alles sähe, ein Glück, dass Putschers jetzt zu hätten, sie könnte sich glatt vergessen. Ihre Schwester, die über ein noch loseres Mundwerk verfügte als sie, hatte ihrem Mann mit der spöttischen Bemerkung sekundiert: »Für den Frieden sind wir doch alle, nicht wahr, Kinder?!« Auch sie besaß einen Mitgliedsausweis der Partei ihres Mannes. Im HO-Warenhaus, das früher Karstadt gehörte – und noch immer sagten sie, ich gehe zu Karstadt, wenn sie dort einkaufen wollten –, schwamm eine prächtige Kogge durch ein Wein- und Schnapsflaschen-Meer, Süßwarenladen Rachui glänzte mit einer Flut von Schokoladen, Pralinen, Keksen, Likören und Schnäpsen, ausgebreitet auf Silber- und Goldpapier, aber nicht nur das: In den Mittelpunkt seines Schaufensters hatte er sich ungeniert selbst gestellt, indem zwei Werbetafeln mit seinem Firmennamen eine riesige Blüte aus Konfektschachteln flankierten: »Süßigkeiten von Rachui erfreuen immer«, versprach eine Dame, die verzückt an einer Praline knabberte. Ein mit Lorbeerblättern bekränztes Pieck-Porträt, eine Zeichnung, kein Photo, fand sich zwar auch noch, es war aber ziemlich lieblos in die linke Ecke des Schaufensters gerückt worden. »Wenn das mal nicht Lieferschwierigkeiten einbringt!«, bemerkte ihr Schwager und deutete, wiederum mit einem breiten Grinsen, auf die marginale Lage des Staatspräsidenten im Jubiläumsschaufenster von Süßwarenhändler Rachui. Vor dem Konsum-Warenhaus, früher Otto, drückte sie sich fast die Nase platt: schöne Hüte, schöne Kleider, schöne Röcke, schöne Blusen, aber alles viel zu teuer, was sie da sah. »Die Entscheidung – Konsum-Kleidung«, las sie, musste komischerweise darüber lachen und sagte sich, irgendwann vielleicht. So ging es ihr auch vor den Schaufenstern mit Porzellan und Haushaltswaren, sie liebte Sammeltassen, und dem voller Schuhe. Aber zuletzt war es einfach nur schön, das Schöne wieder mit eigenen Augen sehen zu können, wenigstens dies, und in nicht allzu ferner Zukunft, da war sie sich sicher, würde auch sie sich einiges davon leisten können, jetzt musste erst einmal die Chaiselongue abgezahlt werden, alle vier Wochen brachte sie von den 240 Mark, die sie im Monat verdiente, 30 im Umschlag eine Treppe höher zu Frieda Schult, die sie nur Tante nannte, zum Ende des Jahres würde es geschafft sein. Das größte Glück waren ohnehin die Kinder, sie schliefen zu Hause, Schwester und Bruder endlich zusammen, ruhig und behütet, und sie war wieder bei ihnen, Tag um Tag, Nacht für Nacht. Gott hatte ihre Gebete erhört. Und die der anderen? Sie wusste nicht, warum es so war. Aber es nahm ihr nichts von ihrer Gewissheit, die Dankbarkeit war, nur Dankbarkeit. Schon als sie am 13. März 1951 in ihrem monatlichen Brief schreiben musste, welches Urteil sie erhalten hatte, zeigte sich das, was sie ihr Gottvertrauen nannte und wovon sie nie gelassen hatte, nie lassen würde, auch wenn sie den tatsächlichen Entlassungstag nicht wirklich hatte voraussehen können und er viel später kam, als sie hoffte:

Liebe Mutti u. mein Dickerle! Brief + Paket mit bestem Dank erhalten. Große Freude. Wenn Du mal wieder Wurst schickst, dann bitte nur geräucherte u. in 1 Stück. Die W. war letztes Mal nicht mehr einwandfrei. Alles Andere war gut. Nun etwas weniger Gutes, was ich Euch mitteilen muß. Ich bin vom Russ. Kriegsgericht wegen Verleitung zum Landeshochverrat zu 10 Jahren Arb.Lg. verurteilt. Nimm Dir das aber um Gottes Willen nicht zu Herzen, denn die 10 J. sitze ich bestimmt nicht, ich lasse den Mut nicht sinken und denke, daß ich bis zu meinem Ge-

burtstag spätestens bei Euch bin. Haltet Euch nur recht gesund.
Ist meine Große wieder auf dem Posten? Der kleine Ulli bittet
seine Oma + Schwester, daß sie ihn recht lieb haben. Er liegt in
meinem Zimmer und wir werden bestens versorgt. Soviel Mühe
gab man sich in der Klinik nicht mit uns. Was macht Neina, so-
wie Käte und Fieti? Olsching, kannst Du mir zu Ostern 1 Ku-
chen schicken + Zahnpasta? Mutti, nicht mutlos sein, sondern
Kopf hoch und fleißig Zeitg. lesen, viel. Gnadenerlaß. Die
schönsten Ostergrüße. Eure Wendi + Mama«

Am nächsten Tag war die mit Fahnen, Blumen und grünen
Girlanden geschmückte Stadt, die meterlang an Rathaus- und
Häuserfassaden herabfielen, erfüllt von Musik, Menschen-
stimmen, Motorenlärm und Geräuschen, die Pferd und Wagen
auf dem allgegenwärtigen Kopfsteinpflaster hervorriefen.
Lautsprecher verstärkten den Lärm noch, doch nicht einmal
der Regen, der zwischendurch fiel, nahm etwas von der Heiterkeit, die über allem lag. Selbst die Propagandaparolen, die
sich ständig dazwischendrängten, konnte man übersehen,
auch wenn der Wagen der »Ostsee-Zeitung« mit der Losung
drohte: »Die Presse ist die stärkste Waffe der Partei!« Der
Festumzug, der über den Marktplatz führte, dauerte einige
Stunden, aber trotz des durchwachsenen Wetters standen die
Menschen dichtgedrängt, in mehreren Reihen hintereinander
auf den Bürgersteigen, vor denen die Themen-, Gewerbe- und
Betriebswagen vorbeizogen und die vor allem die Geschichte
der Stadt spiegelten. Während sie den Jungen aus dem Be-
triebskindergarten abholte, war ihre Mutter mit der Tochter
schon zum Marktplatz vorausgegangen. Eine Virtuosin auf
der Nähmaschine, hatte sie ihrem Enkelkind für die Vorfeier
im Kindergarten ein Biedermeierkostüm mit Rüschen, Reif-
rock und Haube genäht. Die Kleine sah so süß darin aus, dass
die Schauspieler auf dem Festwagen des Stadttheaters, der, wie
alle Abteilungen des Umzugs, nur im Schritttempo an den
beiden vorbeizog, spontan darum baten, sie auf dem Wagen

mitnehmen zu dürfen, die meisten von ihnen, der Zufall wollte es so, trugen ebenfalls Kostüme jener Epoche zur Schau. Kurzentschlossen hob die Großmutter das Enkelkind hoch, die Schauspieler griffen zu, und dann stand es strahlend auf dem Wagen zwischen den Mimen, aber die Großmutter verlor es keine Sekunde aus den Augen, ging die ganze Zeit neben dem Wagen her, bis der Endpunkt erreicht war. Noch am Abend schwärmte das Kind von der Fahrt auf dem Theaterwagen durch die Straßen Wismars.

4. April 1999

Wenn ich es allerdings ganz genau nehme, Slavik, hätten wir diesen Weg, den wir gerade unserem Vater entgegengehen, schon viele Jahre eher zurücklegen können. Es war nicht nur er, der abblockte. Auch meine Mutter versuchte mir, als klar wurde, dass Wladimir Jegorowitsch noch lebte, abzuringen, die Sache auf sich beruhen zu lassen, die Reise hierher nicht anzutreten, die Suche ausgerechnet in dem Moment zu beenden, an dem endlich Aussicht bestand, sie erfolgreich abschließen zu können. Aber während unser Vater sich an das Entscheidende offenbar einfach nicht mehr erinnern wollte, jedenfalls denen gegenüber, die ihn im Militärarchiv danach befragten, ich weiß es aus der Korrespondenz mit Konstantin Issakow, dem du, wie mir auch, vor wenigen Minuten erstmals die Hand gegeben hast, erinnerte sich meine Mutter nur zu gut. Was er scheinbar für immer hinter sich gelassen hatte, hatte sie, wenn es darauf ankam, immer noch als dramatisches Ereignis vor Augen, bis heute, bis in diese Stunde: nicht so sehr den Schrecken am eigenen Leib, unauslöschlich gespeichert im Kopf, im Hirn, in den Nervenzellen; ein ganz anderer Schrecken beherrschte sie und beherrscht sie bis heute, der dennoch etwas mit der unauflöslichen Einheit von Körper und Seele zu tun hat: mit der innigsten Form zwischenmenschlicher Bindung, die es überhaupt gibt, der zwischen Mutter und Kind, als es nämlich immer wahrscheinlicher wurde, dass ich nach Moskau fliegen könnte: der kalte zeitweilige Raub ihres Kindes, das ich bin. Damals, vor achtundvierzig Jahren, als ihr und den beiden gefangenen Mit-Müttern im Krankenrevier der Gefängnisburg Hoheneck, von einem Tag auf den anderen, angekündigt wurde, dass ihnen die Kinder entzogen werden würden, wohin auch immer verbracht, und sie wie eine Wahnsinnige dagegen anschrie, als es soweit war, weil sie mich den Polizisten zum Abtransport übergeben musste und ich ihr fast aus den Händen glitt dabei, wenn nicht die Hebamme reaktionsschnell gewesen wäre und mich aufgefangen hätte, bevor ich, das drei Monate alte Baby, auf dem Zellenboden lag. Die beiden anderen Frauen, denen es ebenso erging, weinten nur, stumm vor Entsetzen, vor sich hin, unfähig zu schreien, sich dagegen aufzulehnen; meine Mutter aber, sie konnte nicht anders, kämpfte: mit Tränen, wie ihre Kameradinnen, aber zugleich mit Schreien und den Worten: »Ihr Schweine, ihr nehmt mir mein Kind!« Der Fahrer des Wagens, mit dem wir drei wimmernden Bündel nach Leipzig in ein Kinderheim des Innenministeriums gebracht wurden, auch er von der Polizei, sagte später, dies sei sein erster und letzter derartiger Transport gewesen, nie wieder würde er eine solche Tour machen. Fast hätte es noch ein böses Nachspiel für den reinen Verzweiflungsakt meiner Mutter gegeben, weil der stellvertretende Leiter der Gefängnisburg ihre Worte als strafwürdige Beschimpfung des volkspolizeilichen Bewachungspersonals werten und in der Konsequenz Anzeige erstatten wollte. Es war jener Leiter der Anstalt, den die gefangenen Frauen den »Guten« nannten, der seinem Kollegen mit dem steinernen Herzen untersagte, es zu tun, mit der einfachen Begründung: Man müsse den Schmerz einer Mutter verstehen, wenn ihr das Kind genommen würde, und wohin es sie dadurch reiße. Dieser Mann war schon unmittelbar nach meiner Geburt um mich, das zu früh geborene Kind einer zu zehn Jahren Haft verurteilten politischen Gefangenen, besorgt gewesen und hatte angeordnet, alles zu tun, damit ich durchkäme. Es gibt Engel, Slavik, vielleicht wisst auch ihr davon, die sind manchmal sogar unterwegs in der Uniform der Feinde Gottes, und möglicherweise geschieht das öfter, als wir ahnen.

So haben sich jedenfalls beide, Mutter wie Vater, ohne es voneinander zu ahnen, mit der ganzen Kraft ihrer Charaktere mir in den Weg gestellt, der ich doch gerade dabei war, das Bild einer Familie zu rekonstruieren, die zwar nie die Chance gehabt hatte, eine zu werden. Aber dieses Ausgangsbild hat existiert, eine wirkliche historische Sekunde lang, wie fragmentarisch auch immer, wie gefährlich illusionär. Ihm eine Endfassung zu geben, egal in welcher Konstellation und Farbe, wie konnte dieses Ziel mich nicht verlocken? Geradezu magisch hat es mich angezogen: Und was für ein Glück, wenn es zudem auch noch gelänge in einem doppelten Sinne? Einen Vater zu finden, der nicht nur optisch in das Bildfragment passt! Ein Kind zu sehen, *mich*, in der Mitte zwischen *seinen* Eltern! Und doch habe ich die Kraft aufgebracht innezuhalten, habe der Suche nach diesem Vater, von dem ich nun wusste, dass er tatsächlich da ist, wirklich erreichbar, lebendig und fähig, zu antworten auf meine Fragen, eine Unterbrechung zugemutet, 1993 war das, die zugleich höchst riskant war. Russisch Roulette will ich nicht sagen, das wäre zu frivol; ein Vabanquespiel war es schon. Doch gab es einen Grund, der noch schwerer wog als die Tatsache, dass ich meiner Mutter die Wiederbelebung jener alten Angst um mich aus ihren Gefängnistagen *nicht* zumuten wollte, obwohl mir mein Verstand mit aller Klarheit sagte, dass es für mich keine Gefahr mehr geben könne im Russland von heute, dafür aber mit aller Wahrscheinlichkeit Hilfe, Verständnis, Mitgefühl, wie ich es ja nun in diesen Tagen auch erfahren habe: von Privatpersonen, Offiziellen oder Behörden, die spontan dazu bereit waren.

Du musst wissen, Slavik, ich war nicht das einzige Kind meiner Mutter, obwohl ich es seit langem bin. Vor mir kam meine Schwester zur Welt, im Oktober 1948 wurde sie geboren, auch ihr Vater war ein Russe, er stammte aus Archangelsk, ein Schiffsmaschinist, und auch dieser Mann geriet in die Verfolgungsmaschinerie Stalins. Aber meine Schwester lebt nicht mehr. Sie ist schon lange tot, fast ein Vierteljahrhundert. Als sie starb, im Juli 1976, war ich noch im Gefängnis. Ja, auch ich war im Gefängnis, und auch ich, wie meine Mutter, aus politischen Gründen. Aber ich war kein Opfer wie sie; ich habe die Diktatur, die ihr ebenfalls erlebt habt, die unsrige war ja ohne die eure nicht zu denken, schon sehr früh, mit sechzehn, siebzehn bekämpft: unversöhnlich, bis zu ihrem Ende. Catos berühmter Spruch gegen Kathargo, mit dem er noch jede beliebige Rede abschloss, war auch mein Credo, ging es um die Diktatur, in die ich hineingeboren worden war. Nein, nicht mit Gewalt kämpfte ich, aber mit Gedichten, Pamphleten, aufrührerischen Reden und der Gründung einer Widerstandsgruppe, die eine illegale Zeitschrift herausgab, ein Samisdatblatt, würde man bei euch sagen. Die protestantische Kirche war der Raum, in dem ich mich zurüstete, wie die Helden des Prager Frühlings mit Alexander Dubček an der Spitze und ihrem Ideal eines »Sozialismus mit menschlichem Antlitz« mir nachzueifernde Vorbilder wurden. Von hier und von ihnen aus zog ich mit Freunden in den Kampf – ganz bewusst, risikobewusst, meine ich, wissend also, dass dieser Kampf auch im Gefängnis enden könnte. Das war lange die größte Sorge meiner Mutter, sie wusste ja, wie es war im Gefängnis, aber wenn sie mich auch davor gewarnt hat, hat sie mir doch nie meinen Kampf aus- oder gar kleingeredet, nur darauf hingewiesen hat sie mich, immer wieder, dass ich nicht glauben sollte, am Ende *nicht* allein dazustehen, selbst wenn zuvor noch viele an meiner Seite gestanden hätten, am Ende wäre an meiner Seite nur noch Gott, die anderen aber verschwunden, aus elender Feigheit und verzeihlicher Schwäche, aus reinem Glück, und ich würde mit der Fahne in der Hand, so sagte sie immer, alleine dastehen, ganz vorne und ganz alleine, nur Gott wäre dann eben noch da, nur auf ihn könne ich mich verlassen, und das sei keine Philosophie oder Theologie, wie ich sie so gerne betreibe, das sei ihre Erfahrung. Ich gebe zu, dass mir das damals immer ein wenig peinlich war, wenn sie so redete; nicht, dass ich ihr nicht glaubte, und sie hat es auch nie missionarisch oder gar fanatisch gesagt, aber es hatte etwas Entblößendes, und man will seine Eltern ja nicht entblößt sehen, unter keinen Umständen, selbst wenn es nur ihre Seelen sind, die da plötzlich unverhüllt zum Vorschein kommen.

Und als es dann so weit war, im März 1973, und ich, wie einst sie, beim Geheimdienst verschwand, war sie noch immer und wieder die Löwenmutter, die um ihr Junges kämpft. Schon wenige Monate nach meiner Geburt im Gefängnis hatte sie diesen Kampf aufnehmen müssen, und nun, zweiundzwanzig Jahre später, stand ihr ein weiterer bevor, und wie sie ihn kämpfte! Bereits bei ihrem ersten Besuch im Gefängnis des Staatssicherheitsdienstes in Schwerin, unter den Augen und Ohren meines Vernehmungsoffiziers und mit Sicherheit des Mikrophons einer Abhöranlage, blieb sie nicht beim Austausch genehmer Unverbindlichkeiten, wie es mir gehe und wer mir alles Grüße ausrichten lasse, über den eigenen Fall durfte man, wie schon zu ihrer Zeit, ohnehin kein Wort verlieren. Nein, mitten im scheinbaren Geplätscher belangloser Worte, schoss sie plötzlich eine Frage in den Raum, die so unerhört provokativ war, dass ich reflexhaft und ungläubig zu meinem Vernehmer blickte: Ob man mich hier schlage, fragte sie. Ich solle nur die Wahrheit sagen und keine Angst haben, falls es so sei! Der Vernehmungsoffizier glaubte, ich sah es seinen verstört blickenden Augen an, sich verhört zu haben, und als er begriffen hatte, dass er richtig gehört hatte, lief er von einer Sekunde zur anderen rot an. Doch explodierte er nicht, dafür war er nicht der Typ; er musste es aber auch nicht, konnte ich doch meine Mutter beruhigen, dass nichts dergleichen mit mir geschehen sei, man würde mir nach den

Vernehmungen sogar Bohnenkaffee anbieten. Nun war meine Mutter fast sprachlos, bekannte ebenso unumwunden, dass sie sich das kaum vorstellen könne, und hatte mit ihrem Zweifel recht und unrecht zugleich: Ihre Erfahrung mit einem kommunistischen Geheimdienst war eine vollkommen andere; aber zwischen der ihren und meiner lagen Jahrzehnte. Sie wiederholte zwar – nach meiner Bekräftigung, dass es tatsächlich so sei, wie ich gesagt hätte, die Zeiten hätten sich geändert –, nicht mehr ihren Verdacht auf körperliche Gewalt gegen mich und den Zweifel am gemeinsamen Kaffeetrinken im Vernehmungszimmer, aber in ihren Augen sah ich, dass Skepsis zurückblieb. Als mein Vernehmer sich später bei mir ein wenig zu beschweren versuchte über den Verdacht, den meine Mutter geäußert hatte, antwortete ich ihm kühl, dass mich seine Verwunderung wundere, er wisse doch sicherlich genauso gut wie ich, in welchen Zeiten sie inhaftiert gewesen sei und bei wem, und dass damals körperliche Gewalt, ja Folter gegen Häftlinge durchaus an der Tagesordnung gewesen seien. Danach schwieg er, und wir kamen nie wieder auf das Thema zurück.

In den Jahren, die folgen sollten – im Februar 1974 wurde ich dann in das größte Gefängnis der Diktatur gebracht, nach Brandenburg-Görden –, hat sie nicht weniger auf mich aufgepasst, Eingaben an den Staatsratsvorsitzenden geschrieben, mit dem Landesbischof meiner mecklenburgischen Heimatkirche, Heinrich Rathke, der sich ebenfalls um meine Freilassung bemühte, intensiven Kontakt gehalten, nach jedem Besuch bei mir empfing er sie demonstrativ in seinem Schweriner Amtssitz; oder auch mit meiner Rechtsanwältin, die aber aus Resignation angesichts des hohen Urteils gegen mich, das zu mildern ihr trotz waghalsiger Plädoyers nicht gelungen war, bald darauf ihre Anwaltstätigkeit aufgab. Schließlich hielt sie Verbindung über all die Jahre zu meinen engsten Freunden im Westen, die ebenfalls darum bemüht waren, dass ich vorzeitig rauskam – was eben auch bedeutete, dass sie ihren

Kampf um mich und meine Freiheit zum Glück nicht alleine kämpfen musste. Zwei Pastoren aus Wismar, Hans Joachim Huhnke und Anna Muche, nahmen mich in ihren Gottesdiensten gar in die öffentliche Fürbitte auf, sprachen Sonntag für Sonntag von »unserem gefangenen Bruder Ulrich Schacht« und baten den Himmel, mir zu helfen. Aber dann brach das eigentliche Unglück über sie herein, über uns: Als ob es nicht genug gewesen wäre, ein Kind für Jahre im Gefängnis verschwinden zu sehen, überfiel das andere Kind, das sie hatte, meine ältere Schwester, eine tödliche Krankheit – sie war fünfundzwanzig Jahre alt, als der Krebs ausbrach; oder schlimmer noch: als man die zuvor offenbar übersehene Geschwulst viel zu spät entdeckte. Zuerst verheimlichte mir meine Mutter die furchtbare Wahrheit, wollte sie doch nicht bei den vierteljährlich gestatteten Besuchen für jeweils eine halbe Stunde mich auch noch damit belasten, aber dann, Anfang 1975, brach es doch aus ihr heraus, bei einem der Sprecher, die wir, vor und hinter einer Glasscheibe sitzend, absolvieren mussten, und nun, als Letzter in unserer Familie, erfuhr auch ich das Schreckliche. Doch mir kamen keine Tränen, ich war nur eine entsetzlich lange Sekunde stumm, während meine Mutter vor mir, aber hinter der Glasscheibe weinte – und ich sie deshalb nicht in den Arm nehmen konnte, was ich unendlich gern getan hätte. Aber ich lebte, obwohl nur wenige Zentimeter von ihr entfernt, auf einem völlig anderen Planeten, die Entfernung war so groß, dass ich das Leidensbild meiner Mutter zwar sah, nicht jedoch erreicht werden konnte von ihrer Verzweiflung, die sich darin spiegelte. Nein, ich war nicht verzweifelt, sondern dachte nur: Sie wird nicht daran sterben, sie ist jung, der Krebs, den sie hat, kann besiegt werden, wir werden uns wiedersehen. Als meine Mutter wieder zu sich kam, sagte ich ihr, was ich gerade gedacht hatte, und weil ich es ruhig gesagt hatte, mit einem Ton allergrößten Gottvertrauens, wurde auch sie ruhiger, fasste sich, und der Abschied wurde mir leichter, weil ich sah, dass es ihr besserging, auch wusste ich, dass sie vor dem Gefängnistor nicht allein sein würde, sondern mein treuer Freund Anton Beer, ein katholischer Priester, mit dem gemeinsam ich bereits 1970 wegen einer Demonstration am Grab des Studenten Jan Palach erste Gefängniserfahrungen in Prag und Dresden bei den Staatssicherheitsdiensten beider Diktaturen gemacht hatte, auf sie wartete, um sie in seinem Wagen wieder nach Wismar zurückzufahren. Auf meinem Rückweg in die Zelle war ich versucht, Gott anzuschreien, aber irgendetwas lenkte mich ab, Geräusche, Gebrüll, Kommandos aus dem Gefängnisalltag, ich weiß es nicht mehr genau, und als hinter mir abgeschlossen wurde, das Rasseln der Schlüssel und Knallen der Riegel nachhallte, wusste ich – eine Bibel lag seit einiger Zeit in meinem Spind –, dass ich noch heute im Buch Hiob lesen musste, und sei es nur, um im nächsten Brief nach Hause über meine Lektüre und ihren Sinn zu schreiben, darüber, dass man mit Gott nicht rechten soll, sondern ihm nur vertrauen kann oder aus dem Weg gehen: *Credo, quia absurdum.* Ich glaube, weil es absurd ist. Tertullian. Auch das hatte ich an der Universität gelernt, als Theologiestudent. Bis man mich relegierte, aus politischen Gründen. Nicht jede Absurdität war ich bereit zu glauben.

Fortan bewegte sich das Leben meiner Mutter zwischen zwei Schreckenspolen: dem Gefängnis, in dem ich, ihr Sohn, saß, und dem Krankenhaus, in dem man versuchte, das Leben ihrer Tochter, meiner Schwester, zu retten. In der verbleibenden Zeit ging sie pflichtbewusst wie eh und je zur Arbeit ins Kaufmännische Direktorat der Matthias-Thesen-Werft unserer Heimatstadt Wismar, wo sie als Sekretärin des Abteilungsleiters für Elektrotechnik und Reparatur wirkte. Um sechs Uhr fünfzehn begann die Arbeit, um fünfzehn Uhr dreißig war sie zu Ende. Den Weg von der Wohnung zur Werft bewältigte sie, bei jedem Wetter, zu Fuß, er dauerte ungefähr eine halbe Stunde. Ihr Wecker klingelte Tag für Tag morgens um fünf. Halt gaben ihr Verwandte und Freunde, die Kirche und unser Kater, der seit meiner Verhaftung zwar mein Zimmer ganz allein zur Verfügung hatte, aber nachts dennoch zu meiner Mutter aufs Bett sprang, sich an sie schmiegte und ihr so, wie sie später nicht müde wurde zu betonen, unendlich Trost schenkte: allein durch sein Dasein, seine Nähe, die sie beruhigte und einschlafen ließ, und weil er die mit jeder Nacht neu beginnende Hirnmarter, warum dieser doppelte Schrecken über ihrem Haupt und dem ihrer Kinder schwebe, einfach wegschnurrte. Katzen können das. Und später, als meine Mutter mir mit ihrem Mann Rudolph, einem Böhmen, den sie 1978 geheiratet hat und der, kurioser Zufall, wie unser Vater auch an einem 21. Dezember auf die Welt gekommen ist, in den Westen Deutschlands folgte, war der Kater, dieser vierbeinige Engel, ebenfalls dabei und verbrachte noch einige gute Jahre in Hamburg. Als er 1981 starb, er war alt geworden, beerdigten wir ihn in einem Park in der Nähe der Wohnung meiner Mutter, tief neben einem prachtvollen Rosenbusch. Sie ging sein verborgenes Grab noch lange besuchen und gedachte der treuen Katzenseele auf einer Bank, die nicht weit entfernt davon aufgestellt worden war.

Meine Schwester habe ich nur noch einmal sehen können und sprechen dürfen. Zusammen mit ihrem Mann und einer Sondergenehmigung in der Tasche besuchte sie mich im über dreihundert Kilometer von Wismar entfernt liegenden Gefängnis Brandenburg-Görden, einem ausgedehnten Komplex von großen Häusern aus roten Klinkern und mit Kopfstein gepflasterten Lagerstraßen. Ende der zwanziger Jahre in den märkischen Sand gesetzt, ein Vorzeigebau zu jener Zeit, ausbruchssicher und menschenfreundlich in einem, für rund achthundert Strafgefangene ausgelegt, zu meiner Zeit jedoch hoffnungslos überfüllt: Über dreitausend Häftlinge lebten in dieser von blendendweißen Mauern, massiven Ecktürmen für Maschinengewehrposten, geharkten Todesstreifen und elektrisch geladenem Stacheldraht eingefassten Welt, darunter um die tausend aus politischen Gründen zu hohen Strafen Verurteilte aus beiden Teilen Deutschlands. Den großen Rest bildeten Schwerstkriminelle; auf meiner ersten Zelle, der Nr. 99 in Haus IV, waren von neun Insassen vier oder fünf zu lebenslanger Haft verurteilt, wegen Mordes. An die neunhundert gab es insgesamt von ihresgleichen: Mörder, Doppelmörder, einer, er stammte aus Magdeburg, hatte sogar drei Menschen umgebracht und war zum Tode verurteilt, dann aber wegen seiner Jugend begnadigt worden. Auch traf ich dort einen Medizinprofessor, der an der Universität Rostock, meiner *Alma Mater*, gelehrt hatte: als Toxikologe. Er hatte seine Frau getötet, vergiftet, hieß es, war aber mit dreizehn Jahren Haft davongekommen. Er freute sich, mit mir einen ehemaligen Studenten seiner Universität getroffen zu haben, und beim gelegentlichen gemeinsamen Rundgang in Kolonne und Häftlingskluft auf dem Freihof, wir trugen dunkel gefärbte Uniformteile mit eingenähten gelben Streifen, nannte er mich immer wieder einmal »mein Junge«. Es klang mir eigenartig liebevoll in den Ohren.

Mörder, Slavik, jedenfalls die meisten von ihnen, das lernt man an solch einem Ort schnell, tragen ihre Taten jedenfalls nicht als Stigma im Gesicht. Sie sehen in den meisten Fällen ziemlich normal aus, erschreckend normal, und versuchen unentwegt, in ungeheuer phantastischen Erzählungen, nachzuweisen, dass sie durchaus nicht *die* sind, die sie sehr wohl auch sind, sondern eher Spielbälle unglücklicher Umstände, angeblicher Justizwillkür oder unglaublicher Polizeimanipulationen. Von den wirklichen Opfern, denen sie nicht selten auf äußerst grausame Weise das Leben genommen hatten, von jenen unglücklichen Frauen und Männern, Kindern und Greisen, die unter ihren Händen krepierten, war immer nur wie von den Opfern anderer die Rede, und ich begriff sehr bald, dass der Sinn ihrer Erzählungen vor allem darin bestand, die ungeheure Last der Tat und den damit verbundenen schrecklichen Makel wenigstens in einem einzigen Gesicht verschwinden zu sehen, im Gesicht desjenigen, der gerade bereit war, dem Erzählten einfach Glauben zu schenken oder wenigstens so zu tun, als glaubte er an die Möglichkeit, dass es so gewesen sein könnte, anders jedenfalls, als es im Urteil stand, das die Mörder ausgehändigt bekamen, im Unterschied zu uns Politischen. Die Zellenhäuser, in denen wir saßen, wurden übrigens »Glassärge« genannt, weil ihre Dächer aus gigantischen Fensterflächen bestanden, langen schrägen Lichtschächten, durch die die Sonnenstrahlen bis ins jeweilige Erdgeschoss vordringen konnten und uns beim Einlaufen in die Zellen oder Auslaufen zur Arbeit, durch die perfekte Überwachungsgeometrie der Flure, Gänge und Galerien hindurch und immer im Gleichschritt, manchmal sogar das Gesicht wärmten oder kitzelten, wenn die Kolonne aus irgendeinem Grund ins Stocken geriet oder wir stillstanden, um Kommandos entgegenzunehmen, und trotzdem wagten, einen winzigen Moment lang nach oben zu blicken, hoch hinaus ins Freie.

Meine Schwester, musst du wissen, war eine tapfere junge Frau: Obgleich schon schwer gezeichnet von der furchtbaren Krankheit, strahlte sie mich an wie das pralle Leben, als ich am 26. Februar 1976 eine der Sprecherkabinen der Strafvollzugsanstalt Brandenburg-Görden betrat und mich ihr und meinem Schwager gegenüber niedersetzte, die verfluchte Glasscheibe vor mir und in meinem Rücken den Polizeioffizier, der mich aus der Zelle geholt hatte und später wieder zurückeskortierte. Sie brachte Nachricht von engen Freunden und Verwandten, sprach andeutungsreich vom Stand der kirchlichen Bemühungen, mich vorzeitig aus der Haft und in den Westen zu bekommen, erzählte von Filmen, die sie und Bernd, ihr Mann, mein Schwager, der treu zu uns hielt, gesehen, von Büchern, die sie gelesen hatten, auch die wenigen Briefe, zwei, die sie mir ins Gefängnis schicken durfte, Sonderbriefe, die wir nur der Tatsache ihrer tückischen Krankheit verdankten, schwärmten von Filmen und Lektüren. Der erste, ein Geburtstagsbrief, erreichte mich Anfang März 1976:

Lieber Ulli!

Zu Deinem Geburtstag laß Dir alles, alles Gute wünschen, vor allem Gottes Segen und daß Du weiterhin so stark bleiben mögest. Wir denken sehr viel an Dich, am 9. 3. ganz besonders. Da werden wir zusammensitzen, Dein Geburtstagslicht anzünden und in Gedanken ganz nah bei Dir sein. Sowie ich wieder in die Stadt gehe, werden wir auch Dein Geschenk zusammen kaufen – Bücher, klar, nicht. Oder sollen wir lieber warten, ob Du im kommenden Brief spezielle Wünsche hast? Schreib ruhig, wenn Du neue Bücher weißt, wir kaufen sie gerne. So, aber nun habe für Deine lieben Zeilen erst einmal ganz, ganz herzlichen Dank. Ich habe mich sehr gefreut, als mich Dein erster Brief im Krankenhaus erreichte. Den zweiten erhielt ich dann ja schon zu Hause. Wie schön, daß ich auch wieder schreiben kann, davon wußten wir ja bislang nichts. Heute haben wir nun von Georghe Abschied genommen. Ich hatte morgens noch schnell einen kleinen Kuchen gebacken. Da staunst Du, was ich schon mache. Es war der erste nach der OP. Ich stehe jetzt vormittags und nachmittags schon auf. Daß ich auch schon kleine Spaziergänge mache, sagte Mutti wohl schon. Ja, so langsam muß es ja wieder vorwärts gehen. Nun ist es schon einen Tag weiter. Das Schreiben strengt doch an, und so schreibe ich in Etappen. Bernd wirbelt nur so durch die Wohnung, alles macht er toll, Wäsche usw. Die zwei Wochen, die ich nun schon zu Hause bin, vergingen wie im Fluge. Ab Montag müßte Bernd nun wieder arbeiten, sein Urlaub ist beendet. Aber noch schaffe ich es alleine nicht. So wird er sich wohl krankschreiben lassen müssen, zur Pflege der Frau, so etwas gibt es ja. Du schriebst mir da von einem tschechischen Film. Leider waren wir jetzt lange, lange nicht im Kino. Diese und letzte Woche spielte auch so ein klasse polnischer Film: »Sintflut«. Bernd hätte ihn sich gerne angesehen, aber er wollte mich abends nicht alleine lassen. Und soweit bin ich ja nicht, daß ich hätte mitkönnen. Bei Büchern bin ich zur Zeit (lache nur nicht) bei Kinderbüchern gelandet. Alles andere ist mir noch nicht das richtige und habe auch noch kein richtiges Verlangen danach. Aber auch in Kinderbüchern liegt oft viel Wahrheit und Weisheit, die man als Kind gar nicht so erfaßt. Wenn Mutti Dein Buch findet, hätte ich gerne noch mal den »Wundermantel« gelesen. Du erinnerst Dich doch sicherlich an dieses Buch. Mutti liebte es ja schon von Anfang an. Auch an die deutschen Sagen erinnere ich mich gut, man las sie voller Spannung. Kennst Du noch »Jan Bibijan«? Du mußt auch denken, zwischen all meinen »gelehrten« Büchern fängt Dorli jetzt mit solchen an! Aber ich denke, daß Du Dich auch gerne an diese erinnerst, ja? Zur Zeit sind ja die Weltmeisterschaften im Eiskunstlauf. Aber Fernsehen strengt mich noch sehr an und ich habe dazu noch nicht die richtige Initiative. Meine Schrift ist auch noch unter aller Würde, hoffentlich kannst Du alles entziffern. Hat Mutti Dir im letzten Brief geschrieben, daß Friedhelm einen Enrico hat? Wenn ja, dann machts auch nichts. Sonst gibt's keine Neuigkeiten. Was ich mir auch ansehe, ist ein wunderschöner Bildband von der Prager Burg. Es war das einzige Exemplar, und der junge Krämer-Pusch hob ihn mir kurz vor Weihnachten auf. Somit hatte ich für Bernd ein schönes Geschenk. Er ist ganz wunderschön, alles in Farbe. Wo wir doch schon so oft dort waren, ist er ganz besonders wertvoll. Wo ich gerade das »tschechische Thema« habe. Dana und Jirban lassen auch nichts von sich hören. Wir schickten zu Weihnachten noch Kleinigkeiten und auch hinterher noch Post, aber erhielten bisher leider keine Antwort. Wer weiß, was dort ist. Ich sehe gerade zu unseren Schallplatten hin. Na, der Stapel hat sich beträchtlich erhöht. Letzte Woche brachte Bernd noch »Macht des Schicksals« mit. Letztes Jahr brachten wir aus der ČSSR Mozarts »Klavierkonzert Nr. 21« mit. Du erinnerst Dich an den poetischen Film »Elvira Madigan«? Wir mögen diese Platte sehr, sehr gerne. Gleich als ich aus dem Krankenhaus kam, hörten wir sie uns zusammen an. Na, diese Zeit wird für Dich und uns auch wiederkommen, wo wir gemeinsam diese Schönheiten erleben werden. Halte auch Du nur geduldig stille, es wird alles zum Guten werden. Als ich so krank war, sagte ich mir immer, unser

Weg ist vorgezeigt und wir brauchen ihn nur vertrauensvoll zu gehen. Alles, aber alles liegt in seinen Hände, und keinem wird mehr aufgegeben, als er tragen kann. Wenn es für den Betreffenden oft auch schwer ist, dies zu glauben, aber wenn man nur daran festhält, so hat man auch die Kraft und den Mut, die man braucht, um alles durchzustehen. In der letzten Predigt am Sonntag (Radio) hörte ich ein gutes Wort von Bonhoeffer: »Gott gibt nur soviel Kraft wie wir gerade brauchen, damit wir uns nicht auf uns, sondern auf ihn verlassen.« Ja, mein lieber Ulli, damit will ich den heutigen Brief enden lassen. Mache Dir Deinen Tag so schön, wie's geht. Daß Möglichkeiten sind, wissen wir von Mutti her. Ich gebe mir auch große Mühe, wieder auf die Beine zu kommen. Einen Brief darf ich Dir ja noch schreiben. Der geht Ende März dann auf Reisen. Sei für dieses Mal ganz innig gegrüßt und umarmt von Deiner zwar älteren, aber dennoch kleineren Schwester, die ihren Bruder sehr lieb hat, und von Deinem lieben Schwager Bernd ...

Den angekündigten zweiten Brief erhielt ich einen Monat später, Anfang April. In ihm dankte sie mir ein weiteres Mal vor allem für Gedichte, die ich im Gefängnis geschrieben und in meinen Briefen nach Hause geschickt hatte, und schwärmte erneut von der wunderbaren Gabe, die nicht vielen gegeben sei und die sie nur bewundern könne. Dann notierte sie Titel und Inhalt des neuesten Buchkaufs für mich. Es waren die Gefängnisbriefe »Wie man eine Flaschenpost ins Meer wirft« von Gabrielle Roussier, einer französischen Lehrerin, die durch ihre Liebe zu einem Schüler mit den Strafgesetzen in Konflikt kommt, ins Gefängnis gerät, dort auf unwürdigste Weise behandelt wird und später Selbstmord begeht. Danach berichtete sie vom Kauf der »Moabiter Sonette«, von der Ermordung ihres Autors Albrecht Haushofer durch die SS, noch am 23. April 1945 in Berlin, und zitierte daraus das Gedicht: »Die Tiger-Affen // In China hieß ein Weiser schon vorzeiten / den Tiger-Affen das erhabne Tier / (– als homo sapiens benannt man's hier –). / Der Name wäre gut, ihn auszubreiten. // Dem Affen gleich im Spielen seiner Triebe, / dem Tiger gleich an mörderischer Kraft, / so hat der Mensch Gewalt an sich gerafft / und wird zum Teufel, mangelt ihm die Liebe. // So wachsen Mord und Brand und Quälerei / mit stolzem Wissen immer neu verbunden – / von Menschen ganz allein wird so geschunden. – // Und ließ ein Göttlicher sich heut herbei, / sie nur zu mahnen, stürb er morgen schon, / ans Kreuz genagelt unter Spott und Hohn.« Es waren eindeutige Botschaften, gegen die die uniformierten Mitleser, die sich Antifaschisten nannten, nur schwer etwas ausrichten konnten: Der Zitierte war ein Opfer des Faschismus, wie sie zu sagen pflegten. Aus dem fast zeitgleich eintreffenden Monatsbrief meiner Mutter erfuhr ich, dass ein weiteres Exemplar der »Moabiter Sonette« gekauft worden war: für mich, von ihr, zu meinem fünfundzwanzigsten Geburtstag. Ich besitze das Buch heute noch.

Einhundert Tage später war meine Schwester tot. Das letzte Lebenszeichen, das mich von ihr erreichte, hatte sie sich, unter Aufbietung ihrer ohnehin nur noch geringen, nun aber immer schneller dahinschwindenden Kräfte, in den Stunden ihres Sterbens abgerungen: Wenige Zeilen, schütter auf einen kleinen Briefbogen gesetzt, kulminierend in den Worten, dass wir uns ganz gewiss wiedersähen, sicher nicht mehr in dieser Welt, aber frei und ohne Zwang und alles Elend bei Gott, und vielleicht würde ihre Fürsprache bei ihm meine baldige Entlassung nach sich ziehen. Bis dahin solle ich nur tapfer meinen Weg gehen.

Ich habe diesen Brief, den mir der für mich zuständige Polizeioffizier in meiner Zelle mit einem hingemurmelten Satz aushändigte, den man als Beileidsbekundung deuten konnte, nur ein einziges Mal wirklich zu Ende gelesen: in eben dieser Zelle, allein und blind vor Schmerz. Den Mann, den ich im Spiegel über dem Waschbecken sah, durch die Blendung hindurch, erkannte ich nicht. Ich weiß nicht, wer dieser auf einen kleinen weißen Brief starrende Mann war, den ich in all dem Schwarz, das ihn umgab, wahrnahm, und ich frage mich das bis heute. Knapp vier Monate später war ich frei, war im Westen. Am Grab meiner Schwester stand ich erst Jahre später, im Dezember 1989, nach dem Fall der Mauer. Mit ihren dem nahen Tode abgerungenen Zeilen an mich hatte sie, so begriff ich später, als ich endlich die ersten Blumen auf ihr Grab legen konnte, bis zuletzt und darüber hinaus eine nie aufgehobene Bitte meiner Mutter erfüllt, die ihr im Juli 1951, da war sie knapp drei Jahre alt und ich gut vier Monate, zum ersten Mal vorgelesen worden war, von meiner Großmutter, festgehalten in einem Brief unserer Mutter aus dem Gefängnis an die Familie:

Liebe Mutti, am 2.7. erfuhr ich, daß Du am 5.7. den Jungen aus dem Heim abholen wolltest. Hoffentlich ist alles erledigt und mein Mücki ist zu Haus. Du glaubst nicht, wie glücklich ich darüber bin. Wie haben sich die Mädel dazu gestellt, und was sagt Ihr alle zu meinem Kleinen? Ich hoffe, daß er Euch allen Freude macht. Ist er bei Marg. + Horst? Habt ihn alle recht lieb, denn ich kann es ja nur in Gedanken. Er ist ein lieber kleiner Strolch, kann schon schön Brei essen. Und geht bitte gleich mit ihm zu Dr. Connerth seines Herzens wegen und überfüttert ihn nicht. Zuviel Flüssigkeit darf er nicht haben, damit das Herzchen nicht zuviel Arbeit hat. Dorli + Neina, paßt schön auf das Brüderchen auf, bis die Mama kommt, Dorli, und sei selbst immer Mamas liebes Mädel u. vergiß die Mama nicht. Hoffe, daß es allen gut geht, mir selbst gehts auch gut. Schicke mir bitte in jedem Paket Zwiebeln mit, ich brauche sie. Dann bitte ich um Zahnpasta, Seife, Brausepulver u. Zitrone. Die K.Sachen wollte ich per Nachnahme nach Hause schicken, aber bisher noch nicht Bescheid. Wenn die Sachen bis Ende Juli noch nicht zu Hause, so schickt bitte etwas Geld. Käte alles Gute zum Geburtstag und Hochzeitstag, sowie Dir, den Kindern, Marg. +

Horst, Käte und Fieti herzl. Grüße von Wendi. Ich warte auf
Post von Euch.

Noch kurz vor ihrer Entlassung, die sie in diesem Moment nicht im Geringsten ahnte, im Oktober 1953, bat meine Mutter, fast am Ende ihrer Kräfte, ein letztes Mal aus der Haft meine Schwester eindringlich, in einem Brief zu ihrem fünften Geburtstag, Sorge für mich, den kleineren Bruder, zu tragen, und meine Schwester hat es getan: damals, später, bis zum Schluss, als ihr nur noch das Gebet blieb und die Hoffnung, mit ihrem Verschwinden aus der Welt jenem Gott näherzukommen, an den sie zuletzt mit einer Gewissheit glaubte, die rein war wie die Gewissheit von Kindern, die mit unerschütterlicher Naivität an den *lieben Gott* glauben:

Hoheneck, den 29. 10. 53

Mein geliebtes Mädel, meine Dorle! Zu Deinem Geburtstag sende ich Dir die herzlichsten Glückwünsche und wünsche Dir alles erdenklich Gute, vor allen Dingen Gesundheit. Noch immer kann ich nicht bei Dir sein und Dich auf den Schoß nehmen und nach Herzenslust Dich drücken. Dorle, meine Dorle, was würde ich darum geben, bei Euch zu sein. Bleibe Du nur mein liebes, braves Blondengelchen und bete unverzagt weiter, einmal wird der liebe Gott schon hören. Der liebe Gott sieht alles und weiß schon, wann er Dir Deine Mami wiedergibt. Sei auch lieb zu Deinem Brüderchen und zur Omi, damit Omi Freude hat. Gib unserm Ulli viele Küßchen von mir und drück auch Omi ganz doll von mir. Viel, viel muß ich an Dich, an Euch alle denken, und viele ungeweinte Tränen brennen dann im Herzen. Nun schickt auch Dir viele herzinnige Küssi Deine Mami. Meine liebste, beste Mutti! Für den lieben Brief und Paket habe recht, recht herzlichen Dank. Deine Post ist ja das einzige, was mich noch aufrechterhält. Ansonsten bin ich wieder an dem Punkt angelangt, wo ich nur tiefste Verachtung für die Menschen habe. Wie muß man seinem Schöpfer dankbar sein, daß man Charakter und Ehrgefühl mit auf die Welt bekommen hat, so daß man vor sich selbst bestehen kann. Ach, Mutti, einmal möchte ich mich bei Dir ausweinen können und somit alles, alles Häßliche, was auf uns einstürmt, vergessen. Verzeih, daß ich Dir das alles schreibe, aber Du wirst und kannst mich verstehen. An alle, alle recht herzliche Grüße; immer Eure Wendelgard. Der kleinen Susi und ihrem Papi die herzlichsten Glückwünsche!!

Als dieser Brief die Gefängnisburg verließ, voller Bitterkeit und innerer Düsternis, auch, weil er auf ein unausgesprochenes Ereignis Bezug nimmt, auf einen niedergeschlagenen Hungerstreik der Häftlinge, war in Moskau schon länger etwas in Gang gekommen, das auch ihr am Ende die Freiheit bringen sollte. Aber zu diesem Zeitpunkt hatten die gefangenen Frauen nur Gerüchte vernommen, dennoch waren in einem Fall auch konkretere Informationen über Entlassungen von Deutschen in Russland durchgesickert: Eine Mutter, die in ein sibirisches Arbeitslager gekommen war, hatte ihrer Tochter in Hoheneck ein Telegramm geschickt, das von ihrer Freilassung kündete. Nur in Hoheneck selbst tat sich nichts, kein Offizieller sagte etwas. Deshalb war der Hungerstreik ausgebrochen. Es war schwer für alle, kein Essen zu sich zu nehmen, und die VP reagierte zunächst brutal, indem sie den Kranken, die sich dem Hungerstreik angeschlossen hatten, eine weitere Behandlung mit Medikamenten verweigerten. Doch die davon Betroffenen ließen sich nicht erpressen; sie hielten durch, und die VP beendete die Medikamentensperre. Nach drei Tagen war der Widerstand dennoch gebrochen, die Rädelsführer verschwanden in anderen Gefängnissen, die Zurückbleibenden in Hoheneck wurden verlegt, um Bindungen und Netzwerke zu zerschlagen. Die neue Gemeinschaft, in der meine Mutter landete, war trotzdem nicht bereit aufzugeben. Auf einem improvisierten Silvesterfest trat eine als russischer Offizier verkleidete Mitgefangene auf und verkündete mit großer Rede und Gestik für das neue Jahr eine Amnestie. Ein makabres Hoffnungsspiel, geboren aus Verzweiflung und Galgenhumor, doch viele begannen zu weinen, besonders die älteren Frauen, die von allen nur »Mütterchen« genannt wurden.

Das alles, lieber Slavik, sind die Gründe, warum ich vor einem halben Jahrzehnt die Kraft fand, ausgerechnet im Moment des Entdeckens, dass unser Vater noch lebt, meine gerade erst begonnene »Reise« zu ihm und euch, von denen ich damals noch nichts wusste, zu unterbrechen: Wie konnte ich der Frau, die meine Mutter ist, jene inständig vorgetragene Bitte abschlagen, mich nicht erneut in Gefahr zu begeben? Eine Gefahr, die ich nicht sah; sie aber sah sie: das Wort »Russland« reichte. So wie anderen, noch immer, das Wort »Deutschland« reicht. Auch während ihrer Jahre auf der Wismarer Matthias-Thesen-Werft hat sie nicht den geringsten Zweifel daran gelassen, dass alles, was mit der Sowjetunion zusammenhing, für sie vollkommen erledigt war, und wenn es darauf ankam, sagte sie es auch, nach wie vor frei von Angst im entscheidenden Moment, laut und vernehmlich und dem jeweiligen Gegenüber mitten ins Gesicht: wie 1962, als die Abteilung, in der sie das Sekretariat leitete, einen neuen Chef bekam, Kienast sein Name. Ein hagerer Mann mit scharfen Gesichtszügen, der sie sogleich fragte, wo man die Beiträge für den FDGB und die DSF bezahlen müsste? Die Stelle des Gewerkschaftsbundes konnte sie ihm nennen, die der Deutsch-Sowjetischen Freundschaft nicht. Der Mann mit dem Parteiabzeichen am Revers, von dem man wusste, dass er im KZ gesessen hatte, war verblüfft und fragte, ob sie denn nicht Mitglied sei? Was sie entsprechend beantwortete, nur um ihn damit noch mehr zu verblüffen. Der ehrgeizige Genosse, der seine neue Abteilung so gerne auch geschlossen in der DSF gesehen hätte, lediglich meine Mutter fehlte noch, ließ deshalb nicht locker und sagte immer wieder einmal zu ihr, dass man sich doch noch mal über ihre Nicht-Mitgliedschaft unterhalten müsse; was könne denn ein Bürger der Republik, die es ohne die Sowjetunion nicht gäbe, dagegen haben? Sie habe nichts dagegen, antwortete meine Mutter, sie habe lediglich ihre Gründe. Doch auch diese Auskunft beruhigte den Mann nicht, im Gegenteil: Jetzt bohrte er noch intensiver weiter. Er tat es so lange, bis meiner Mutter der Kragen platzte und sie ihm den nur scheinbar kryptischen Satz an den Kopf warf, dass sie vor allem deshalb niemals in die DSF eintreten würde, weil sie *nach* 1945 dort gewesen sei, wo er *vor* 1945 gewesen wäre. Jetzt endlich hatte der Mann verstanden, und von nun an fragte er nicht mehr. Die Sowjetunion war für sie einfach erledigt, und Russland gleich mit.

Ich teile eine solche Sicht auf die Wirklichkeit nicht, Slavik, weil sie weitergeht, die Geschichte, und die nachwachsenden Menschen ein Menschenrecht darauf haben, nicht mit den Monstern der Vergangenheit identifiziert und so unter immerwährenden Verdacht gestellt zu werden; aber die weitergehende Geschichte löscht die dramatischen Geschichten all jener nicht aus, die sie mit ihr, der großen Geschichte, die zuletzt über alles hinweggeht, schmerzhaft erfahren haben. Sie sind in der Welt, und sie bleiben es: so lange, bis diese Menschen für immer verstummen. Damit sie nicht vorher verstummen, bei lebendigem Leibe, was wie ein kaltes Verbrennen wäre, haben wir Rücksicht zu nehmen, bis in den letzten Bedeutungswinkel des Wortes: auf jeden Einzelnen von ihnen und das, was sie felsenfest wissen und uns ein ums andere Mal sagen, sagen müssen. Dieses in den Seelen petrifizierte Wissen mit auflösender Logik anzugehen, einzubetten in abstrahierende Rationalitätskonstrukte oder die inflationistisch wirkende Konsequenz reiner Statistik, um nicht dem Fatalismus zu verfallen, ist gewiss auch notwendig. Aber die Kälte, die solche Operationen in den Seelen der Opfer, um die es hier geht, geradezu zwangsläufig verbreiten, muss unentwegt gemildert werden durch die liebende Zuwendung an jeden Einzelnen von ihnen, mit dem Bekenntnis: Ich habe dein furchtbares Gefühl nicht; aber ich glaube ihm, seinem schrecklichen Grund. Ich teile deine Angst vor der Zukunft nicht; aber ich begreife sie als Teil deiner Vergangenheit. Ich werde sie nicht übernehmen, wie könnte ich; aber ich will sie dir auch nicht ausreden. Rede. Ich höre. Und werde auf meinem weiteren Weg das Gehörte nicht überhören, nicht vergessen, nicht auslöschen. Selbst wenn du nicht mehr reden kannst, werde ich es, Teil einer Stafette, weitergeben, bis zu dem Tag, an dem auch ich verstumme. Es geht nicht um mögliche Lehren aus der Geschichte, deren Wirksamkeit man ohnehin bezweifeln darf, es geht um die wirklichen Stimmen, zu denen ein Mund gehört, ein Gesicht, ein Leben. Ein ganzer Mensch, sein unbestreitbares Schicksal.

An jenem Tag im Sommer 1993, an dem ich meiner Mutter versprach, die Sache vorerst auf sich beruhen zu lassen, die genealogische Schatzsuche einstweilen abzubrechen – am 23. April hatte ich ein Fax aus Moskau erhalten, in dem mir Konstantin Issakow, mein vor Ort recherchierender Journalistenkollege, den nun auch ihr kennt, erstmals den Fund einer Geheimdienstakte über meine Eltern im Militärarchiv und damit die Existenz meines und deines Vaters bestätigte und mir zugleich riet, alsbald nach Moskau zu kommen, um persönlich Einsicht in das Konvolut von, wie er schrieb, rund zweihundert Seiten zu nehmen –, an diesem Tag ging ich, nach dem Gespräch, mit ihr in mein Stammrestaurant im Zentrum Hamburgs, in die *Bar Tabac*, in der vor allem Menschen verkehren, die auf einem ganz anderen Planeten wohnen, ohne dass man ihnen daraus einen Vorwurf machen könnte, aß ein paar Kleinigkeiten, trank mehrere Gläser Wein, rauchte mindestens eine halbe Packung Zigarillos und ließ in meinem Kopf ein ums andere Mal Revue passieren, was mir mein ferner, unbekannter und nun langsam aus dem Meer der in Bewegung geratenen Geschichte wieder auftauchender Vater bis zu diesem Zeitpunkt eigentlich wirklich bedeutet hatte: Nie, musste ich konstatieren, hatte ich ihn vermisst, nie von ihm geträumt, hatte ich überhaupt irgendwann einmal bohrend an ihn gedacht, laut oder leise nach ihm gefragt, mich, in der einen oder anderen Weise, zu ihm bekannt, öffentlich, oder auch nur privat? Aber eigenartigerweise musste ich gar nicht lange durch die rauchgeschwängerte Luft der Bar – in der mit schwarzem und weißem Marmor ausgestatteten Galleria-Passage – starren, einer Schleuse des Luxus und der Moden, in den großen goldgerahmten Spiegel auf der mir gegenüberliegenden Seite, über gegelte Köpfe hinweg und durch souverän hin und her eilende Kellner hindurch, die mich gut kannten und meinen scheinbar geistesabwesenden Blick, wie immer, dem Dichter und Journalisten in mir zuschrieben, dessen Redaktion nicht weit von dieser Bar entfernt lag – ich wurde, wie mein Moskauer Freund vor wenigen Tagen auch, tatsächlich sehr bald fündig: Ja, es hat sie gegeben, die Bekenntnisse, fast wie von selbst. Nein, dieser Wladimir Jegorowitsch Fedotow des Jahrgangs 1925, aus einem Dorf im Oblast Smolensk, von dem ich kaum etwas wusste, er war bis zu diesem Zeitpunkt offenbar nicht nur ein bloßer genetischer Faktor vorbewusster Natur für mich gewesen, eine nicht zu leugnende andere Hälfte der Voraussetzung meiner Existenz: zwar biologisch vorhanden, aber eben nicht existentiell, wenn das mehr meint als nur das unvermeidbar notwendige Zellpotential!

Ja, es gab tatsächlich Momente, in denen ich nicht nur einfach an ihn dachte oder über ihn redete, zufällig stolperte über seinen Namen in meinem Bewusstsein, weil mir irgendeine Eigenschaft in meinem Denken und Verhalten plötzlich auffiel und nach einer Erklärung verlangte, einer *russischen* vielleicht. Vielmehr wurde er mir in manchen Momenten zu nichts Geringerem als zu einem gewaltigen, weil unwiderlegbaren existentiellen Argument: gegen niemand anderen als meine politischen Feinde, in Situationen stärkster, ja äußerster Konfrontation mit ihnen. Wann, wo? Du wirst es nicht glauben:

das erste Mal noch in der Diktatur, aber das zweite Mal schon in der Freiheit. Doch beide Male waren es dieselben Adressaten, jedenfalls kamen sie aus dem Lager ein und desselben Ungeistes, der sich geschichtlich für besonders geistreich hält. Der Unterschied zwischen ihnen bestand nur in der Macht, über die sie verfügten: Die einen besaßen sie total, und das schon viel zu lange, die anderen hätten sie gerne total gehabt, gleichfalls für immer, von diesem totalitären Anspruch werden sie nämlich wie Drogensüchtige getrieben. Die einen waren Richter und Staatsanwalt der Diktatur der deutschen Einheitssozialisten, die anderen zumeist DKP-nahe westdeutsche Schriftsteller und Gewerkschaftsfunktionäre, die mit dieser Diktatur offen oder verdeckt sympathisierten, sie jedenfalls ausspielten gegen die rechtsstaatliche Demokratie, in der sie lebten, indem sie ausgerechnet die SED-Diktatur zur sozialen Alternative umdeuteten oder zu einem unantastbaren Mitgaranten des Weltfriedens. Frieden war die demagogische Leitvokabel in jenen Jahren, im Osten wie Westen. Wer dagegen Freiheit sagte, laut und beharrlich, störte.

Die eine Schlacht, die ich mit Hilfe unseres Vaters schlug, fand im November 1973 statt, in den Tagen meines Prozesses vor dem I A Strafsenat des Bezirksgerichtes Schwerin, zuständig vor allem für politische Fälle; die andere auf dem Kongress des Verbandes deutscher Schriftsteller im März und April 1984 in Saarbrücken, dem ich 1979 beigetreten war. Die Bühne der ersten lag im Verborgenen eines politischen Prozesses einer totalitären Gesellschaft, von dem die Öffentlichkeit selbstverständlich ausgeschlossen worden war, einschließlich meiner Angehörigen; die zweite fand im vollen Licht der Öffentlichkeit einer freien Gesellschaft statt. In die erste wurde ich eher durch die Strategie meiner Verteidigerin gezogen, in der zweiten folgte ich sehr bewusst meiner eigenen.

Der Prozess gegen mich dauerte zweieinhalb Tage, und es war von Anfang an klar, dass sie mich ziemlich hart bestrafen würden: Es sollte abgeschreckt werden mit dem Urteilsspruch über mich, ich war in ihren Augen ein gefährlicher Rädelsführer, der andere anstiftete, die Diktatur als das zu sehen, was sie war: rechtlos, gewalttätig, verlogen. Und dagegen Stellung zu nehmen. Laut und vernehmlich, ohne Angst vor den möglichen Folgen. Besonders angetan hatten es mir die Helden des »Prager Frühlings«, allen voran Alexander Dubček. Er ist bis heute der Politiker geblieben, den ich am meisten achte und verehre, sein viel zu früher Tod 1992 schmerzt mich immer noch. Damals jedenfalls widmete ich ihm mehrere Gedichte, was ich für keinen lebenden Politiker sonst getan habe, hob ihn in Aufsätzen und Prosatexten hervor, und auch sie kreisten im Untergrund. Vor diesem Hintergrund war es sehr schwer für meine Anwältin, mich überhaupt zu verteidigen: Mit jedem Hinweis darauf, dass ich vielleicht im Recht wäre, oder wenigstens auf mein Menschenrecht der freien Meinungsäußerung, hätte sie sich selbst angeklagt. Und dennoch suchte sie verzweifelt nach einer Lücke, die sie nutzen könnte, um die drohende hohe Strafe wenigstens um ein, zwei Jahre abzumildern. Dabei kam sie auf eine Idee, die richtig und falsch zugleich war: Bei einem ihrer Besuche fragte sie mich mit suggestivem Unterton, ob es nicht so gewesen sein könne, dass ich, aufgewachsen ohne Vater, in Alexander Dubček so etwas wie einen Vaterersatz gefunden hätte und dadurch verführt worden sei, ihn in einer Situation, wo ihm anscheinend Unrecht geschehen sei, wie ein Sohn zu verteidigen? Was sie nicht ahnen konnte: dass ich psychoanalytischen Konstrukten wie diesem schon damals, mit zweiundzwanzig Jahren, intuitiv misstraute. Das Unrecht, das ich bekämpfte, war so offensichtlich, dass es einer konstruierten familiären Identifikation dieser Art aber nun wirklich nicht bedurfte, um empört zu sein und in Kampfeslust zu geraten. Außerdem, sagte ich ihr, *hätte* ich ja einen Vater, auch wenn ich ihn nicht kennte, und auch er sei ein Opfer dieser Verhältnisse geworden. Dubček sei mein Vorbild, gewiss, wie die Geschwister Scholl, Graf

Stauffenberg oder Dietrich Bonhoeffer und Martin Luther King, dem ich auch, das wisse sie ja, ein Gedicht gewidmet hätte, es sei gerade in der Anthologie »einer neben dir« der Evangelischen Verlagsanstalt Berlin erschienen. Aber um ihn zu verteidigen, müsse er nicht mein Vater sein, nicht einmal Ersatzvater. Es reiche, wie man mit ihm, seinen Ideen und den Menschen, die an ihn glaubten, umgegangen sei und umgehe. Basta.

Bei dieser Rede, Slavik, in einem selbstverständlich abgehörten Besuchszimmer des Ministeriums für Staatssicherheit, wurde das ohnehin bekümmerte Gesicht der Rechtsanwältin Hildegard Lewerenz aus der kleinen mecklenburgischen Stadt Bad Doberan, die einmal sogar als Präsidentin der Synode meiner Landeskirche fungiert hatte, noch trauriger, und sie fragte mich, fast schon verzweifelt, ob es denn an diesem Staat wirklich nichts Gutes für mich gäbe? Nach dieser Frage tat ich einen Moment lang, als überlegte ich ernsthaft, aber es war eine selbstauferlegte Zwangspause, um sie nicht total vor den Kopf zu stoßen: Mein »Nein, nichts!«, hätte auch wie aus der Pistole geschossen kommen können. Nachdem sie es aber nun gehört hatte, wenn auch verzögert und im Wissen darum, wer alles es mithörte, gab sie auf und seufzte den für mich entscheidenden Satz heraus: »Dann kann ich nur auf Überzeugungstäter plädieren.«

Darauf, Slavik, hatte ich im Prinzip gewartet, und aufatmend sagte ich zu ihr, dass ich damit sehr einverstanden sei. Ging es mir doch, weißt du, genau darum: um meine mir nicht abzuhandelnde oder auszuredende Überzeugung, dass dieses System prinzipiell inhuman sei, eben totalitär, und deshalb ebenso prinzipiell verschwinden müsse, am besten gestern. Es war mir jedenfalls absolut unmöglich, wegen vielleicht eines Jahres Gefängnis weniger, meine Selbstachtung aufzugeben durch die Übernahme von Propagandapositionen, die für mich identisch waren mit der puren Lüge. So haben sie mich dann zwar auch bestraft, äußerst hart, mit sieben Jahren Gefängnis für Gedichte, Geschichten und Aufsätze, *die* Macht hatten sie; aber ich war nicht gebrochen, und darum hatten sie mich zuletzt doch nicht nur nicht besiegt, in meinen Augen hatten sie sogar verloren, weil sie mit ihrem Urteil über mich nur eines bewiesen: dass ich im Recht war mit meinem Urteil über sie und ihr System. In meinem Schlusswort im Prozess, ich habe es in meinen Akten wiedergefunden und kann es fast auswendig, habe ich ihnen das auch noch einmal mit aller Deutlichkeit ins Gesicht gesagt:

SCHLUSSBEMERKUNG

Dieser Prozeß gegen mich hat im Grunde genommen nichts anderes bewiesen, als daß ich mir im Laufe einer Reihe von Jahren eine eigene politische Überzeugung – humanistischen Charakters – erarbeitet und diese engagiert vertreten habe. Ich habe also, um ein Wort Friedrich Engels' zu gebrauchen, »keinen Kindermord an meinen eigenen Gedanken« begangen. Aufgrund meiner schriftstellerischen Ambitionen erfolgte die Manifestierung dieser politischen Überzeugung nicht nur in Diskussionen und brieflichen Disputen, sondern auch in literarischen Versuchen unterschiedlicher Form und Qualität. Diese Handlungsweise ist so legitim, wie sie alt ist, und in Deutschland kennt man politische Literatur kritischen Inhalts spätestens seit Walther von der Vogelweide. Zum anderen steht diese Handlungsweise auch in völligem Einklang mit den Prinzipien der Allgemeinen Erklärung der Menschenrechte von 1948, und besonders mit dem Artikel 19 dieser Erklärung, der da u. a. klar und eindeutig besagt, daß jeder Mensch »das Recht auf freie Meinungsäußerung« und »Verbreitung von Informationen mit allen Mitteln und über alle Grenzen hinweg« hat. Das beweist, daß dieser Prozeß und meine kommende Verurteilung eine erneute schwerwiegende Verletzung der Menschenrechte in der DDR darstellen, gegen die ich auch in Zukunft Stellung nehmen werde. Nichts wird mich daran hindern. Und mit der gleichen Entschlossenheit werde ich am kom-

menden Donnerstag Ihr ungerechtfertigtes Urteil zur Kenntnis
nehmen – bereit, es zu tragen und seine Folgen durchzustehen.
Die absolute Gewißheit, daß Wahrheit und Menschenrecht auf
meiner Seite sind, gibt mir die dazu notwendige Kraft.

Schwerin, 15. 11. 1973

Und weil das alles so klar war für mich, Slavik, von Anfang an, verfielen Staatsanwalt Löwenstein und Oberrichter Passon, so hießen die beiden Rechtsvertreter spielenden Handlanger der zweiten deutschen Diktatur, wechselseitig in Kreischen, Brüllen und höhnische Triumphgebärden, wenn sie glaubten, mich an irgendeinem Punkt ganz schlau überführt zu haben. Es mochte diese Volksgerichtshofatmosphäre gewesen sein – der Verhandlungssaal war vollbesetzt mit Funktionären der Partei und Offizieren des Ministeriums für Staatssicherheit –, die meine Rechtsanwältin dazu trieb, waghalsige Verteidigungsmanöver zu riskieren, indem sie auf mein gerade erschienenes »Epitaph für Martin Luther King« und meine Gedichte gegen den Krieg der Amerikaner in Vietnam verwies, sie gegen den Willen des Oberrichters zitierte, weil sie prozessrechtlich darauf bestand, wie sie ebenso darauf bestand, dass ihre Argumentation zu meinen Gunsten ins Protokoll aufgenommen werden solle, um dann festzustellen, dass ich, ihr Mandant, ja immer protestiert hätte, wenn irgendwo die Menschenrechte verletzt würden. Da hatte sie allerdings etwas gesagt und dem schon seit Stunden geifernden Gerichtsvorsitzenden geradezu eine Steilvorlage geboten: »Wollen Sie, Frau Kollegin«, schrie er ihr mit sich fast überschlagender Stimme entgegen, »damit etwa sagen, dass in der DDR die Menschenrechte verletzt werden?!« »Natürlich nicht!«, reagierte sie erstaunlich kalt, um dann, was mich vollkommen überraschte, ebenso kühl mit einem weiteren Argument zu meinen Gunsten nachzustoßen – und weißt du, Slavik, womit? –, mit genau jener psychoanalytischen Theorie, die ich ihr wenige Tage zuvor glaubte ausgeredet zu haben! Und so kam nun auch unser Vater ins Spiel,

seine und meiner Mutter Geschichte aus dem Jahr 1950 und
was mein Engagement für Alexander Dubček aus ihrer Sicht
damit zu tun hätte. Während meine Anwältin sprach, sah ich
ihr Gesicht, das vor allem Oberrichter Passon zugewandt war,
natürlich nicht, entweder saß oder stand sie ja mit dem Rücken zu mir; aber ich sah das Gesicht dieses Mannes der tota-
len Macht, dem sie das alles gerade entwickelte, wie es seine
Farbe wechselte, mal grau wurde, mal rot, auch irgendwie
grün, und einen kurzen Moment lang dachte ich, entweder bekommt er jetzt einen Nervenzusammenbruch oder einen
Herzinfarkt. Aber nichts davon geschah, sondern mit letzter
Kraft schrie er ihr entgegen, als sie fertig war, dass das, was
sie vorgebracht hätte, absolut nicht zur Sache gehöre! Das
hätte er jedoch nicht sagen sollen, denn nun sprang ich auf
und rief ihm entgegen, und ob das zur Sache gehöre, denn
meine Eltern, beide, Mutter wie Vater, seien Opfer des Stalinismus gewesen, und auch das hätte mich geprägt! Was
folgte, war ein akustisches Tohuwabohu, in dem der Gerichts-
vorsitzende mir lautstark klarzumachen versuchte, dass er
mir nicht das Wort erteilt hätte, und weil ich weiterredete, dass
er es mir nun entziehe, und weil ich immer noch nicht auf-
hörte, gegen sein Geschrei anzureden, inzwischen wohl auch
selber schrie, hörte ich nur noch, dass ich von der weiteren
Verhandlung ausgeschlossen werden würde, wenn ich nicht
sofort den Mund hielte. Es bedurfte des erregten Einredens
meiner Rechtsanwältin auf mich, die mich zugleich mit zitternden Händen auf meine Bank zurückdrückte, damit Ruhe
einkehrte im Saal, und Jahre später erzählte mir meine Mutter,
die mit meiner Schwester, meinem Schwager und Verwandten im Flur davor ausgeharrt hatte, dass man das Gebrüll
und Geschrei bis nach draußen gehört hätte. Sie hätten zwar
nicht gewusst, worum es im Einzelnen gegangen sei, aber
sie hätten begriffen, dass ich mich gerade mächtig wehrte,
was sie zusätzlich stolz gemacht hätte. Schon auf meinem
Gang in Handschellen durch den offenen Gerichtsflur zum

Verhandlungssaal, eskortiert von zwei Uniformierten des Ministeriums für Staatssicherheit, hatte meine Schwester die Gelegenheit genutzt, mir überraschend entgegenzuspringen, mich zu berühren und mir zuzurufen: »Halte durch! Wir sind alle auf deiner Seite!« Und meine Mutter, so erzählte sie später, als wir alle schon in Hamburg wohnten, riskierte gleich bei ihrem ersten Gespräch mit dem für die Anklage zuständigen Staatsanwalt die Bemerkung, wie ich würden ja Hunderttausende denken! Was den baldigen Ankläger gegen mich die Drohung ausstoßen ließ, sie solle sich zukünftig genau überlegen, was sie sage!

Jenem Oberrichter, Slavik, bin ich allerdings später und zu seiner furchtbaren Überraschung wiederbegegnet. Nur wenige Monate nach dem Fall der Mauer, im Frühjahr 1990, während der Dreharbeiten zu einem dokumentarischen Fernsehspiel über meine Zeit in der Diktatur, stellten wir ihn auf seiner Parzelle in der Kleingartenanlage »Am Heidensee« am Stadtrand von Schwerin. Er konnte nicht mehr entkommen, und so versuchte er schließlich, aus der Not eine Tugend zu machen, und lud mich ein, nachdem sich der Schrecken und die Verwirrung in seinem Gesicht etwas gelegt hatten, ihm in seine Gartenlaube zu folgen, um über unsere Begegnung vor siebzehn Jahre zu reden, unter Bedingungen, die mich damals in Handschellen sahen, ihn aber in der Rolle eines Richters, der Rechtsprechung nur simulierte. Das Gespräch wurde mit einem Richtmikrophon in der Nachbarlaube aufgezeichnet, in voller Länge und ohne dass der Oberrichter a. D. es wusste. Erst Wochen danach habe ich ihm die Zustimmung abgerungen, eines Tages damit machen zu können, was ich wollte. In einem Brief versuchte ich, ihn davon zu überzeugen, dass seine Zustimmung genau zu der tätigen Reue gehöre, die zu leisten er mir versprochen habe. Und obwohl er in seiner Antwort zu verstehen gab, dass ihn das Abgehörtwerden *enttäuscht* hätte, so als hätte uns eine lange Freundschaft verbunden, verweigerte er sich meinem Ansinnen zuletzt nicht. Er war zum Glück ahnungslos, wie dünn der Faden war, an dem mein Begehren hing: Ohne seine schriftliche Erklärung hätte der Fernsehsender das Band mit dem denkwürdigen Dialog in seinem Archiv versenkt. Das Gespräch aber war so normal und absurd zugleich, dass kein Beckett oder Ionesco es hätte besser erfinden können. Es begann an einem metallenen Gartentor und setzte sich bald fort, hinter Blumenrabatten und Obstbäumen verborgen, in einem unauffälligen Gartenhäuschen, an dessen Inneres ich keine Erinnerung mehr habe. Zu sehr war ich auf den Mann in einem Korbsessel neben mir konzentriert, der mich einmal gnadenlos gerichtet hatte und über den ich nun selber zu Gericht saß, zwar nur moralisch, aber in einer geschichtlichen Stunde, in der noch nicht restlos klar war, wie es ausgehen würde mit den Tätern des gerade untergegangenen politischen Systems. Wenn er damals schon gewusst hätte, wie es dann tatsächlich ausgehen sollte für ihn und seinesgleichen, wäre er vielleicht ganz anders aufgetreten: Bis auf eine einzige Richterin, Slavik, ist niemand von diesen Parteijuristen je von einem ordentlichen Gericht für seine Untaten verurteilt worden. Das ist in Deutschland nicht anders als in Russland.

Passon: *Darf ich Sie mal fragen, was Sie hier machen?*
Schacht: *Darf ich mal fragen, ob Sie mich noch kennen?*
Passon: *Nee.*
Schacht: *Aber ich kenne Sie.*
Passon: *Ja? Wer sind Sie denn?*
Schacht: *Ich bin eines Ihrer Opfer.*
Passon: *Ach, sind Sie Herr Schacht dann?*
Schacht: *Jawohl.*
Passon: *Darf ich Sie bitten, mal reinzukommen, Herr Schacht?*
Schacht: *Wenn wir was zu besprechen haben. Wenn Sie das möchten.*
Passon: *Ja. Ja, warten Sie mal: Die Tür klemmt.*
Schacht: *Ja.*

Passon: *Ich finde das bloß sehr unkulant, dass Sie hier auf so eine Art …*

Schacht: *Auf welche Art sollen wir das denn sonst machen?*

Passon: *Sie hätten mich ja …*

Schacht: *Wir haben versucht, Sie zu erreichen. Und Sie haben mir einen Zettel zukommen lassen, auf dem Sie geschrieben haben, dass es Ihnen so schlecht geht, dass Sie nicht vor die Kamera können.*

Passon: *Ja, das ist richtig.*

Schacht: *Und da muss man sich natürlich anderweitig behelfen.*

Passon: *Ja, aber das ist doch nicht die Art, wissen Sie, wie man das macht, so eine Art …*

Schacht: *Wissen Sie, über Arten, das ist das Grundproblem. Wir haben beide eine Art hinter uns. Haben Sie ja geschrieben.*

Passon: *Herr Schacht, wissen Sie …*

Schacht: *Ja?*

Passon: *Was wir, wo wir beide zusammen, zusammen uns auf eine ganz eigentümliche Art getroffen haben, zusammenkamen, das tut mir so von Herzen heute leid. Ich möchte Ihnen das in aller Ehrlichkeit und in aller Offenheit sagen.*

Schacht: *Kann ich Ihnen das abnehmen?*

Passon: *Herr Schacht, wissen Sie … Vielleicht machen wir's doch hier, ja? Wissen Sie, ich hatte sogar vor, Ihnen einen Brief zu schreiben. Mir war die Anschrift leider nicht bekannt. Und es war mir, ich kann Ihnen das ja sagen … ich bin an sich streng katholisch. Das wird Sie vielleicht überraschen!*

Schacht: *Im Prinzip schon, weil …*

Passon: *Ja?*

Schacht: *… weil das schwer zu vereinbaren ist.*

Passon: *Wir könnten uns …*

Schacht: *Wir können ruhig draußen bleiben.*

Passon: *Nee, ich möchte doch lieber, wissen Sie, mit Nachbarn und so weiter, ja, es ist alles sehr hellhörig. Es ist ein bissel bescheiden bei mir. Ich bin an sich hier Kleingärtner, mehr oder weniger. Wenn ich Sie so bitten darf. Also ich hätte Sie nicht erkannt.*

Schacht: *Das ist klar. Es sind ja auch Jahre vergangen. Fast zwanzig Jahre.*

Passon: *Ja, Herr Schacht.*

Schacht: *Sie sind katholisch, sagen Sie?*

Passon: *Ich habe, ich sage Ihnen das auch ehrlich, ich habe mit meinem Beichtvater auch über diese Sachen jetzt in der letzten Zeit gesprochen.*

Schacht: *Ja?*

Passon: *Mit dem Beichtvater.*

Schacht: *Ja.*

Passon: *Nicht wahr, und er hat mir an sich sehr viel Mut gemacht, sehr viel Mut. Die Kirche ist die eine Seite. Die Absolution, die gegeben wird. Die zweite Seite ist die des Weltlichen. Des Weltlichen. Nur frage ich mich natürlich auch sehr, immer wieder, was kann ich tun? Ich kann Ihnen auch sagen, dass ich in den letzten, möchte ich mal sagen, zehn Jahren eine eigenartige Entwicklung genommen habe: eine Kontra-Staat-Entwicklung, die sich nicht offen, sondern immer im engeren Kreise ... Sie werden das auch verstehen. Sie werden das von vielen anderen Sachen auch vielleicht wissen, dass man mit dem unzufrieden war, mit jenem ... und ... und ... und ... Ich könnte Ihnen hundert Beispiele sagen, wo ich in eine solche Situation geraten bin, dass ich auch immer bisschen tiefer geraten bin. Ich war ja früher sogar mal Bezirksgerichtsdirektor, in Frankfurt/Oder.*

Schacht: *Ja?*

Passon: *Das wissen Sie nicht?*

Schacht: *Das weiß ich nicht, nein.*

Passon: *Nein, nein. Und ich musste dort das Feld räumen, weil ich einfach nicht mehr bereit war, bestimmten, kann man sagen, Anweisungen der Bezirksleitung nachzukommen.*

Schacht: *Sie haben mir einen Zettel geschrieben, auf dem das stand.*

Passon: *Herr Schacht, der Zettel an sich war ja gar nicht für Sie bestimmt.*

Schacht: *Aha?!*

Passon: *Der Zettel war an sich bestimmt nachdem, ich war kurze Zeit vorher, habe ich, äh, im Magdeburger Krankenhaus gelegen.*

Schacht: *Ja?*

Passon: *Aufgrund meines derzeitigen Zustands.*

Schacht: *Ja, ja.*

Passon: *Ich sage Ihnen ehrlich, ganz ehrlich, Herr Schacht, verwerten Sie es aber nicht, Sie könnten das ja: Ich habe zur Zeit derartige Depressionen …*

Schacht: *Ja. Das stand auch drauf.*

Passon: *… derartige Depressionen, dass ich mich manchmal frage, setzt du dich ins Auto, gibst dem Auto 120 und haust gegen die Brücke.*

Schacht: *Ja?*

Passon: *Das ist die innere Unausgeglichenheit, ich will nicht sagen Schuld. Das ist schwer, alles so richtig einzuordnen. Aber das sind die Depressionen, die ich habe, die begonnen haben schon vor etwa sieben, acht Jahren, die dann auch zu meiner Invalidisierung führten. Ich war einfach auch nicht mehr in der Lage, größere Verfahren durchzuführen. Ich habe mein, ich habe als, und das ist das, was ich heute am meisten bald nicht mehr verstehe – Sie können ein bisschen Lateinisch? Culpa, culpa, die Schuld –, wievielmal ich Mea culpa, mea culpa, mea maxima culpa! gesagt habe, ist kaum manchmal zu beschreiben. Vor allen Dingen, wenn ich in der Kirche war.*

Schacht: *Können Sie sich denn an den Prozess gegen mich noch erinnern?*

Passon: *Wissen Sie, siebzehn Jahre ist das her. Ich kann mich noch etwas erinnern, weil es der einzige Prozess war dieser Art, den ich geführt habe. 106 damals, glaube ich, nicht wahr?*

Schacht: *106, ja.*

Passon: *Ich habe ja im Prinzip, wissen Sie, mein ganzes Leben Mordprozesse geführt. Tötungsdelikte, Tötungsdelikte.*

Schacht: *Ich war in Brandenburg anschließend, das wissen Sie?!*

Passon: *Nein, ich weiß da gar nichts mehr.*

Schacht: *Und da hab ich Mörder …*

Passon: *Darf ich Ihnen einen Kaffee vorsetzen?*

Schacht: *Ich hab, danke. Ich hab gerade getrunken.*

Passon: *Ich mach Ihnen gerne einen.*

Schacht: *Ich glaub Ihnen das. Ich bin tatsächlich abgefüllt. Ich kenne Mörder. Aus Brandenburg. Also, wollen Sie jetzt sagen, dass das der einzige …*

Passon: *Nein!*

Schacht: *… politische Prozess war, den Sie geführt haben?*

Passon: *Wissen Sie, jetzt kommt's drauf an: der politische Prozess, der in eine solche Richtung gelaufen ist.*

Schacht: *Wer hat … Wissen Sie, was mich interessiert?*

Passon: *Ich wär auch gern bereit, ich könnte Ihnen Sachen sagen, aufgrund meiner vierzigjährigen Tätigkeit in der Justiz …*

Schacht: *Das glaube ich gerne.*

Passon: *Unter uns: Ich bin seit dem vierzehnten Lebensjahr in der Justiz tätig.*

Schacht: *Ja?*

Passon: *Seit dem vierzehnten Lebensjahr! Ich hab beim Rechtsanwalt gelernt. Aber das bleibt mal bloß jetzt hier unter uns.*

Schacht: *Ja.*

Passon: *Im vierzehnten Lebensjahr. Beim Rechtsanwalt gelernt. Bei einem blinden Rechtsanwalt. War dadurch in der Lage, überall mitzuwirken. Das war natürlich die unselige Zeit des Faschismus, nicht wahr.*

Schacht: *Welches Jahr war das? Also ungefähr?*

Passon: *Wann ich angefangen hab?*

Schacht: *Ja, ja.*

Passon: *Na, so 38.*

Schacht: *Ach, 38, ja?!*

Passon: *37, 38 hab ich da angefangen, bis zu meiner Einberufung.*

Schacht: *Als Rechtsanwaltsgehilfe? Oder wie sagt man?*

Passon: *Na, ja, so Gehilfe, Bürovorsteher. Aber dadurch, dass ich bei einem blinden Rechtsanwalt war, war ich in der Lage, alles, alles mitzuerleben. Unmittelbar. Auch im Gericht, was andere nicht hatten, weil ich immer neben ihm saß, und hab mir natürlich auch viele Rechtskenntnisse dadurch angeeignet. Es musste ihm alles vorgelesen werden. Ob das nun die Gesetzbücher waren, und hab so natürlich auch eine gewisse Liebe zur Justiz entwickelt. Justiz in der Richtung, dass es natürlich nicht immer einfach ist, Normen auszulegen, Kausalketten zu knüpfen, nach links und nach rechts abzuwägen, und ... und ... und ...*

Schacht: *Wissen Sie, was mich noch ...*

Passon: *Ja, das will ich Ihnen wohl sagen ...*

Schacht: *Nee, mich interessiert ...*

Passon: *Entschuldigen Sie, wenn ich, jetzt noch mal ... Wenn Sie aber so wie ich etwa an die dreihundert Mordprozesse geführt hätten, die alle grausam sind, grausam, wie man sich das nicht vorstellen kann ...*

Schacht: *Ja, dann muss Ihnen doch aber besonders ...*

Passon: *... nagt das am Innersten und macht den Menschen auch kaputt.*

Schacht: *Das ist richtig, aber dann muss Ihnen doch besonders deutlich geworden sein, in meinem Fall zum Beispiel ...*

Passon: *Ja?*

Schacht: *... dass so was eigentlich nicht geht. Denn ich meine, ich war ja schwer zu vergleichen mit den Fällen, von denen Sie jetzt reden.*

Passon: *Ja, ja, das ist richtig.*

Schacht: *Ich meine, wer hat Ihnen letztendlich diese sieben Jahre, die der Löwenstein beantragt hat ...*

Passon: *Ja?*

Schacht: *... wer hat Ihnen letztendlich klargemacht, dass Sie das,* *oder verbindlich gemacht, dass Sie das zu tun und nichts anderes zu machen haben? Wer hat Ihnen sozusagen so weit ...*

Passon: *Ja?*

Schacht: *... Ihr Mitleidsvermögen genommen?*

Passon: *Ja.*

Schacht: *Sie haben ja den jungen Mann da vor sich gesehen, den Zweiundzwanzigjährigen, von dem Sie genau wissen konnten, wenn Sie ein Rechtsempfinden haben ...*

Passon: *Ja?*

Schacht: *... dass er nichts verbrochen hat.*

Passon: *Ja, ja.*

Schacht: *Wer hat Ihnen sozusagen so weit die Seele zerstört oder das Mitleid, dass Sie das trotzdem gemacht haben? Das interessiert mich die ganzen Jahre.*

Passon: *Ja. Ja, ja. Sehen Sie, das ist natürlich eine Frage, die kompliziert zu entscheiden ist.*

Schacht: *Ja, sicher.*

Passon: *Und ich will Ihnen sagen, ich hatte es angedeutet gehabt, im Prinzip war es ja so ...*

Schacht: *Sie waren auch im Ton ...*

Passon: *Der Richter.*

Schacht: *Sie waren auch im Ton nicht sehr freundlich. Man kann ja auch schon vom Ton her ...*

Passon: *Ja?*

Schacht: *... schon signalisieren, ob man etwas notgedrungen macht, es einen aber eigentlich eher anekelt, oder haben Sie aus Angst, dass es dieses Gefühl gibt ...*

Passon: *Wissen Sie, ich will Ihnen ...*

Schacht: *Oder was ist da passiert bei Ihnen?*

Passon: *Unter uns ...*

Schacht: *Ja.*

Passon: *Wenn ich eine bestimmte Linie nicht eingehalten hätte, wären sofort die entsprechenden Sachen von der Staatsanwaltschaft an die Generalstaatsanwaltschaft und an die Partei gekommen.*

Schacht: *Das ist …*

Passon: *Sofort.*

Schacht: *Das ist uns allen klar, aber …*

Passon: *Sofort.*

Schacht: *Was mich aber auch noch interessiert, inwieweit, rein faktisch, auch das Ministerium für Staatssicherheit an dieser Stelle zugelangt hat, was die Höhe des Urteils betrifft?*

Passon: *Das kann ich Ihnen gar nicht sagen.*

Schacht: *Na, irgendeiner vom Staatssicherheitsdienst hat doch mit Ihnen Kontakt gehabt?!*

Passon: *Nein. Haben wir gar nicht. Das war uns mit dem Ministerium strikt untersagt. Unser Kontakt durfte sich nur auf die Staatsanwaltschaft beziehen.*

Schacht: *Also hat der Staatsanwalt Kontakt mit dem Staatssicherheitsdienst gehabt?*

Passon: *Der war der Mann.*

Schacht: *Der Löwenstein also?*

Passon: *Er ist ja der Vorgesetzte des Untersuchungsorgans. Wie er der Vorgesetzte des Untersuchungsorgans der Volkspolizei ist, ist er auch der Vorgesetzte des dortigen Untersuchungsorgans. Und zwar absolut. Ich habe nicht eine Auszeichnung bekommen von einer Staatssicherheit, und was es alles so gab, was manche so sagen. Ich hatte mit diesen Leuten nichts zu tun. Nur mit der Staatsanwaltschaft durften wir Kontakt halten.*

Schacht: *Und Löwenstein ist derjenige gewesen, der mit dem fertigen Verurteilungskonzept praktisch angekommen ist, was Sie vollzogen, was Sie bestätigt haben? Im Prinzip?*

Passon: *Ja. Ich glaube, ich hatte es angedeutet gehabt. Jede Anklage …*

Schacht: *Ja?*

Passon: *Ich kann es Ihnen ja heute sagen, nicht?*

Schacht: *Ja, heute kann man es.*

Passon: *Jede Anklage in dieser Sache ist an den Generalstaatsanwalt gegangen, wenn sie fertig war. Und der General …, der Staatsanwalt, hier war's wohl Löwenstein, ja?*

Schacht: *Ja, ja, der Bezirksstaatsanwalt 1a.*

Passon: *Nee, er war ja auf keinen Fall ...*

Schacht: *Oder?*

Passon: *Ja, es ist aber ein Unterschied zwischen 1 und 1a ...*
Wissen Sie, Sie dürfen jetzt nicht eins machen, ich kann
das ja mal sagen, Herr Schacht: 1a sind bei der Staats-
anwaltschaft alle politischen Sachen. Beim Gericht ist 1. Senat
was anderes. Bei Gericht ist 1. Senat alles, was in der 1. In-
stanz läuft. Das sind alle Mordverfahren. Alle schweren Wirt-
schaftsverbrechen. Alle schwersten Eigentumsverbrechen. Alle
Raubüberfälle. Mit unerhörter Auswirkung auf die Bevölke-
rung.

Schacht: *Ja, aber überlegen Sie sich mal, wie unpassend mein*
Fall in dem Zusammenhang ist!

Passon: *Ich will Ihnen mal was sagen ...*

Schacht: *Was haben die Ihnen denn erzählt? Was sitzt da vor*
Ihnen? Was war denn so gefährlich daran?

Passon: *Ja, ja.*

Schacht: *Was war da so gefährlich dran?*

Passon: *Das jetzt nach siebzehn Jahren zu sagen – war es eine ...*
Routine kann man nicht sagen, weil ich das ja vorher nie ge-
macht habe. Es war der erste, der einzige Fall ... Ich möchte
aus tiefstem Herzen, ich sage Ihnen das auch als Katholik, ich
weiß nicht, ob Sie ... Sind Sie Protestant?

Schacht: *Ja.*

Passon: *Ja, sehen Sie.*

Schacht: *Das macht ja nichts.*

Passon: *Ich könnte Ihnen, ich will Ihnen sagen: Ich kann heute*
noch das ganze Staffelgebet der Kirche runterbeten. Ich war
Ministrant gewesen, ich bin ganz streng katholisch erzogen: In
nomine patris et filii et spiritus ...

Schacht: *Wo stammen Sie denn her?*

Passon: *Ich stamme aus Schlesien.*

Schacht: *Aus Schlesien.*

Passon: *Ja. Das ist ja 'ne katholische Gegend.*

Schacht: *Ja, wie haben Sie denn die ganzen Jahre gelebt, bevor Sie das wieder praktizieren konnten?*

Passon: *In einem großen Gewissenskonflikt, indem ich versucht habe, mich aus diesen politischen Sachen herauszuhalten ... Angefangen hab ich ja bei der Justiz beim Zivilrecht. Ich war eben auf Grund meiner früheren ... Darf ich Ihnen eine Zigarette anbieten?*

Schacht: *Danke. Ich rauche nicht.*

Passon: *Ich bin 'n bisschen, ich bin 'n bisschen jetzt erregt. Sie werden's verstehen.*

Schacht: *Rauchen Sie.*

Passon: *Ja?*

Schacht: *Rauchen Sie.*

Passon: *Macht Ihnen nichts aus?*

Schacht: *Nein, nein. Macht mir nichts aus. Rauchen Sie ruhig eine Zigarette, wenn Sie das beruhigt.*

Passon: *Ja, ja, es beruhigt. Sie werden's verstehen?*

Schacht: *Ja, ich hab immer Verständnis. Ich war immer human.*

Passon: *Ja, ja.*

Schacht: *Deswegen stand ich ja auch vor Gericht.*

Passon: *Wissen Sie, wenn man das heute alles betrachtet, dann kann man Ihnen nur gratulieren, und das freut mich. Dass ich einen Menschen vor mir habe, der diesen Weg gemacht hat und der diese Wende herbeigeführt hat. Oder für diese Wende gekämpft hat. Schon zu einer Zeit sich eingesetzt hat, wo kein Mensch daran dachte. Denn diese Wende, die wir uns gedacht haben, sollte ja anders verlaufen, ja? Da wollen wir uns doch nichts vormachen, die sollte ja in einem humanen Weg der Opposition auch – Sie werden kaum einen Verantwortlichen finden, der nicht sagt, man hätte eine Opposition bei uns haben sollen! Nicht wahr, gerade, um eben das, was sich jetzt so gezeigt hat, auch verwirklichen zu können ... Jetzt hab ich bald den Faden verloren ...*

Schacht: *Das macht nichts.*

Passon: *Ach so, ich wollte Ihnen noch was sagen: Dieser kleine*

Zettel. *Ich musste ins Krankenhaus, ich hatte einen schweren Herzanfall gehabt. Ich sage Ihnen auch, das hängt alles mit dieser Sache jetzt zusammen, mit der Aufrollung. Das hat mich so fertiggemacht, dass ich nervlich zusammengebrochen bin. Ich hatte eine schwere Herzattacke, und eine Nichte von mir ist begleitende Ärztin in Magdeburg, die sagt, los komm gleich rein, wir werden dich hochpäppeln wieder. Und da war ich vierzehn Tage, hab ich dort gelegen, und dann ging es mir auch wieder verhältnismäßig besser. Das war an sich der Ausgangspunkt. Und dann hatte man mir gesagt, man möchte doch mal wissen, wie ich heute dazu stehe. Und das war der Anlass, dass der Kollege Ibendorf mit Ihnen oder einem Verantwortlichen von Ihrem Fernsehteam sprechen sollte, und in dem Zusammenhang hab ich diesen kleinen Zettel nur fertig gemacht, und dann sage ich, das sind meine Gedanken, die ich heute habe. Das sind meine, die also nicht etwa zur Übergabe an Sie oder zur Übergabe an diesen Herrn vom Fernsehen gedacht waren, sondern das waren die Gedanken, die er vorlesen sollte. Ich hatte sie vorher mit ihm besprochen, damit sie nicht untergehen, ja? So hat sich das also zugetragen. Herr Schacht, ich würde Sie herzlich bitten, wenn Sie meine Entschuldigung, meine ganz tiefe Entschuldigung, aus tiefstem Herzen und Überzeugung, entgegennehmen würden. Wie Sie das werten, das ist ja Ihre Sache, aber es kommt aus meinem tiefsten Herzen, wissen Sie, und ich habe mich in der letzten Zeit auch sehr gebildet. Ich habe auf diesem Zettel ja auch noch geschrieben, dass ich mit großem Interesse, nein, nicht bloß mit Interesse, sondern ein Jurist liest ja anders wie ein normaler Bürger, dieses Buch »Der vormundschaftliche Staat« ...*

Schacht: *Kenn ich.*

Passon: *Sehen Sie, dieser Mann, dieser Rechtsanwalt, war ja auch bis vergangenes Jahr Vorsitzender des Rechtsanwaltskollegs, hat sogar die Parteihochschule besucht. Nun könnten Sie mir sagen, ich bin ein Wendehals, das könnten Sie! Man* kann, ich möcht's, ich sage, ich bin kein Wendehals. Ich habe in den letzten Jahren, insbesondere in der letzten Zeit, viele neue Einsichten gewonnen, die mir Zusammenhänge klargemacht haben, dass ich sage und bedaure, wie konnte ich einem solchen Staat, insbesondere einer solchen Partei dienen? Ich war auch Mitglied der Partei, obwohl ich, wie gesagt, streng katholisch erzogen war. Aber das sind andere Ursachen. Ich bin in der Kriegsgefangenschaft gewesen, bis 1949. Wenn Sie das interessiert. Vielleicht als Schriftsteller so'n bisschen, in einer Kriegsgefangenschaft, die bitter war, so muss ich sagen. Ich hab auch gesehen, wie die Menschen dort hingerafft worden sind ...

Schacht: *Warum machen einen solche Erfahrungen am eigenen Leibe, negative Erfahrungen, warum machen die einen eigentlich nicht menschlicher?*

Passon: *Ja.*

Schacht: *Warum sind Sie nicht in der Lage gewesen, gerade aus der Erfahrung mit dem Dritten Reich eine Schlussfolgerung zu ziehen, sozusagen für wirklich gerechtere Verhältnisse einzutreten?*

Passon: *Ja.*

Schacht: *Das Christliche ist doch bestimmt eine Grundlage dafür. Heute überleben Sie damit, sagen Sie.*

Passon: *Ja, jawohl.*

Schacht: *Aber warum geht das auf einmal?*

Passon: *Ja.*

Schacht: *Warum rutschte das damals wieder ab?*

Passon: *Ja. Ob es überzeugt, ist eine andere Frage ... Sie haben sich rechtzeitig mit diesen Fragen beschäftigt, nicht wahr, und sind zu Ihren Einsichten gekommen. Zu Ihren Einsichten, die Sie zum Handeln gebracht haben.*

Schacht: *Und dann kam ich vor Gericht.*

Passon: *Das ist ja ganz logisch.*

Schacht: *Und dann kam ich zum Staatssicherheitsdienst, und dann kam ich vor Gericht, und dann haben wir uns getroffen.*

Passon: *Ja.*

Schacht: *Sehen Sie. Und nun sitzen wir heute hier und unterhalten uns über diese Geschichte, die wahrscheinlich nie gelöst werden kann.*

Passon: *Ich bin mir darüber natürlich im Klaren, man kann die Geschichte nicht zurückdrehen.*

Schacht: *Erstens.*

Passon: *Nicht wahr? Also das kann man nicht, das ist unausweichlich. Was man machen kann, ist die Frage: Was kann man tun? Ich kann Ihnen nur eins sagen: Ich habe das bitter, bitter bereut. Aus meiner kirchlichen Einstellung heraus, ich will Ihnen ja hier keine Beichte ... Sie sind ja nicht mein Beichtvater.*

Schacht: *Ich hab zwar mal Theologie studiert ...*

Passon: *Ja, nur ich ...*

Schacht: *Aber wissen Sie, das Bedauern, wenn einer Ihnen das sagt, als Christenmensch muss man ihm das abnehmen. Das ist das eine. Das Zweite ist natürlich ...*

Passon: *Was kann ich tun?*

Schacht: *Ja. Wie sieht die tätige Reue aus?*

Passon: *Die tätige Reue. Ja, sehen Sie, Sie gehen jetzt direkt mal aufs Strafgesetzbuch ein, nicht wahr?*

Schacht: *Na, ja, sagen wir mal: nicht aufs Strafgesetzbuch, aber ...*

Passon: *Na, ja, weil es die tätige Reue da gibt.*

Schacht: *Bleiben wir beim Christentum, das reicht ja aus. Auch da gibt es so was wie eine tätige Reue.*

Passon: *Eine, ja, nun, die, die sieht so aus, nicht wahr, dass man dann, also ...*

Schacht: *Also mit 'n paar Gebeten und mit 'n paar Ave Marias ist das nicht abgetan. Ich frage Sie das.*

Passon: *Nein. Nein, ist es nicht abgetan. Es geht darum, dass ich, insbesondere mein Handeln, meine letzten Lebensjahre, die ich habe ... Ich hab ja nicht mehr lange zu leben, nicht wahr. Ich weiß, das hat man mir gesagt, sehen Sie, ich spritze* als Diabetiker drei Mal am Tag. Ich habe auch eine schwere Angina Pectoris, Sie haben's vielleicht gelesen, ja?

Schacht: *Stand da drauf.*

Passon: *Das sind alles Auswirkungen auf eine innere, das hat man mir gesagt, Zerrissenheit, die in mir drin war. Wenn Sie wissen wollen, wie ich als Richter war, kann ich Ihnen nur sagen, sprechen Sie mit einem Herrn Dr. Keyserling. Das ist der Chefpsychologe und Gerichtspsychiater, mit dem ich alle diese ganzen Prozesse geführt habe. Und weil Sie sagen, ich war nicht sehr human oder …*

Schacht: *Ja.*

Passon: *… nicht im Wort, nicht im …*

Schacht: *… im Gestus, im Ton, leider nicht …*

Passon: *Wissen Sie …*

Schacht: *… leider nicht. Ich kann das nicht bestätigen.*

Passon: *Vielleicht haben Sie das so empfunden, nicht wahr. Ich weiß bloß eins, dass man mir von allen Seiten immer eins sagte: Wie ist es möglich, dass Sie bei all diesen komplizierten Sachen, schwersten Verbrechen, wie es sie überhaupt gibt, diese Ruhe an den Tag legen konnten?*

Schacht: *Vielleicht konnten Sie mit Mördern einfach besser umgehen als mit unschuldigen Opfern des Systems?*

Passon: *Also ich möchte das nicht, ich möchte …*

Schacht: *Ich weiß es ja nicht. Weil die Sache klarer war?*

Passon: *Na, die Sachen sind ja nicht klarer.*

Schacht: *Na, ich meine von der Schuld her gesehen.*

Passon: *Nein, wissen Sie, die Schuld ist ja eine ganz andere Art der Schuld, nicht wahr. Dort stand ja von Anfang an die Frage, gehst du an die Todesstrafe ran, gehst du an lebenslänglich ran, gehst du an 15 Jahre ran?*

Schacht: *Haben Sie denn mal einen zum Tode verurteilt?*

Passon: *Nicht einen Einzigen, nicht einen Einzigen.*

Schacht: *Keinen zum Tode verurteilt?*

Passon: *Nein, um Gottes willen, nicht wahr?!*

Schacht: *Das war ja möglich.*

Passon: *Objektiv ja, aber subjektiv hab ich's nie gemacht. Brauchte ich es, Gott sei Dank, nicht machen. Obwohl ich auch Doppelmörder gehabt hab, nicht wahr. Und, wenn Sie das als Schriftsteller interessiert, ich könnt Ihnen Sachen erzählen. Ich bin auch bereit, dass wir uns mal irgendwo treffen und ich, vielleicht mal außerhalb, Sachen zu Kenntnis bringe, die Sie wahrscheinlich nie gehört haben. Ich habe mich auch nie als ein unabhängiger Richter gegeben.*

Schacht: *Das war ja auch gar nicht die offizielle Definition dessen, was ein Richter zu sein hat.*

Passon: *Man hatte es versucht, nicht wahr, um nach draußen hin als demokratischer Staat zu erscheinen, diese These zu vertreten.*

Schacht: *Na, ja, aber wenn man die Rechtsliteratur genau gelesen hat, die sogenannte rechtsphilosophische Literatur, dann war das schon sehr schnell klar.*

Passon: *Der Staatsanwalt ist, kann man so sagen, die Kupplungsstelle, die Weiche gewesen: zur Bezirksleitung, zur Generalstaatsanwaltschaft, und dann ging es oben weiter. Der kleine Richter hier unten war, und das ist das Bedauerlichste, was ich hier und heute so sage, wir, wir in meinem Alter, sind eine belogene und betrogene Generation. Eine Generation belogen und betrogen von der Führung. Im Nazismus belogen und betrogen und von der SED-Führung, von der Staatsführung, belogen und betrogen, für Handlungen eingesetzt, die eben mit Demokratie im Gegenteil nischt zu tun haben. Sondern wo man den Justizapparat nur als Mittel zum Zweck, und zwar zur Unterdrückung anderer Meinungen, eingesetzt hat.*

Schacht: *Das tröstet mich natürlich wenig in meinem Fall.*

Passon: *Ja, das glaub ich wohl, Herr Schacht. Nehmen Sie bitte aus tiefstem Herzen, nicht als Jurist, das kann ich nicht, als Christ, meine aus tiefstem Herzen kommende Entschuldigung an. Ich kann nichts zurückdrehen, ich freue mich, wenn Sie's tun. Was ich tun kann, mach ich. Aber wissen Sie, ich sage*

Ihnen auch eins, aufgrund der Depressionen, die ich habe, habe ich Angst, habe ich eine unheimliche Angst.

Schacht: *Wovor?*

Passon: *Angst vor der hier bei uns in der DDR bestehenden Aggressivität. Es sind nicht die Intelligenten.*

Schacht: *Haben Sie Angst, dass Sie aufgehängt werden?*

Passon: *Nicht gehängt.*

Schacht: *Aber?*

Passon: *Nicht gelyncht.*

Schacht: *Aber?*

Passon: *Aber geschlagen, zerstört.*

Schacht: *Dass Sie vor Gericht kommen?*

Passon: *Vorm Gericht hab ich keine Angst, nein. Aber in dieser Richtung habe ich Ängste, die gehen so weit, bis zum Suizid.*

Schacht: *Haben Sie Ängste vor den Opfern?*

Passon: *Nein, nicht vor den Opfern. Wissen Sie, vor dem Opfer, so wie Sie es jetzt sind – Sie sind ein intelligenter Mensch. Die Aggressivität, die hier bei uns ist, wo Wohnungen eingeschlagen werden, wo, ich kann Ihnen sagen, ich hab auch schon Telefonanrufe bekommen, mit Morddrohungen.*

Schacht: *Ja?*

Passon: *Ja. Es kommt drauf an, wer sie macht. Sind das primitive Menschen? Und meistens, jedes System hat sich immer die Primitivsten genommen. Das war im Faschismus so, die SA und die SS, die alles gemacht hat, ja. Und das ist die Angst.*

Schacht: *Das war im Kommunismus auch nicht anders.*

Passon: *Bitte?*

Schacht: *Das war im Kommunismus auch nicht anders.*

Passon: *Das war im Kommunismus, na, ja, aber ich möchte jetzt mal sagen, mit der nach außen …*

Schacht: *Ja, in den siebziger, in den achtziger Jahren vielleicht nicht mehr. Aber gucken Sie mal in die fünfziger Jahre, in die vierziger, wenn ich da nur an die Honecker-Brigaden denke, die haben auch ganz schöne Dinger abgezogen.*

Passon: *Gab es.*

Schacht: *Und die Auslese an der Spitze war ja selber ein Ausbund an Primitivität.*

Passon: *Ja, bin ich mit Ihnen heute einverstanden. Aber ich will Ihnen damit bloß sagen, ich war nicht der, wie soll man sagen, SED- oder, wie man sagt, Terror-Richter.*

Schacht: *Aber Sie müssen damit leben, dass ich Sie so empfunden habe. Und dass Sie so gewirkt haben. Und dass Sie sich aus dieser Sicht an diesem Tag möglicherweise sogar gegen Ihre eigene Würde vergangen haben.*

Passon: *Ja, wissen Sie, es ist natürlich jetzt nach siebzehn, achtzehn Jahren ...*

Schacht: *Sie haben viele Prozesse mit anderen Menschen gehabt. Ich hab nur einen gehabt mit Ihnen. Meine Bilder sind scharf, ganz scharf. Ich hatte Zeit ...*

Passon: *Ist verständlich.*

Schacht: *... ich hatte Zeit in Brandenburg, fast vier Jahre, um mir diese Bilder einzuprägen.*

Passon: *Ja.*

Schacht: *Jede Szene.*

Passon: *Ja.*

Schacht: *Jeden Moment. Von Ihnen. Von Löwenstein. Von den Schöffen, Hübner und Gebhard. Das waren die Schöffen damals. Hab ich mir genau gemerkt.*

Passon: *Ja, ich weiß, ja.*

Schacht: *Die immer rumgeschlafen haben und nur einmal aufgewacht sind.*

Passon: *Also, ich, ich glaub's nicht, wissen Sie.*

Schacht: *Die nicht dabei waren, mein ich, im übertragenen Sinne.*

Passon: *Das weiß ich nicht mehr im Moment.*

Schacht: *Das wissen Sie nicht mehr, natürlich nicht. Aber ich weiß es, ich will nur sagen ...*

Passon: *Ich weiß nur, einer vom Rundfunk, glaube ich, war da als Zeuge.*

Schacht: *Nee, vom Rundfunk nicht. Nee, nee, nee. Der Saal war voll, auf der einen Seite mit Leuten vom Staatssicherheits-dienst, Vertretern vom Rat des Bezirks ...*

Passon: *Also, das weiß ich alles nicht mehr.*

Schacht: *Sehen Sie, das wissen Sie alles nicht mehr.*

Passon: *Nein, nein.*

Schacht: *Nein, nein! Gut. Ich will Ihnen nur sagen, ich hab die Bilder präzise in Erinnerung.*

Passon: *Ja, ja, das glaub ich.*

Schacht: *Logisch.*

Passon: *Ja, ja, das ist mir auch klar.*

Schacht: *Ich muss los! Ich muss Ihnen, das hab ich Ihnen schon vorhin gesagt, ich muss Ihnen das abnehmen, dass Sie das mir gegenüber bereuen. Ich kann da nicht reingucken bei Ihnen. Mit der Schuld, die Sie da auf sich geladen haben, müssen Sie selber fertigwerden. Wenn Sie einen Bezug zur Kirche haben, dann wird Ihnen das leichter gemacht. Wenn Ihnen das wieder etwas bedeutet. Als Christenmensch bin ich verpflichtet, wenn ich die Sache ernst nehme, Ihnen zu vergeben. Als politischer Mensch passe ich auf, dass Menschen wie Sie und andere nie wieder in solche Machtpositionen kommen können.*

Passon: *In die komme ich sowieso nicht. Wissen Sie, ich war einer der ersten, die sofort die Partei verlassen hatten. Nun kann man sagen, sehr spät, nicht wahr. Ja. Aber ich habe gesagt, nachdem man immer mehr Einsichten gewonnen hatte und man merkte, dass tatsächlich soviel Unrecht sich angesammelt hatte, sein eigenes hat man ja gar nicht wahrgenommen ... Eine letzte Bitte, die ich äußern darf: Tun Sie meinen Namen nicht erwähnen in dem Prozess, und ich möchte nicht, dass Bilder von mir kommen.*

Schacht: *Das entscheide ich nicht. Das kann ich nicht sagen.*

Passon: *Sie haben doch Einfluss darauf. Wissen Sie, was dann kommen würde, aufgrund meiner Depression? Ich weiß nicht, was ich mach ...*

Schacht: *Stehen Sie zu dem Bild!*

Passon: *Wie bitte?*

Schacht: *Stehen Sie zu dem Bild von sich, das ist tapferer, das ist konsequenter, als wenn Sie flüchten! Stehen Sie dazu.*

Passon: *Ja, Sie sagen das so, ich hab Ihnen ja gesagt, warum.*

Schacht: *Vor den anderen brauchen Sie keine Angst zu haben. Das sag ich Ihnen. Es tut Ihnen keiner was.*

Passon: *Na, das wissen Sie nicht.*

Schacht: *Doch, doch, glauben Sie mir das. Stehen, stehen Sie zu dem Bild, und dann …*

Passon: *Ja?*

Schacht: *… dann ist das ein erster Schritt. Wenn Sie was für mich tun wollen, dann stehen Sie zu dem Bild.*

Passon: *Ich, ich, was ich machen kann, mach ich gern, Herr Schacht.*

Schacht: *Das ist ein ganz kleiner Dienst, den kann ich verlangen, glaube ich.*

Passon: *Ich, ich …*

Schacht: *Ja?*

Passon: *… wäre auch der Letzte, der vor der Kamera Ihnen nicht die Hand gibt und Sie öffentlich …*

Schacht: *Wir haben's ja gemacht. Das reicht aus.*

Passon: *Ja?*

Schacht: *Es muss nicht demonstriert werden.*

Passon: *Ja, ja, ich sage es Ihnen bloß.*

Schacht: *Leben Sie in Frieden.*

Passon: *Ich wünsche Ihnen …*

Schacht: *Leben Sie in Frieden.*

Passon: *… alles, alles, alles erdenkbar Schöne und Gute.*

Ein gutes Jahrzehnt später nach dem Prozess gegen mich, unter dem Vorsitz dieses Mannes, am 31. März 1984, zog ich mit unserem Vater erneut in die Schlacht. Sie fand im westlichsten Westen Deutschlands statt, in Saarbrücken, und sie war eine Schlacht zwischen deutschen Schriftstellern aus allen Teilen des damals noch gespaltenen Landes, vordergründig ging es um die Mutation eines bestimmten Artikels in einen unbestimmten in einem Brief des Vorstandes jenes Schriftstellerverbandes, dem wir zu jener Zeit noch alle angehörten, an den polnischen General Jaruzelski, der seit 1981 Militärdiktator Polens war. Eine Schlacht, die nicht so absurd war, wie sie zu sein schien, aber für Menschen im Osten, Menschen wie euch, Slavik, hätte sie vollkommen absurd ausgesehen, hättet ihr zu jener Zeit davon gewusst, denn ihr hättet nicht geglaubt, dass es im Westen zahlreiche Intellektuelle gab, Schriftsteller vor allem, die unentwegt Gründe fanden, den unaufhebbar kriminellen Charakter der kommunistischen Diktaturen im Osten zu übersehen oder zu relativieren oder sogar frech zu behaupten, wie die Mitarbeiter des »Wahrheitsministeriums« im Roman »1984« von George Orwell, der damit brandaktuell im doppelten Sinne war, in diesen Staaten herrschten wahrer Menschheitsfortschritt, wahre Freiheit, wahre Friedensliebe. Dabei konnte man im symbolträchtigen Jahr 1984 nun wirklich alles wissen über jene Staaten, ihre Legitimationsideologie und Herrschaftspraxis, deren Nutznießer und Funktionäre sich auf den Petersburger Staatsstreich vom Oktober 1917 und seinen Anführer Wladimir Iljitsch Lenin beriefen wie auf einen bluttriefenden Christus: Jahrzehnte nach dem 17. Juni 1953 und seinem Ende mit Schüssen aus Maschinenpistolen, Maschinengewehren, Panzerkanonen und der Guillotine zu Dresden, nach der mörderischen Vernichtung eines um seine Freiheit kämpfenden Ungarn 1956, nach der gewaltsamen Zerschlagung des so geistreichen wie friedvollen »Prager Frühlings« 1968 und dem Militärputsch gegen die zutiefst christlich inspirierte polnische Gewerkschaftsbewegung »Solidarność« 1981, nach Solschenizyns »Archipel Gulag«, Nadeshda Mandelstams »Jahrhundert der Wölfe«, den Büchern von Weissberg-Cybulski, Peter Jakir, Wenjamin Kawerin über den stalinschen Massenterror und zahllosen anderen Zeugnissen und Dokumenten. Es war deshalb schlicht unerträglich, Mitglied einer Organisation zu sein, in der sich zahlreiche Leugner und Verharmloser dieser geschichtsnotorischen Schreckensherrschaft nicht nur einfach tummelten, sie gaben plötzlich geradezu den Ton an, und eben das war es, was das Fass zum Überlaufen brachte, aus der scheinbaren Petitesse eines unbestimmten Artikels in einem Brief eine organisationspolitische Sprengbombe werden ließ. Schlau, wie sie zu sein glaubte, hatte die Fraktion der Verharmloser um den Verbandsvorsitzenden Bernt Engelmann den polnischen Diktator nicht etwa um die Wiederzulassung des von ihm verbotenen polnischen Schriftstellerverbandes gebeten, des einzig legitimen also, sondern lediglich um die Zulassung eines neuen. Dagegen hatte der Militärdiktator mit Präsidententitel natürlich nichts, wohl aber die polnischen Schriftsteller selber, wie auch wir, ihre Verteidiger im westdeutschen Verband deutscher Schriftsteller, im Unterschied zu all jenen in der Organisation und an ihrer Spitze, die dabei waren, ihren aus unserer Sicht doppelmoralischen Frieden mit den parteigelenkten Autorenverbänden des Ostens, insbesondere der SED-Diktatur zu machen, die Schriftsteller wie ich nach wie vor kompromisslos ablehnten. Das war im Frühjahr 1984 die Situation, und das heißt: Die Situation in Saarbrücken, wo der Kongress zwischen dem 30. März und dem 1. April tanzte, war politisch so aufgeheizt wie nie zuvor, der Verband ideologisch zutiefst gespalten, aber zu unserer Fraktion mit Autoren wie Erich Loest und Jürgen Fuchs, die ebenfalls wie ich in der SED-Diktatur im Gefängnis gewesen waren, gehörten die berühmtesten Schriftstellerköpfe des Landes, und sie waren eindrucksvoll präsent in dieser Schlacht: Heinrich Böll, Siegfried Lenz, Günter Grass. Mit Leib und Seele und starken Reden und Widerreden. Und einer der Redner, der zu ihrer Fraktion gehörte, war eben auch ich, und in meiner Rede an jenem 31. März 1984 in dem mit Delegierten und Gästen vollbesetzten Saal, vor Fernsehkameras, Rundfunkmikrophonen und zahlreichen Zeitungsjournalisten aus dem In- und Ausland, sprach ich auch über unseren Vater, über meine Mutter und ihr gemeinsames Schicksal, so wie es sich mir damals noch darstellte. Tiefeninspiriert war diese kurze Rede von einem Satz Adornos, jenes so verehrten wie gehassten deutschen Philosophen der Nachkriegszeit, dessen zugespitzte Sätze oft unerträglich sind, aber meist *notwendig im Sinne des Wortes*, wie eben auch dieser, auf den ich mich zwar nicht berief, von dem ich mich aber ungemein legitimiert fühlte: »Das Bedürfnis, Leiden beredt werden zu lassen, ist Bedingung aller Wahrheit.«

Liebe Kolleginnen und Kollegen,

... ich will nicht die endlose Kette bekannter historischer Daten aufzählen, die jeder verantwortungsbewusste deutsche Schriftsteller und Gewerkschafter nicht nur kennen kann, sondern auch kennen muss: die abstrakten Daten für konkrete politische Verbrechen in den Staaten der Welt, die sich kommunistisch oder volksdemokratisch nennen. Ich möchte statt dessen eine ganz kurze Geschichte berichten, die auf den Einzelfall abzielt, der gleichfalls zahllos zu finden ist bis heute und zumindest mein Verhalten bestimmt. Im Jahre 1949 lernte ein junger Offizier der Roten Armee, dessen Eltern und Geschwister bei der Belagerung Leningrads durch die faschistische deutsche Wehrmacht ausnahmslos ums Leben kamen, im mecklenburgischen Wismar, der sowjetischen Besatzungszone, eine junge Frau kennen und lieben. Beide wollten nach längerer Zeit des Zusammenseins für immer zusammenbleiben. Ein Kind war unterwegs. Sie stellten einen Antrag auf Heirat, der mit einer radikalen Ablehnung durch die zuständigen Militärbehörden beantwortet wurde und mit der Abkommandierung des sowjetischen Offiziers in die UdSSR. Angesichts dieser Tatsache entschlossen sich beide Menschen zur Flucht nach Westdeutschland, um dort so zusammenleben zu können, wie sie es wollten. Das Vorhaben wurde verraten. Es folgten Verhaftung und Verurteilung. Die junge Frau erhielt 10 Jahre Arbeitslager, der junge russische Offizier 25. Beide sahen

sich seit diesem Tag nie wieder. Das Kind der jungen Frau wurde von ihr in einem zentralen DDR-Gefängnis, Hoheneck/Sachsen, geboren und ihr nach drei Monaten heimlich weggenommen. Eine Liebe in Deutschland, Teil 2. Diese Frau ist meine Mutter, der russische Offizier mein Vater. Wir haben ihn nie wiedergesehen. So der Beginn meiner Biographie, und man könnte ihn einen Zufall nennen, wenn er nicht in allen seinen Aspekten ein tausendfacher gewesen wäre. Also ein Ausdruck eines Systems. Das ... sind unsere Motive, und Sie sollten das endlich zur Kenntnis nehmen! Denn die Summe unterm Strich beweist, dass gerade die gesellschaftliche Qualität dieser Regime, denen wir entkommen sind, absolut unterm Strich ist. Darum geht es. Zumindest mir ... Es liegt für mich in der Logik dieser meiner Erfahrungen, wenn ich nicht nur den demokratischen Antifaschismus, denn dem Faschismus sind die Angehörigen meines Vaters zum Opfer gefallen, sondern auch den demokratischen Antikommunismus, wie ihn zum Beispiel Kurt Schumacher vertrat, für eine politische Grundtugend des 20. Jahrhunderts halte, eben nicht aus Unkenntnis oder Hysterie, sondern aus ureigenen Erfahrungen, die von Millionen Menschen geteilt werden ... Wenn deutsche Gewerkschafter die Sprache unserer Staatsanwälte in der DDR und Richter sprechen ..., dann widersprechen wir kraft unserer Erfahrungen und verlangen, milde formuliert, Korrektur! Nicht zuletzt deshalb, weil wir den Sinn und Wert von Gewerkschaften für die Stabilität der Demokratie sehr wohl begreifen, und in Deutschland allemal!

Natürlich erhielt ich für diese Rede Applaus, und natürlich nur von der eigenen Fraktion, etwas anderes hatte ich auch gar nicht erwartet. Aber nun war es endlich ausgesprochen, mit entschiedenem Ton und in die größtmögliche Öffentlichkeit hinein: das Schicksal meiner Eltern und damit der Beginn meines Lebens, von dem ich hoffte, und nur darum hatte ich mich entschlossen, es auszubreiten, dass es ein paar der Gegner im Saal sensibler machen könnte, durch eine Art produktiver

Irritation. Empathie durch Schicksalskunde, Reflexion durch Glaubwürdigkeitsbeweis. Zwar war dieses öffentliche Reden über unseren Vater und meine Mutter mit einem nicht ganz unwichtigen Fehler behaftet, der meinem damaligen Kenntnisstand entsprach, aber dadurch wurde es im harten Kern nicht unwahr. Ich wusste ja noch nicht, was ich erst seit vorgestern weiß: dass Wladimir Jegorowitsch, zum Glück, muss ich sagen, *nicht* ins Lager gekommen war, für fünfundzwanzig Jahre, wie es der Vernehmer meiner Mutter gegenüber nach ihrer Verurteilung behauptet hatte, en passant sozusagen und mit einem maliziösen Lächeln. Wollte er sie mit dieser Lüge beruhigen, vielleicht sogar trösten, angesichts ihrer Strafe, die nun plötzlich ziemlich klein wurde? Oder wollte er sie, gerade weil sie so gering bestraft worden war im Rahmen dessen, was seine Terrororganisation sonst an Urteilen zumaß, quälen über den Tag hinaus, indem er ihr die Last ins Bewusstsein pflanzte, den Mann ins Lagerelend nach Sibirien getrieben zu haben, den sie geliebt hatte und von dem sie ein Kind erwartete, durch ihren verwegenen Wunsch, gemeinsam mit ihm in den Westen zu flüchten und dort ein neues Leben aufzubauen? Ich weiß es nicht, und wir werden auch nicht mehr erfahren, ob es sich bei ihm um einen Tröster oder Quäler handelte, aber als der Applaus verklungen war und ich zurückging an meinen Platz, verfolgt von zahlreichen Augenpaaren, die mich entweder musterten wie ein lebendes Fossil oder aber mir verstohlene Blicke voll Verständnis, ja sogar Wärme zukommen ließen, geschah plötzlich etwas vollkommen Unerwartetes: Heinrich Böll, diese moralische Instanz, im Land wie im Raum, auch in Russland ist er ja berühmt und vielleicht auch dir ein Begriff, Slavik, den selbst die Betonköpfe im Saal nicht wagten anzugehen, er hatte bereits eindrucksvoll geredet, stand, scheinbar aus dem Nichts gekommen, vor mir, legte seinen Arm um meine Schulter und zog mich behutsam an sich, um hörbar für die Umstehenden zu sagen: »Und wir bleiben doch Kalte Krieger, lieber Herr

Schacht, nicht wahr?!« Es war, anders kann ich es kaum sagen, ein gewaltiger menschlicher Schutzschild, den er in diesem Moment und mit dieser Geste aus dem Geist offensiver Selbstironie um mich aufrichtete, und fast, auch das muss ich zugeben, wären mir die Tränen gekommen: vor Glück. Denn wenn Böll mir glaubte, sich anrühren ließ vom Beginn meiner Lebensgeschichte, sichtbar für alle, dann hatte kein anderer mehr die Chance, das von mir Gesagte in Zweifel zu ziehen, wenigstens nicht offen. Beim gemeinsamen Abendessen mit ihm, Siegfried Lenz, Günter Grass, Erich Loest, Hans Christoph Buch, Jürgen Fuchs und anderen, die zu unserer Fraktion gehörten, setzte sich für mich diese Geste fort, und noch lange habe ich in der Nacht, wach in meinem Hotelbett liegend, über diese ebenso überraschende wie beglückende Nähe zwischen Böll und mir nachgedacht. Habe Erklärungen gesucht, die nicht nur in seiner allseits bekannten Empfindsamkeit für ungerecht behandelte Menschen begründet lagen, besonders in den neostalinistischen Gesellschaften des Ostens – Alexander Solschenizyn und Lew Kopelew waren vielleicht seine berühmtesten russischen Freunde –, und wurde fündig, weil ich mich plötzlich an eine starke Lektüre wenige Jahre zuvor erinnerte, an das Buch »Europa und die Seele des Ostens«, zu dessen Neuausgabe 1979 Heinrich Böll ein Vorwort geschrieben hatte. Sein Autor, der Jurist Walter Schubart, ein Thüringer, war 1933 vor den National-Sozialisten nach Lettland ausgewichen, wo er Philosophie studierte und Dozent an der Staatsuniversität in Riga wurde. Im Verlaufe der Okkupation des Baltikums durch Stalins Armeen nach dem deutschsowjetischen Pakt, mit dem der Zweite Weltkrieg ausgelöst wurde, Stalin beglückwünschte Hitler ja begeistert zum Sieg über Polen, das sie gemeinsam geschlachtet hatten, ebenso wie zu dem danach über Frankreich, versuchte er, das Land in Richtung Budapest oder Zürich zu verlassen, aber seine Bemühungen scheiterten zuletzt. 1941 schließlich, kurz vor dem deutschen Angriff auf die Sowjetunion, wurde er von der

GPU festgenommen und zusammen mit seiner Frau nach Sibirien deportiert, wo sich bald darauf ihre Spuren verloren. Schubarts Buch war 1938 im Schweizer Vita Nova Verlag erschienen, die erste deutsche Ausgabe kam 1951 bei Neske heraus, dem Verlag, der genau dreißig Jahre später auch mein erstes Buch veröffentlichte, den Gedichtband »Traumgefahr«. Geschenkt hatte mir Schubarts Buch Günther Neske, der Verleger, selber; ich hatte ihm von der Geschichte meiner Mutter mit unserem Vater erzählt: »Das müssen Sie unbedingt lesen, mein Lieber«, sagte er zu mir, als er mir das Buch im grünen Schutzumschlag, darauf schlichte weiße Schriftzüge, mit gespanntem Gesichtsausdruck überreichte: »Dann erfahren Sie mehr über sich und Ihre russische Seele, selbst wenn es nur eine halbe ist!« Gleich danach erzählte er mir, der Jagdflieger im Zweiten Weltkrieg gewesen war, auch an der Ostfront, von einer Begegnung mit einem russischen Piloten in einem höchst prekären Moment hoch oben in den Wolken, da er keine Munition mehr an Bord hatte, um sich gegebenenfalls wehren zu können. Aber der Russe machte keine Anstalten, ihn anzugreifen, und so zogen beide aneinander vorbei, sich gegenseitig mit dem internationalen Fliegergruß ehrend: durch ein Wackeln mit den Flügeln. Er erzählte das so plastisch, dass ich für Sekunden das Bild der elegant aneinander vorbeizischenden Maschinen über dem Frontverlauf vor mir sah, wie sie dem jeweils eigenen Sicherheitsbereich entgegenstrebten, das weiß eingefasste, schwarze Hakenkreuz am Heck hinter sich herziehend, den roten Sowjetstern, und wie sich beide Schreckenssymbole der Epoche im endlosen Himmelsblau jenes Tages verloren. Schubarts Buch, das auch Heinrich Böll so schätzte, war Neske übrigens von Ernst Jünger empfohlen worden, einem berühmten deutschen Schriftsteller und Soldaten, der es schon seit 1943 kannte, weil es in den militärischen Widerstandskreisen zirkulierte, denen er nahestand, in seinem »Zweiten Pariser Tagebuch« hat er daraus mehrfach zitiert. Dass Böll mit diesem Buch nicht weniger

anfangen konnte als sein scheinbarer Antipode im westdeutschen Literaturbetrieb, Ernst Jünger, zeigte mir aber
nur die Fähigkeit Bölls, ideologische Klischees, wenn es darauf ankam, vollkommen zu ignorieren. Von daher ist sein Vorwort in diesem Buch auch nicht zufällig provokativ in alle
politischen wie geistesgeschichtlichen Himmelsrichtungen: es
geißelt den seelenlosen Westen, seinen kalten Rationalitäts-
glauben und Ökonomismus nicht weniger als den massen-
mörderischen Archipel Gulag und das dazugehörige ideologische System wie den vernichtungsbesessenen NS-Rassismus
und seine kolonialistische Blut-und-Boden-Ideologie, und er
identifiziert sich zuletzt ganz klar mit Schubarts Diktum:
»Der Westen hat der Menschheit die durchdachtesten Formen
der Technik, der Staatlichkeit und des Verkehrs geschenkt,
aber er hat ihr die Seele geraubt. Es ist die Aufgabe Russlands,
sie dem Menschen zurückzugeben.« War es das, was mich
an diesem Buch und seinem Vorwort so fasziniert hatte? Weil
es mir auch etwas von mir selbst erklärte, von meiner Ge-
fühlslage vor allem im Westen, den ich doch immer verteidigt
hatte, aber seit meiner Ankunft dort, im November 1976,
diesbezüglich ein stetig wachsendes Defizit verspürte, das
auch einem geographisch reinen Westmenschen wie Böll
offenbar nicht verborgen geblieben war. So war es also logisch, begriff ich in jener Nacht in Saarbrücken, *seelenlogisch*
gewissermaßen, dass er mir selbstverständlich beigesprungen
war, mit einer fast väterlichen Geste, er, der rheinische Katholik – mir, dem norddeutschen Protestanten halbrussischer Ab-
kunft, der dem Alter nach sein Sohn hätte sein können! Um
so betrüblicher war es für mich, nur ein gutes Jahr später hinter seinem Totenschrein hergehen zu müssen, im Sommer
1985, zusammen mit vielen Schriftstellern aus Ost und West,
von denen Günter Grass und Lew Kopelew den Sarg, in dem
der Mann mit dem legendären traurigen Clownsgesicht lag,
verstummt für immer, mittrugen. Die klagende Musik der
dem Trauerzug hingebungsvoll vorantänzelnden Mitglieder

einer Zigeunerkapelle klingt mir noch heute in den Ohren, wenn ich daran denke.

4. April 1999

Noch fünfzig Meter, dachte der Mann. Oder waren es nur noch dreißig? Er hatte kurz aufgeblickt und dabei zum ersten Mal die Gestalt wahrgenommen, auf die sie offenbar schon seit Minuten zugingen: Sie stand, auf der rechten Seite des abschüssigen Weges, an einen dunklen Pfosten geschmiegt, der zu einem Tor gehörte, hinter dem sich ein größeres, grau verputztes Haus erhob. Dazwischen ein Streifen alten Schnees, von einem Drahtzaun zum Weg hin begrenzt. Der Birkensaum war ebenfalls näher gerückt, schon traten einzelne Stämme und Muster deutlicher hervor, auch Tannen nahm er jetzt wahr. Vaters *Datsche*, dachte er. Das also war sie! Aber dann – Slavik hielt ihn instinktiv fester am Arm, weil das Gelände wieder glatter, mürber, rutschiger wurde – zuckte plötzlich ein absurder Gedanke durch seinen Kopf: *Vater?* Dich gibt es doch gar nicht! Jedenfalls nicht in den Papieren, die bei der Befragung von Mutter im Gefängnis, wer der Vater des Kindes sei, das sie gerade geboren hätte, ausgefüllt worden waren. »Weiß ich nicht«, hatte Mutter geantwortet, mit hochrotem Kopf und trotzigem Blick. Und noch einmal: »Weiß ich nicht«, weil nachgefragt wurde. Mochten sie denken, was sie wollten! Mochten sie denken, ein Flittchen vor sich zu haben, das nicht mehr wusste, mit welchem Mann es sich vergnügt hatte, der nun, ohne es zu wissen, Vater geworden war. Nein, sie hatte ihren Grund, dich zu verleugnen in diesem Moment, deinen Namen nicht anzugeben, ums Verrecken nicht, es war ein furchtbarer Grund, und er hatte nichts mit dir persönlich zu tun: Ihr Wissen, dass es vorgekommen war, dass Kinder aus den Beziehungen mit sowjetischen Offizieren nach der Geburt verschwanden, Richtung Russland, für immer. »Kinder des Staates« wurden sie im menschenräuberischen Requirierungsjargon der dafür zuständigen Offiziere des sowjetischen Geheimdienstes genannt. Deshalb kannte sie dich, der du nun nur noch ein paar Dutzend Schritte im Schnee von mir entfernt bist, in jenem dramatischen Moment 1951 auf der Gefängnisburg nicht mehr. Deshalb nahm sie die abschätzigen Blicke von Uniformierten wie Gefangenen auf sich. Und ging trotzdem glücklich in ihre Zelle zurück, wo ich lag: das Russenkind, das nun, amtlich dokumentiert, keines mehr war. Mir hat sie später gesagt: »Ich wusste ja, wer dein Vater war, und dass ich es dir zur rechten Zeit sagen würde, wusste ich auch.« Und sie hat es mir gesagt, früh schon, mit sieben, acht Jahren, sonst würde ich jetzt ja auch nicht auf dich zukommen können, am Arm von Slavik, deines zweiten Sohnes von dreien, die du hast, wie wir alle jetzt wissen, der mich oben, am Dorfrand, bei den fünf Pappeln, abgeholt hat, vom Auto, mit dem wir gekommen sind, was du wohl denkst, jetzt, gerade, wo du uns bestimmt besser siehst als wir dich, weil du uns schon seit Minuten hast kommen sehen? Denkst du an euch und eure Zeit in Wismar? Oder denkst du, wie es für sie war im Gefängnis? Deine Christa, eine Gefangene! Vielleicht fragst du mich ja bald, dann kann ich dir erzählen über jene Schreckensjahre, von denen sie mir berichtet hat, früh schon, sehr früh, all die Geschichten aus tausendundeiner düsteren Nacht, selbst wenn es Tag war, aber auch die Lichtblicke darin hat sie mir nicht verschwiegen, den täglichen Widerstand, den viele dort leisteten, um ihre Würde zu bewahren und die ihrer Kameradinnen, unter Umständen, die ihnen diese Würde nehmen sollten, grundsätzlich, ein für alle Mal ... Dagegen standen ihre Haltungen, Gesten, Solidarisierungen. Manchmal, wie am 31. Oktober 1951, reichte ein nicht vorgesehenes, spontan verabredetes Lied, um zur reinen Gegenmacht zu werden: »Eine feste Burg ist unser Gott!« Gemeinsam gesungen, im Anstaltsgottesdienst, den es immerhin manchmal gab, nach dem Segen und im Stehen, so stark, so intensiv, so unerreichbar für jeden möglichen Befehl, Gegenbefehl, den Saal zu verlassen, der Gottesdienst sei ja zu Ende, dass dem Pfarrer von draußen, aus einem Dorf bei Chemnitz, die Tränen über das Gesicht liefen, die Aufseherinnen aber schlagartig blass wurden, leichenblass, und sich vor Entsetzen abwandten von diesem unheimlichen Gefangenenchor, denn der Gottesdienst war tatsächlich längst zu Ende, und wie unter Schock zu den Fenstern hinausstarrten, hinunter in den Abgrund aus Mauern, Hundelaufkorridoren und Stacheldraht, zu dem sie selbst gehörten, Teil einer ohnmächtigen Macht in diesen Minuten, bis auch die letzte Strophe der Hymne des deutschen Protestantismus verklungen war, die dritte hatten die Frauen mit geradezu elementarer Kraft heraus- und gegen die Wände der Zwingburg geschmettert: »Und wenn die Welt voll Teufel wär / und wollt uns gar verschlingen, / so fürchten wir uns nicht so sehr, / es soll uns doch gelingen. / Der Fürst dieser Welt, / wie sau'r er sich stellt, / tut er uns doch nicht; / das macht, er ist gericht': / ein Wörtlein kann ihn fällen.«

3. Mai 1951

Sie war aufgeregt, schon den ganzen Morgen lang. Der erste Besuch der Mutter stand bevor, für heute, für bald, für gleich. Würde sie wirklich in Stollberg eintreffen? War sie schon da? Zehn Stunden würde sie bestimmt unterwegs gewesen sein. Oder war etwas dazwischengekommen auf der langen Fahrt mit der Bahn zwischen Wismar im äußersten Nordwesten des Landes, am Meer, und Stollberg im Erzgebirge, an der Grenze zu Böhmen? Doch dann, kurz nach zehn Uhr, war es soweit, und wie sie sich darauf vorbereitet hatte: Aus einem weißen Männerhemd hatte sie eine Bluse gezaubert, mit Bommeln vorne dran, die Hose, die sie trug, war bereits am Abend zuvor angefeuchtet, auf Kniff gelegt und unters Laken geschoben worden. Nun konnte man mit den Bügelfalten Brot schneiden, und Erika Renne, die Gute, hatte ihre langen Haare schick frisiert. Auch der zwei Monate alte Sohn war fein angezogen worden, er trug einen weißen Strampler, zusätzlich hatte sie ihn in eine Decke gehüllt, damit er nicht fror, als Frühchen war er ja besonders gefährdet. Abgeholt wurde sie von der »dicken Alma«, einer äußerst korpulenten Hauptwachtmeisterin, die eigentlich Alma Görschel hieß. Sie führte sie ins Verwaltungsgebäude des Gefängnisses und vergatterte sie währenddessen darauf, was sie im Besucherzimmer dürfe und was alles nicht. Verboten war vor allem jeglicher Körperkontakt mit den Angehörigen: keine Umarmung, kein Kuss, nicht einmal ein Händedruck war erlaubt. Verboten war aber auch jedes Wort über den Alltag in der Burg, über Mitgefangene, über Details des eigenen Falles. Was die Hauptwachtmeisterin ihr auf dem Weg zu ihrer Mutter im Befehlston einzutrichtern versucht hatte, wiederholte eine andere Uniformierte, die bei den Gefangenen nur die »Postmeisterin« hieß, noch einmal im Besucherzimmer selbst, wo sie, den Jungen auf dem Arm, an einem Tisch Platz nahm, an dem schon ihre Mutter auf sie wartete. Der Tisch unterbrach zugleich die Trennlinie aus einem hüfthohen Holzgitter, von dem der Raum in zwei Hälften geteilt wurde. Auf dem dritten Stuhl, der sich darin befand, hatte sich die »Postmeisterin« niedergelassen, um das Gespräch ebenfalls zu überwachen und notfalls einzugreifen. Die Hauptwachtmeisterin stand, wie auf dem Sprung, die ganze Zeit über an der Wand. Nach all den Verboten und Auflagen bewegte sich das Gespräch zwischen Mutter und Tochter zunächst in einer Welt aus lauter Banalitäten, die unter den herrschenden Umständen manchmal geradezu absurd wirkten: Mir geht es hier gut, wie geht es euch? Wer ist krank, wer ist gesund? Wie geht es den Kindern? Was machen Schwester und Schwager? Vielleicht geht ja alles schneller zu Ende, als wir jetzt glauben? Die Zukunft kennt keiner! *»Kann ich den Kleinen mal in den Arm nehmen?«* Die spontan geäußerte Bitte der Mutter an die Tochter, das Enkelkind über die Barriere zu reichen, und der Beginn des Versuchs von Seiten der Tochter, der Bitte der Mutter, die zum zweiten Mal

Großmutter geworden war, auf ganz natürliche Weise zu entsprechen, reichten der Hauptwachtmeisterin, um mit einer unglaublich schnellen Körperbewegung und scharfem Ton dazwischenzugehen: Das sei, was sie doch ganz genau wüsste, absolut nicht gestattet! Also auch das war verboten. Wenn es schon verboten war für die Großmutter, das Enkelkind zu berühren, so war es immerhin nicht verboten, über dessen Zukunft zu sprechen, denn am Ort bleiben müssen, bis die Tochter ihn wieder verlassen könnte, würde der Junge ja sicherlich nicht! So kamen Grete und Horst ins Spiel, die potentiellen Pflegeeltern. Damit war sie einverstanden, mit der Idee einer Freigabe zur Adoption allerdings nicht. Pflegeeltern konnten die Kochs werden, nicht mehr, nicht weniger. Bis sie wieder zurück war. »Hättest du einen von uns weggegeben?«, fragte sie über den Tisch. Die Mutter, die geglaubt hatte, dem Adoptionswunsch der Freunde ihrer Tochter angesichts von deren prekärer Lage aus Gründen der reinen Vernunft etwas abgewinnen zu können, ihren klugen Kopf gegen ihr schweres Herz in Stellung bringend, verneinte auf diese Frage denn doch schnell und entschieden. Irgendwann waren sie dann doch in ein halbwegs normales Gespräch gekommen, aber die dreißig Minuten, die ihnen miteinander zu sprechen erlaubt waren, waren da fast schon vorüber. Zuletzt erzählte die Mutter der Tochter das Schlimmste, schnell, geradezu hastig, als sollte nicht so viel hängenbleiben davon, nicht so viel ins Bewusstsein der im Dauerunglück Lebenden vordringen: Die Schwiegereltern von Käte seien mit dem Taxi auf dem Weg zu einer Hochzeit in einen schweren Verkehrsunfall verwickelt worden, der Schwiegervater sei beinahe verblutet. Zwar habe er zum Glück überlebt, weil er sich geistesgegenwärtig seinen Oberschenkel mit dem Schlips abgebunden hätte, aber das zerquetschte Bein hätte man ihm, dem so agilen Schneidermeister Mäker, zuletzt doch amputieren müssen, es sei schrecklich für alle gewesen. Sie sah, während ihre Mutter sich erhob, das abgespannte, übermüdete Gesicht einer Frau in ihrem sechsundfünfzigsten Lebensjahr, die die ganze Nacht lang im Zug gesessen hatte, um anschließend mit einem schweren Rucksack auf dem Rücken den anstrengenden Weg zu bewältigen, der hinaufführte zu jener mächtigen und düsteren Gefängnisburg, die über der erzgebirgischen Kreisstadt Stollberg wie ein verfluchtes Schloss thronte, in dem auch ihre Tochter und der Enkelsohn verschwunden waren. Von den Mitbringseln durften die Lebensmittel zwar bleiben, die Babysachen aber musste sie, mit betrübtem Gesicht, wieder einpacken. Sollte sie die Mutter so ziehen lassen? Niemals! Also wischte sie die Befehle einfach zur Seite, legte ebenso plötzlich wie behutsam das in die Decke gewickelte Kind auf den Tisch, an dem sie sich in der nun mit den allerletzten Zeitkörnern wegrinnenden halben Stunde gegenübergesessen hatten, beugte sich blitzschnell über die rissige und abgenutzte Platte, umarmte die Mutter, küsste sie und ließ den sofortigen, aber dennoch zu spät kommenden Anschnauzer der Hauptwachtmeisterin an sich abprallen wie einen Ball an einer Betonwand. Auf dem Rückweg in ihre Zelle fiel ihr auf, dass der Junge vollkommen still gewesen war, gegen seine bisherige Gewohnheit, die ganze Zeit über. Nicht ein einziges Mal geschrien hatte er, der sonst so unruhig war und nur mit viel Zuspruch und leisem Gesang in den Schlaf fiel. Eigenartig, dachte sie, ob er wohl die Besonderheit der Stunde gespürt hatte? Einige Tage später schrieb sie den fälligen Monatsbrief, dieses Mal an die Familie ihrer Schwester:

Liebe Käte, Fieti + Neina! Heute will ich Euch schreiben, damit Ihr nicht denkt, daß ich Euch vergessen habe. Ich war ja so froh, daß Mutti gekommen ist, aber auch erschüttert, daß soviel Unglück zu Hause war. Das Schlimmste ist, daß ich hier gebunden bin und Euch nicht helfen kann. Hoffe aber, daß es Euch Allen jetzt wieder besser geht. Ist Mutti wieder gut gelandet? Für Pakete besten Dank. Hat alles gut geschmeckt. Käte, wenn ihr mal Salzheringe auftreiben könnt, wäre ich glücklich! Was macht mein

Dorle und Neina? Ich habe Heimweh nach den Kindern, nach Euch Allen. Glaubt mir, diese Zeit hat mich viel gelehrt. Meinem Mücki geht es ganz gut, hat aber Kreislaufstörung und bekommt Spritzen. Trotz allem nimmt er gut zu und wiegt gute 9 Pfd. Ich bin glücklich, daß ich etwas hab, das ich so recht liebhaben kann, und nicht so alleine bin. Wie denkt Margarete über den Jungen? Gebt mir bitte schnell Bescheid, aber nur in Pflege. Nachträglich alles Gute zum Pfingstfest. Wir hatten Kirche. Es war sehr schön und hat uns viel Trost gegeben. Sag Mutti vielen Dank für alles; ich bin so froh, daß ich Euch habe. Nun grüßt alle von mir, besonders Marg. + Horst. An Mutti und mein Dorli-Mädel sowie Euch selbst viele Grüße und auf ein baldiges Wiedersehen. Eure Wendi

4. April 1999

Tschita, dachte der Mann jetzt. Er dachte es, wie alles zuvor, in Richtung seines Vaters, auf den er, noch immer gestützt von Slavik, seinem Halbbruder, auf der schneebedeckten Dorfstraße von Schalikowo zuging: Als Mutter mich, deinen Sohn, den du jetzt zum ersten Mal siehst, zum ersten Mal ihrer Mutter zeigen konnte, im Mai 1951, da lebtest du schon ein halbes Jahr am anderen Ende der Welt, selbst von Moskau aus sind es ja immer noch über sechstausend Kilometer! Seit wenigen Tagen weiß ich das, Vater, aus dem Mund von Oberst Kopalin, er hat es mir vorgelesen, aus eurer Geheimdienstakte, mit dem berühmt-berüchtigten Aufdruck: ХРАНИТЬ ВЕЧНО. – »EWIG AUFBEWAHREN.«, der sich, wie wohl auch du weißt, auf allen Akten dieser Institution befand, in denen so unendlich viele furchtbare Menschenschicksale zu langsam verblassenden Papierseiten wurden. Nach Tschita hätten sie dich versetzt, wegen moralischer Unzuverlässigkeit, fügte er hinzu, so stünde es da, auf einem Extrablatt, er zeigte es mir, unter der Überschrift: *Bescheinigung, gegeben vom Leiter der Sachbearbeitung, Militärabteilung 33473: Leutnant Fedotow,*

156

Wladimir Jegorowitsch, wurde, als moralisch nicht gefestigte Person, in Begleitung eines Offiziers derselben Militärabteilung am 26.10.1950 bis zur Station Brest gebracht und zum weiteren Militärdienst in der Sowjetunion an den zuständigen Militärangehörigen übergeben. Leiter der Untersuchungsabteilung des MGB der Abteilung 44400, Kapitän Unschakow, den 5. November 1950. Und gestern hat mir auch Jurij bestätigt, dass du dort warst, geheiratet hast und Slavik zur Welt gekommen ist. Tschita, das ist ja ein bekannter Ort für Verbannte und Strafversetzte, schon zur Zarenzeit. In einem Buch über die Dekabristen habe ich das einmal gelesen, viele von denen, die in den Aufstand in St. Petersburg verwickelt gewesen waren, sind dort hingeschickt worden, mit Frauen und Kindern, das ist mir in dem Moment wieder eingefallen, als ich den Namen jetzt hörte. Ich habe das Buch noch in Wismar gelesen, vielleicht mit vierzehn, fünfzehn, genau kann ich es nicht mehr erinnern. Ich weiß nur noch, dass es mich tief beeindruckt hat, aber ich habe seinen Titel vergessen, auch den Autor weiß ich nicht mehr. *Du* musstest allein dorthin: die Freundin im fernen Deutschland im Gefängnis, euer Kind in ihrem Leib. Ob du einen Sohn haben würdest oder eine Tochter, dies stand für dich in den Sternen! *Dein* erstes Kind: verloren, bevor es geboren war. Was dachtest du auf diesen Tausenden von Kilometern Eisenbahnfahrt mit der Transsib, damals, als da auch noch Züge in den Gulag rollten, der dir zum Glück erspart blieb, heute ist das ja ein Touristenschlager, die Tour, gelegentlich sieht man im deutschen Fernsehen Filme darüber, es muss, aus dieser Perspektive, ein grandioses Erlebnis sein. Hast du bereut, dass ihr euch begegnet wart? Hat sie dir leidgetan? Hast du sie vermisst? Oder hast du alles schnell vergessen? Das habe ich Jurij gestern auch gefragt, und er, der von deiner Geschichte mit Mutter nicht das Geringste gewusst hat, hat eine ganze Weile überlegt, bis er mir die kluge und schöne Antwort gab: »Vergessen? Ich weiß nicht! Vielleicht nicht?!« Erst 1956 seist du wieder in die entgegengesetzte Richtung gezogen, nach Moskau, wo er dann geboren wurde, erzählte er mir weiter. 1956: Da war ich, dein ältester Sohn, schon fünf und seit zwei Jahren wieder mit Mutter zusammen, in Wismar, wo ihr euch kennengelernt habt.

O ja, sie hat mir erzählt von eurem kurzen Zusammensein in jenem Winter, Frühjahr und Sommer 1950, nicht nur einmal: Wo und wie ihr euch kennengelernt habt, was für ein Temperament du warst, du konntest schon mal aus reinem Übermut mit der Pistole auf eine Fliege schießen, die auf der Chaiselongue in deinem Zimmer scheinbar sinnlos herumlief. Dass deine Familie im Krieg umgekommen sei, in Leningrad, und du dich deshalb an den deutschen Frauen rächen wolltest, und wie aus deiner Rache nichts wurde, weil du *ihr* begegnet bist – da, wo sich junge Leute oft begegnen: in einem Tanzsaal. Erinnerst du dich noch an den Tanzsaal im Gasthaus »Wendenkrug« am westlichen Stadtrand von Wismar, nahe der Kaserne, in der du stationiert warst? Mutter sagt, es sei im Winter gewesen, als ihr euch dort zum ersten Mal gesehen habt, Januar oder Februar 1950. Selbst ich kenne das Haus noch, zu meiner Zeit war es ein Kino, jedenfalls wurden dort auch Filme gezeigt, vom mobilen Landfilm, es war ja alles noch sehr dörflich drumherum und bis zur Innenstadt von Wismar mindestens fünf Kilometer: ein flacher, einstöckiger Bau aus gebrannten Ziegeln, im Laufe der Zeit um Anbauten erweitert, Bäume davor, Felder dahinter, die Chaussee führte nach Lübeck, das verführerisch nahe lag. Bis dorthin sind es ja nur rund fünfzig Kilometer, und die Grenze war damals weiß Gott noch nicht so undurchdringlich wie später: Lübeck in der britischen Zone, das war die furchtbar naheliegende logische Idee meiner Mutter, als es im Osten nicht mehr weiterging für euch – der gedachte Ausweg in den Westen, der sie nicht ins erhoffte Glück führte, dafür aber ins wirkliche Unglück. Dich jedoch tief nach Asien. Zum Gehöft mit dem Restaurant, in dem ihr euch verliebt umeinander gedreht habt, gehörte übrigens auch noch eine Schmiede, in der einst Pferde beschlagen wurden. Aber sie ist euch zuletzt kein Ort des Glücks gewesen. Erst später hat man die Gegend bebaut, die ja dicht an der Ostsee liegt, die ersten Blöcke kamen schon in den fünfziger Jahren auf die Wiesen und Äcker, »Stalinbauten« nannten wir sie. Sogar ein Hochhaus entstand, zehn Stockwerke ragten da am Ende empor, von oben hatte man einen phantastischen Blick auf die Stadt, die Werft, die Hafenbecken wie über die ganze Wismarer Bucht mit der Insel Poel und dem Inselchen Walfisch. Ich glaub, als Kind war ich sogar stolz darauf, dass unsere Stadt ein so hohes Gebäude hatte, obwohl doch die Kirchen unendlich gewaltiger waren, wie mich auch die Doppeldeckerbusse stolz machten, die damals noch die Strecke ins Seebad Wendorf befuhren, vorbei an deiner ehemaligen Kaserne und durch Vorwendorf hindurch, wo ihr in den Sommerwochen am Strand gelegen habt, zusammen mit Dolores, meiner kleinen Schwester, die du schon mal in ihrer Sportkarre geschoben hast, sie war ja damals erst anderthalb Jahre alt. Aber 1950 war von all den Neubauten natürlich noch nichts zu sehen, sie fingen gerade erst an, die Werft mit der Kabelkrananlage zu errichten, auch so ein Bauwerk, das mir schon früh imponiert hat: die mächtigen Stahlpfeiler, von weitem ein filigranes Wunderwerk, und die gigantischen Stahlplatten, die zwischen ihnen so leicht hin- und herrollten und abgesenkt wurden auf das gerade im Bau befindliche Schiff auf der Helling: als schwebten dunkle Riesenpapiere durch die Luft. Ihr hättet wohl kaum Augen dafür gehabt, hattet nur Augen für euch. Mutter sagt, mittwochs, sonnabends oder sonntags seien sie hinausgezogen, ihre Clique und sie, zum Tanzen in den »Wendenkrug«, zu Fuß natürlich, und zu Fuß auch wieder zurück. Um acht Uhr abends ging es los, am Wochenende war erst um Mitternacht Schluss. Es sei immer voll gewesen, und immer wären auch Offiziere wie du erschienen. Manchmal sei es zu Streitereien gekommen, und gelegentlich hätten sie sogar in einer wilden Schießerei geendet. Dann sei alles nach draußen gestürzt und hätte sich hinter Bäumen und Gebäudevorsprüngen verschanzt, zum Glück habe es aber nie Tote gegeben, nicht einmal Verletzte. In der Mitte des Saales habe sich die Kapelle von »Onkel Paul«, so sei die Gruppe genannt worden, positioniert, und dann hätte sie noch jedes Mal mächtig aufgespielt und Stimmung verbreitet, drei Mann an der Zahl: einer bediente das Schlagzeug, einer das Schifferklavier, die sich darin abwechselten, Onkel Paul aber spielte die Geige. Er spielte nur seine Geige. Die Mädchen, sagt Mutter, hätten immer genau Ausschau gehalten, mit wem von den anwesenden Männern sie tanzen wollten und mit wem nicht. Wenn einer gekommen sei, den sie nicht gewollt hätten, seien sie schnell zur Toilette gelaufen. Mit dir wollte sie tanzen, und du mit ihr. Bald habt ihr beide mit niemand anderem mehr getanzt. Mutter sagt, sie wäre schon damals sehr eifersüchtig gewesen, auf dich, auf mich war sie es später auch, wenn ich als kleiner Blondschopf anderen jungen Frauen zu gut gefiel, einmal einer Krankenschwester, nach einer Operation, ein andermal einer Erzieherin in einem Kurheim im Harz, die mich danach in die Sommerferien zu sich und ihrer Familie einlud, und du? Wohl nicht weniger, so wie du auf sie gewartet hast, wenn sie dich wieder einmal zappeln ließ und zu spät kam, mit Absicht, wie sie mir verraten hat. Eine Art Beweis für sie, Liebesbeweis, dass sie dir nicht egal war. Du konntest bald auch schon Deutsch sprechen wie sie Russisch. Fast jeden Tag, sagt sie, hättet ihr euch getroffen. Als Offizier hattest du ja eine eigene Wohnung, außerhalb der Kaserne, am Lembkenhof, in jenem Viertel der Stadt, wo sich in einem anderen Gebäude auch das Hauptquartier des Geheimdienstes befand, in dem man sie später in der ersten Nacht nach ihrer Festnahme verhört hat. Sie hat mir das Haus, in dem du lebtest, einmal photographiert: ein typisch deutsches Einfamilienhaus, bescheiden in seinen Ausmaßen, mit einem steilen Dach, aus roten Backsteinen gemauert. Dreißiger Jahre. Im Haus wohnte noch ein weiterer Offizier, dein Freund Wassilij. Oberleutnant Wassilij Wolkowitsch. Auch Wassilij hatte eine deutsche Freundin, Traute. Sie kam aus Ostpreußen; der Krieg hatte sie nach Wismar vertrieben. Traute Schakat. Wassilij ging es scheinbar wie dir, denn auch Traute war eines Tages schwanger. Bis zur Verhaftung von Mutter wart ihr fast ein Kleeblatt, immer zusammen: beim Tanzen, am Strand und eben in eurem Haus, wo ihr Blödsinn machtet und du deine Pistole zogst, um einer Fliege das Lebenslicht auszublasen. Eine Geschichte, die mir seit langem besonders gut gefällt, weil sie, nun ja, so schön verrückt ist, so herrlich unberechenbar. Mutter sagt auch, dass im Haus immer Wodka vorhanden gewesen sei, reichlich, ihr aber kaum getrunken hättet, wenn Traute und sie da gewesen wären. Das sei ihr auch deshalb aufgefallen, weil die anderen russischen Offiziere, vor allem die im Tanzsaal, den Schnaps nur so hätten fließen lassen und es dadurch dann zu Streitereien kam, in deren Folge oftmals ebenfalls die Pistolen gezogen wurden, aber nicht mehr aus Spaß wie bei dir. In die Stadt gegangen seid ihr aber nie zusammen. Auch hättet ihr nie über dein Leben in der Kaserne gesprochen, nicht über Politik oder gar Stalin. Wenn ihr nicht zum Tanz gingt, traft ihr euch in der Gaststätte »Sportlerheim«, die am Weg nach Wendorf lag, in deren Nähe sich ein Tennisplatz befand und in den Jahren vor dem Krieg, als sie noch das feine Ausflugsrestaurant »St. Jakob« war, nicht viel mehr als Felder und Wiesen. Das weitläufige Gelände dahinter, bis zum Wasser, wurde später ja ein Teil des riesigen Areals der Schiffswerft, deren Aufbau zu eurer Zeit gerade begann. Ich glaube nicht, dass ihr viel davon mitbekommen habt. Sie hätte meist Limonade getrunken, du Bier. Worüber ihr euch wohl unterhalten habt? Natürlich geht mich nicht alles davon an, aber manchmal wünschte ich schon, in die Vergangenheit zurückhören zu können. Doch das kann man genauso wenig, wie man in die Zukunft blicken kann. Am Ende wird es seinen Sinn haben.

Als Mutter im Juni 1950 bemerkte, dass sie schwanger war,

sagte sie es dir sofort. Vor allem fragte sie, was nun werden solle, wie es weitergehe und ob ihr nicht heiraten könntet, sie sei jedenfalls bereit, sie liebe dich ja, sogar mit nach Russland zu gehen, wenn das in Deutschland nicht gehe, ob du dich nicht mal erkundigen könntest? Mir erschien diese Bereitschaft, ins Russland Stalins zu ziehen, immer nur vollkommen verrückt, und ich sagte es ihr auch. Sie aber schwor auf die Liebe und bekannte, aus Liebe wäre man noch zu ganz anderen Opfern bereit. Du versprachst ihr, deine Vorgesetzten zu fragen, aber die Antwort, mit der du zurückkamst, brachte sie ziemlich aus der Fassung, sagtest du doch nicht nur, dass es für eine Heirat keine Genehmigung gebe und man dir sogar mehr oder weniger im Befehlston angeraten hätte, euer Verhältnis zu beenden. Noch schlimmer für sie war der Nachsatz: Weil ihr offenbar observiert werden würdet, sei es wohl besser, sich vorläufig nicht mehr zu sehen. »Aha«, habe Mutter daraufhin ziemlich empört zu dir gesagt: »Jetzt, wo ich schwanger bin, willst du dich von mir trennen?!« Das aber muss dir sehr peinlich gewesen sein, denn du hättest sie daraufhin mit den Worten zu beruhigen versucht: »Na gut, ich bring dich nach Hause, und morgen können wir uns ja wieder treffen.« Doch als ihr das »Sportlerheim« an jenem Augustabend verlassen habt, sprang plötzlich aus einem Gebüsch am Weg eine Gestalt und verschwand eilig in der Nacht. Da war Mutter zwar klar, dass du wohl kein Märchen erzählt hattest. Was ihr leider nicht klar war, war die Tatsache, dass mit der davoneilenden Gestalt die Gefahr, vor der du gewarnt hattest, nicht etwa geringer wurde, sondern der Zugriff des Geheimdienstes unmittelbar bevorstand. Zwei Tage später, am 15. August, war es soweit. Eure Geschichte war mit einem Schlag zu Ende, auch wenn es noch ein kurzes düsteres Nachspiel geben sollte: die nächtliche Gegenüberstellung im fernen Magdeburg, am Sitz des für euch zuständigen sowjetischen Militärtribunals, unter Umständen, die für Mutter an diesem 13. August 1950 noch jenseits aller Phantasie lagen. Du aber wirst gewusst haben, was tatsächlich auf dem Spiel stand, was darum alles möglich war und was deshalb ums Verrecken vermieden werden musste.

Aber hast du auch jemals erfahren, was ich schon seit 1993 weiß, aus einem Brief von Konstantin Issakow, und was mir Oberst Kopalin vor wenigen Tagen in Moskau mit einem Blick in die Akten nur bestätigen konnte? Dass kein anderer als dein Freund *Wassilij* es war, der Mutter den Personalausweis stahl, nach dem man sie während der Untersuchungshaft wochenlang bis zum Nervenzusammenbruch befragte, mit dem Verdachtstenor, welchem westlichen Agenten sie ihr Dokument ausgehändigt habe? Konstantin hat dieses dunkle Geheimnis, das dich vielleicht viel mehr erschüttern wird, wenn du es erfährst, als es uns erschüttert hat, vor sechs Jahren gelüftet, als er im Archiv erstmals Einsicht in eure Geheimdienstakte nehmen konnte, und mir umgehend davon Kenntnis gegeben. Und vorgestern nun las mir Kopalin aus derselben Akte vor, und auch er konnte mir nur mitteilen, dass Wassilij, dein Freund, zum Verräter an eurer Freundschaft und deiner Liebe zu Mutter geworden ist, und er fügte hinzu, dass es Wassilijs deutsche Freundin gewesen sei, die Mutters aus Verzweiflung geborene Fluchtidee, um zukünftig nicht mit zwei Kindern und ohne Mann durchs Leben gehen zu müssen, an den MGB weitergegeben habe, sie hat für ihn gearbeitet. Kann es sein, dass du dich in der bedrängenden Lage deinem engsten Freund Wassilij anvertraut hast, was du machen, wie du dich verhalten solltest, Mutter gegenüber? Und dass Wassilij und seine deutsche Geliebte, eure Freunde, nichts anderes zu tun gehabt haben, als ihr unter dem Siegel des Vertrauens erhaltenes Wissen, diese hingeworfene Notidee, an diejenigen weiterzugeben, deren Tätigkeit aus nichts anderem bestand, als aus tragischen Geschichten solcher Art Erfolgsgeschichten im Rahmen ihrer Schreckensbilanz zu machen?

Denn es wird ja, so zeigen es die Akten, eigentlich noch viel unglaublicher: Der zuständige MGB-Offizier Abutidse

ordnete unter dem Datum des 30. August 1950, »bestätigt«
von seinem Vorgesetzten, dem »Leiter des Nachrichtendienstes MGB, Militär-Revier Nr. 14749, Oberstleutnant Gornostajew«, also gut zwei Wochen nach ihrer Festnahme, die sogenannte »Verhinderungsmaßnahme«, die er schon längst durchgeführt hatte, intern überhaupt erst einmal an:

Ich, Oberbevollmächtigter des Nachrichtendienstes des MGB, Militärabteilung 14749, Major Abutidse, nach Prüfung der verbrecherischen Tätigkeit von

Wendelgard <u>Schacht</u>, geb. 1927, wohnhaft in Wismar/Land Mecklenburg, deutsche Bürgerin, aus einer Arbeiterfamilie, ohne bestimmten Beruf, ledig, Schulausbildung 10 Klassen, nicht vorbestraft, parteilos,

habe Folgendes <u>festgestellt:</u>

Schacht, Wendelgard, hat ein Verbrechen gemäß Artikel 17-58- 1 »b« UK RSFSR begangen. In Anbetracht des schweren Verbrechens von ihr und aufgrund der Tatsache, daß sie vor einer Voruntersuchung und Gerichtsverhandlung umgehend flüchten kann, sowie lt. Artikel 145 und 158 UPK RSFSR, wurde

<u>Folgendes beschlossen:</u>

Als Verhinderungsmaßnahme im Zusammenhang mit der Voruntersuchung und der Gerichtsverhandlung gegen Wendelgard Schacht, ist es notwendig, sie zu verhaften, worüber die Inhaftierte, lt. Artikel 146 UPK RSFSR, gegen ihre Unterschrift in Kenntnis gesetzt wurde.

Lt. Artikel 160 UPK RSFSR ist der Militäranwaltschaft der Militärabteilung 61226 eine Kopie der Anordnung zu übergeben.

Oberbevollmächtigter des Nachrichtendienstes des MGB, Militärabteilung – Major –

Abutidse

Denn jetzt erst, so geben die Akten weiter preis, war es dem diensteifrigen Menschenjäger Abutidse, offensichtlich einem georgischen Landsmann Stalins und Berijas, gelungen, von einem Militärstaatsanwalt die Genehmigung für seine längst vollzogene Verhaftung von Mutter zu erlangen, die ihm ein »Militärstaatsanwalt des 482. Reviers« und »Oberst der Justiz« schließlich auch erteilte, nachdem zuvor zwei andere Militärstaatsanwälte, ich hätte so etwas niemals für möglich gehalten, es abgelehnt hatten, eben dieser Bitte des Kaukasiers, der es bis an die äußerste Grenze des Imperiums nach Westen geschafft hatte, zu entsprechen:

Bescheinigung

Schacht, Wendelgard, Ursula, Lisa, Charlotte, wurde am 15.08.1950 von der Deutschen Polizei verhaftet und bis zum 10.09.1950 inhaftiert. Während dieses Zeitraums wurde sie von den Mitarbeitern des Nachrichtendienstes des MGB (Ministeriums für Staatssicherheit), Militärabteilung 44400, verhört. Dabei hatte sie zugegeben, daß sie den Leutnant Fedotow überreden wollte, die Heimat zu verraten.

In diesem Zusammenhang wurde am 30.08.1950 ein Antrag zur Verhaftung der Schacht an den Militärstaatsanwalt der Militärabteilung 61226 gerichtet. Der Militärstaatsanwalt der Abteilung 61226 hatte die Verhaftung von Schacht nicht genehmigt.

Am 31.08.1950 wurden die Materialien zur Verhaftung der Schacht dem Militärstaatsanwalt der Abteilung 92401 übergeben. Auch dieser hatte die Verhaftung abgelehnt. Am 01.09.1950 wurden die Akten von Schacht dem Nachrichtendienst der Militärabteilung 44400 zurückgesandt.

Erst am 11.09.1950 konnte der Militärstaatsanwalt der Abteilung 48240 die Verhaftung der Schacht genehmigen.

Leiter der Untersuchungsabteilung MGB der Abteilung 44400, Kapitän Unschakow, den 05.11.1950.

Dieses Blatt hält wahrscheinlich etwas sehr Ungewöhnliches fest, auch Oberst Kopalin sprach von einer eher seltenen Erscheinung: nämlich dass zwei Menschen in Stalins Terrorapparat, Militärstaatsanwälte, deren Namen leider nicht auf dem Papier festgehalten sind, im Falle von Mutter und dir keinen Anlass sahen, die Falle, in die ihr geraten wart, endgültig zuschnappen zu lassen. Reichte es ihnen, dass du, Vater, vehement abgelehnt hattest, mit Mutter in den Westen zu gehen? Und konnten sie erkennen, dass Mutters Frage, es zu riskieren, ohne alle politische Motivlage, einfach aus existentieller Not, an dich gerichtet worden war, schließlich war ein Kind unterwegs? Hatten sie also schlicht unter den herrschenden Verhältnissen bewahrt, was längst und wieder und wieder als unzulässige Sentimentalität gegenüber dem Feind ausgetrieben sein sollte: ihr menschliches Mitgefühl, im Unterschied zum Staatssicherheitsmajor Abutidse, der schließlich doch noch einen Justizoffizier ohne Skrupel fand, dessen Name wie der seiner skrupulösen Kollegen ebenfalls nicht in den Akten zu finden ist und der Abutidse die Scheinlegitimation aushändigte, damit er sein junges Jagdwild nicht wieder freilassen musste und so seine Produktionsbilanz in Sachen Menschenunglück um einen weiteren Prozentpunkt steigern konnte, wenn es denn schon nicht zu einer doppelten Höchststrafe reichte, die für dich, Vater, den Erschießungstod bedeutet hätte und für Mutter mindestens 25 Jahre Arbeitslager. Mindestens. Denn sie hatten, wie wir wissen, das mögliche eine

Vierteljahrhundert, wenn es darauf ankam, auch als dreifache Perspektive im Repertoire. Mutter sollte noch Frauen begegnen, denen dies geschehen war. Der Artikel 58 des Strafgesetzbuches der RSFSR in seiner damaligen Fassung gab das alles prinzipiell her. Ihm war quasi ein Massakerpotential eingeschrieben, und Kopalin hat mir gesagt, Mutters Glück im Unglück sei *ich* gewesen, ihre Schwangerschaft mit mir, ohne mich hätten sie ihn voll ausschöpfen können, den Artikel und seine mehrfach auftauchende Todesformel von der möglichen »schwersten Kriminalstrafe – Erschießung«. Auch für *sie*, deine Christa, wie Kopalin ebenfalls sagte. *Abutidse.* Ein banaler Schreibtischtäter von Tausenden, opferplankennziffernbewusst, der vielleicht sogar noch lebt? Oder ein unersättlicher Sadist, wie Berija, sein Chef, der sich besonders an den Qualen unschuldiger junger Frauen weidete und abartige Phantasien bediente? Möglicherweise ging es aber auch nur ganz einfach um Prämien, Orden, Karriere, und heute wohnt er vielleicht wie ihr in Moskau, der Herr Abutidse, in irgendeinem Nachbarblock, und trägt an Feiertagen für Veteranen, wir haben in den zurückliegenden Tagen eine ganze Reihe von ihnen auf der Suche nach dir getroffen und gefilmt, auch den Orden, den er für seine Jagdbilanz 1950 erhalten hat? Er hat jedenfalls die Akte, als sie ihm auch beim zweiten Versuch als offensichtlich unzureichend auf seinen Schreibtisch zurückgeschickt und der erbetene Haftbefehl ein weiteres Mal verweigert wurde, eben nicht zugeklappt und die denunzierte Sache auf sich beruhen lassen, sondern nur das schöne alte, magisch inspirierte Sprichwort, dass aller guten Dinge drei sind, ins unreine Gegenteil verkehrt: Nun waren aller *bösen* Dinge drei. Und du weißt nichts von ihm, wenn er an dir vorbeiläuft, weil du ihn nicht kennst. Vielleicht ist er aber auch 1953 mit dem Sturz Berijas in den Orkus gefallen, liquidiert wie so viele seines Schlages und Milieus davor und danach. Ich gebe zu, es erschiene mir am gerechtesten.

4. April 1999, 14 Uhr 43, Moskauer Zeit

Der alte Mann vor meinen Augen – bekleidet mit einer dunklen Hose, einem nordisch gemusterten Hemdpullover unter brauner Lederjacke und einer keck auf dem Kopf sitzenden Strickmütze – hat sich vom rostigen Torpfosten, an den geschmiegt er mich erwartet hat, gelöst, wie Slavik, mein brüderlicher Führer an dieser Schwelle, sich von mir: Unaufhaltsam treiben jetzt unsere Körper, die bis in die letzte Tiefe ihres Zellgrundes miteinander Informationen teilen – *Wissen*, das nichts wissen muss voneinander, um voneinander zu wissen –, aufeinander zu. Von keiner inneren oder äußeren Barriere mehr zurückgehalten. *Vater*, möchte ich sagen, aber kein einziges Wort verlässt meine Lippen: Was zu sagen wäre geschieht. Niemand ist mehr im Raum unter freiem Himmel, außer uns. Keine Birken, kein Schnee, keine Freunde, keine Fremden, keine Kamera, keine Wörter und Sätze aus den Mündern der Zeugen. Stille. Nur vier Hände und Arme, die Hände und Arme von Vater und Sohn, *unsere* Arme und Hände, durchstoßen die Luft, ergreifen, berühren, erfassen sich: ein lautloser Urknall, die Dehnungssekunde des ersten Moments, Potenz wird zum zweiten Mal Realität: die dazugehörigen Körper verschmelzen in der Doppelfiguration einer Umarmung, der ein ganzes halbes Jahrhundert den Entfaltungshorizont lieferte. Was ist Weltgeschichte, wenn sie auf solch eine Sekunde und Konstellation zusteuert? Nur widerlegt? Oder auch überwunden? Denke ich das? Oder denke ich überhaupt? Und wenn nichts, was denke ich dann? Was also geschieht wirklich? Und wer treibt das, was wirklich geschieht, an?

Die Umarmung hört nicht auf, ich beginne in ihr zu ertrinken, ringe nach Luft, will und muss aufsteigen aus diesem tosenden Ozean der Gefühle und wende, noch immer in die Umarmung mit dem Vater verstrickt, den Kopf zurück, Ausschau haltend nach Konstantin, der meine und Vaters Sprache spricht und nun übersetzt, was ich zu sagen habe, dem Mann, der bis vor wenigen Tagen noch Furcht hatte, mir zu begegnen, Abwehrgesten produzierte und reproduzierte, Fluchtinstinkten vor der Rückkehr einer versunkenen Zeit zu folgen versuchte, auf seine etwas hilflose, etwas komische Frage, wie alt ich sei: »Achtundvierzig Jahre«, sage ich und füge hinzu: »Eine schwierige Geburt, aber wir haben es geschafft!« Und während Konstantin das von mir Gesagte übersetzt, so dass der alte Mann, der mich immer noch fest an den Händen hält, sie unentwegt schüttelt, das soeben Vernommene auch versteht, höre ich seine Antwort: »Danke schön!« Er sagt nicht: *Большое спасибо!* Er sagt: »Danke schön!« Auf Deutsch. Wann hat er zum letzten Mal ein deutsches Wort ausgesprochen? Und dazu ein so strahlendes Gesicht gemacht wie jetzt? *Sein* strahlendes Gesicht, von dem Mutter erzählt hat, dass sie es wieder und wieder sehen wollte, ihn auch deshalb warten ließ. Wer wollte unsere Gesichter strahlen sehen, nach so langem Warten?

Vor zwei Stunden war der, der mich noch immer festhält mit der Kraft und Sanftheit seiner ganzen Erscheinung, dessen Händedruck ich immer noch spüre, wie die sekundenlange Umarmung zuvor in den längsten Sekunden meines bisherigen Lebens – vor jenen einhundertzwanzig Minuten war er, der nun, mit vierundsiebzig Jahren, zum dritten Mal Vater eines Sohnes geworden ist, wie ich, mit achtundvierzig, zum ersten Mal Sohn eines Vaters, für mich nichts anderes als das blasse Abbild eines Photos auf einem kopierten Aktenblatt aus dem Militärarchiv der ehemaligen Sowjetarmee, das mir vor einem halben Jahrzehnt per Post aus Russland in die Hände flatterte, in meine Hände, die jetzt von den seinen umschlossen, die festgehalten, nicht losgelassen werden. Ein Aktenblatt mit dem Passbild eines jungen Mannes in der Uniform der Roten Armee. Die Spalten daneben verzeichnen seine Dienst- und Einsatzorte als Soldat und Offizier zwischen Mai 1944 und Dezember 1949, bevor er nach Deutschland kam, nach Wismar. Noch im Krieg, mit neunzehn, hat er, so ist es handschriftlich vermerkt, aber deshalb durch die schlechte Kopie nur schwer zu entziffern, als Kundschafter der 54. Schützenabteilung des 125. Artillerieregiments an der, wahrscheinlich, 3. Ukrainischen Front gedient, die in dieser Zeit unter Marschall Rodion Malinowskis Befehl stand. Mit ihr ist er offenbar, wie er auch Mutter erzählt hat, bis in die Tschechoslowakei gekommen. Danach versetzte man ihn wieder zurück nach Russland. Die Liste verzeichnet als neue Dienst- und Weiterbildungsorte die Städte Sluzk in Weißrussland, zu finden auf halber Strecke zwischen Minsk und Pinsk, das über vierhundert Kilometer südöstlich von Moskau gelegene Tambow, wo er an der Artillerie-Fachschule ausgebildet wird, schließlich ist er »Militärschüler« auch noch in Arsamas, einer Stadt in der Nähe von Nischni Nowgorod. Zeitlich alles kurze Etappen; die längste aber, die über den deutschen Umweg noch vor ihm liegt, die in Tschita – von ihr wie von der deutschen weiß das Aktenblatt buchstäblich nichts.

Gestern, am 3. April, haben wir mit diesem einen Blatt in der Hand und dem Wissen um Vaters Blockadehaltung, deren Grund ich auch jetzt noch nicht kenne, Jurij überfallen, er steht irgendwo hinter mir, auf Abstand, wie alle, die nun Zeugen dieser so lange unwahrscheinlichen Urbegegnung geworden sind – keiner will Vater und mir zu nahe treten in diesem Moment, auch deshalb weiß ich nicht, was sich jetzt in ihren Gesichtern abspielt. Gestern aber habe ich, haben wir es gesehen, Jurijs Gesicht, als ihm Konstantin in der offenen Wohnungstür im obersten Stock des Wohnblocks in der Profsojesnajastraße 97 offenbarte, warum diese Meute wildfremder Menschen, zudem bewaffnet mit einer großen Filmkamera und kiloschwerer Tontechnik, warum sie ausgerechnet bei ihm geklingelt hat, am frühen Samstagnachmittag um drei. Vollkommen überrascht, und vielleicht mehr als das, hat er uns trotzdem in die Wohnung gelassen, vorbei an einem vom Griff einer Sportkarre aufsteigenden, langen weißen Luftballon mit lustigem Gespenstergesicht, und sich zugleich auch noch entschuldigt, dass es nicht ganz so aufgeräumt wäre, er hätte auch gerade unter der Dusche gestanden. Der Einzige, der richtig Krach machte, war der kleine Hund der Familie, und dann erschienen Rima, Jurijs Frau, und Julia, die zwölfjährige Tochter, und eine winzige Alexandra war auch noch da. Während wir in den folgenden drei Stunden miteinander sprachen, Photos anschauten und Jurij mit einer Geschichte konfrontierten, die ihm, wie er bald bekannte, unbegreiflich war, vollkommen unbegreiflich, wurden wir nicht nur von unserem eigenen Kameramann gefilmt, auch die kleine Julia agierte wie der große Adri aus Amsterdam: mit ihrer Videokamera, und sie machte es sehr geschickt und ohne jede Scheu. Aber das war nicht nur fürs filmische Familienalbum gedacht, sie hat ihren Film heute Vormittag, schon hier in Schalikowo, Vater gezeigt, und ihn so mit den von ihr gedrehten lebendigen Bildern vorbereitet auf mich, seinen Sohn, ihren Onkel aus Deutschland, der gestern urplötzlich in der Wohnungstür stand und mit ihrem Vater, seinem Bruder und all den anderen im Wohnzimmer einen ukrainischen Wodka zur Begrüßung trank. Eine vollkommen verrückte Geschichte, die sie gleich weitererzählen musste, und natürlich hat sie heute ihre beste Freundin dabei.

Jurij aber, der ohne Vorwarnung Heimgesuchte, er war mein Türöffner bei Vater, der nun nicht mehr schweigen konnte – er wusste es ja, wer sich da, aus der Ferne des Raumes wie der Zeit kommend, seit Tagen in Moskau aufhielt und versuchte, in immer neuen Anläufen an ihn, den verlorengegangenen Vater, heranzukommen. Ich kenne die Dialoge nicht, die nach unserem gestrigen Abrücken aus Jurijs Wohnung zwischen Jurij, Slavik und Wladimir Jegorowitsch stattgefunden haben; aber die Konsequenz daraus ist unübersehbar: Das Eis ist seitdem gebrochen, und mir wird in diesem Moment, erst jetzt, mit aller Macht bewusst: Zu Hause, in

Deutschland, ist heute, an diesem 4. April 1999, mitnichten ein normales Wochenende – zu Hause ist *Ostern*. Ostersonntag. ВОСКРЕСЕНИЕ, heißt das damit verbundene, ziemlich überirdische Ereignis auf Russisch, das bei uns, im Reich des gregorianischen Kalenders, schon jetzt gefeiert wird: »Auferstehung«. Gemäß dem julianischen Kalender werden auch die Kirchen hierzulande in dreizehn Tagen von diesem Wort, gesungen und gesprochen, erfüllt sein wie nur noch vom Duft des Weihrauchs und dem Licht zahlloser Kerzen. Wenn ich aus dem Fenster meines Hotelzimmers blicke, sehe ich, neben Straßen, einem Birkenhain und Häuserblöcken, hinter denen die Moskwa strömt, auch die fünf Zwiebeltürmchen der Zachatiya-Anny-Kirche – vier blaue, ein goldenes, mal im Sonnenlicht, mal im Schneetreiben, aber immer am Grund umgeben von Straßen und Schnellstraßenzubringern, auf denen der Autoverkehr erst spät abebbt, bevor er des Nachts für zwei, drei Stunden fast ganz aufhört. Doch die eher kleine Kirche mit einem barocken Glockenturm ist ja nur eine von vielen in der Nähe. Wo man auch hinschaut von meiner Etage im »Rossija« aus: Man ist umstellt von ihnen, und wenn man weiß, dass sie alle heute wieder lebendige Gotteshäuser sind, erfüllt von dem Geist, um dessentwillen sie einst errichtet und seit 1917 von Lenin und Stalin mit pathologischer Zerstörungswut, hemmungslosen Entweihungsorgien und brutalstem Massenmord an Priestern, Mönchen und Nonnen bekämpft wurden, weiß man, was in diesem Land gerade wirklich geschieht: eine unglaubliche *Ostergeschichte*, die nicht nur den gestürzten Kommunisten *hier* zutiefst suspekt ist, auch der vom Säkularisationsvirus befallene Westen blickt zunehmend misstrauisch auf gerade diesen Teil der neuen russischen Wirklichkeit, der mir jedoch am meisten Vertrauen in den Wandlungsprozess Russlands einflößt.

Zufall, könnte man natürlich sagen, mythenfern gestimmt oder ganz einfach ungläubig. *Zufall*, dass unsere Umarmung ausgerechnet heute, am Ostersonntag, geschieht. Aber der lange, immer wieder unterbrochene Weg bis an diesen Punkt unserer Geschichte, der ausgerechnet auch noch den Namen *Schalikowo* trägt, was, wie Konstantin glaubt, mit Schalk zu tun hat und Verrücktheit, dieser aberwitzige Marathonlauf durch das Geschichtsfeld der letzten fünfzig Jahre, von Mitteldeutschland, über Westdeutschland und Schweden nach Russland, von Vaters mehr als zehntausend Kilometer umfassender Ost-West-Ost-Passage im Jahre 1950 ganz zu schweigen, strahlt plötzlich nichts Geringeres für mich aus als eine Aura des Logischen, die *wunderbar* zu nennen mir eher angemessen klingt denn abwegig. Ach ja, das so kalt, so rational wirkende Wort *Logik* – ich weiß doch, wo es herkommt, ich habe mich mit der Sprache, der es entstammt, zwar ziemlich schwer getan an der Universität, damals, vor fast dreißig Jahren in Rostock. Doch die Unlust, sie zu lernen und stattdessen politisch aufmüpfige Reden zu schwingen und provokative Texte im Zwangsfach Marxismus-Leninismus abzuliefern, die schließlich zur Relegation von der Universität und später ins Gefängnis führten, ist seit langem dem Faszinosum gewichen, sie zu lesen, die Bedeutungsfelder ihrer Wörter wieder und wieder abzuschreiten, ihren Quellgebieten auf die Spur zu kommen, ihre Klangbilder, die sie hervorrufen, zu hören wie nichts anderes als Musik: Das Logische wird bei solcher Arbeit, in der sich Mühe in Muße verwandelt, zum *lógos* – in ihm aber steckt alles, was passiert. Und alles heißt hier: *wirklich* alles. Und ist es nicht so? Jetzt? In diesem einen Moment, in dem sich *alles* bündelt, verdichtet, kristallisiert, was sich zuvor ununterbrochen und scheinbar für immer voneinander weg entfaltete?

Dabei war die Moskauer Woche, die mit dem heutigen Tag nicht nur einfach vergangen ist, sondern wie eine durchbrochene allerletzte Panzersperre hinter uns liegt, bis gestern ja eher deprimierend: trotz aller Freundlichkeiten bei Veteranenorganisationen, deren Mitglieder uns, schwer mit Orden behängt, wehmütige Lieder vorsangen und üppig beköstigten, mich aber umarmten, auf die Wangen küssten und beschworen: *Du musst deinen Vater finden!* Bei aller Hilfsbereitschaft auch von Behörden, der Erfolge in Archiven, wie auch trotz des Vergnügens, das wir an den Abenden hatten, bei Essen in Restaurants auf dem Arbat oder im »Manhattan-Express«, »Moscow's ONLY New York Dance and Supper Club« im riesigen Hotelkomplex des »Rossija«, in dem man, laut Werbung, die Nacht vergessen kann und auch soll. Wir tranken *Absolut Wodka Citron* und *Heineken Bier*; wir tanzten oder sahen den Tanzenden zu, sogar eine Modenschau verpassten wir nicht; wir spielten Billard oder gingen in den Nachtclub im Hotel, wo sehr schöne Frauen sehr spärlich bekleidet vor den Gästen auf einer kleinen Bühne täglich beweisen, dass sie Ballettsäle nicht nur von außen kennen und, nun ja, so sind die Zeiten, die Gäste dazu animieren, ihnen Dollar- oder Markscheine zuzustecken. Aber nie wurde es aufdringlich; immer blieb es elegant, lasziv erotisch, verführerisch schön. Natürlich, wer wollte, hätte hier auch noch weitermachen können. Das Hotel wimmelt überhaupt von jungen Frauen, die nicht nur am Tag immer wieder zielstrebig durch das ungeheure Labyrinth aus Fluren und Etagen laufen, einem bestimmten Zimmer entgegen, oder zurückkehren an den Ausgangspunkt ihrer fast zwischenweltlichen Existenz, auch des Nachts greifen sie schon mal zum Telefonhörer und machen diversen Gästen, scheinbar willkürlich ausgewählt, aber gewiss nicht ohne Beziehung zu Verbindungsleuten in der Rezeption, auf diese Weise ein eindeutiges Angebot. Nur Christine, unsere Tontechnikerin, erhielt noch nie einen solchen Anruf. Gestern sind wir sogar erst gegen fünf Uhr morgens aus dem »Manhattan-Express« gekommen; es spielte die populäre Mädchen-Rockband »Lyzeum«, für viele junge Leute hier so etwas wie die russischen Spice Girls. Sie hatten eine Menge expressiver Hits im Repertoire und machten gewaltig Stimmung damit, und doch hätte es mich kaum so gepackt wie geschehen, gäbe es bei ihnen nicht auch eine unüberhörbar poetische, ja tief melancholische Dimension. Das waren keine Plastikwörter, sie strahlten Stärke aus, Seelenstärke, und vibrierten vor Authentizität, deren Sogkraft man sich nicht entziehen konnte, nicht wollte. Vielleicht war es für lange das letzte Mal, einem Gefühl nachgegeben zu haben, einer Verlockung, die versprach, nach Hause zu kommen. Endlich nach Hause.

Gegen halb zwölf war ich wach, um dreizehn Uhr trafen wir uns in meinem Zimmer, wo wir die Lage berieten, ich blieb dabei auf dem Bett, aß Kuchen, trank Mineralwasser, im Hintergrund lief im TV ein russischer Zeichentrickfilm, ein Märchen mit vielen Blumen, Winterszenen und einem Sonnenkönig. Später flimmerte auf dem Schirm eine Art Kochstudio, in dem auch gezeigt wurde, wie man Weihnachtsbehang aus Krepp-Papier faltet oder Goldpapierhüte für Kinder bastelt. Angesichts der Tatsache, dass wir dabei nach einer Strategie suchten, Vater doch noch zu einem Treff zu bewegen, aber eben nicht zu zwingen durch wegelagerisches Auftauchen vor seiner Wohnungstür, was zwar am einfachsten gewesen wäre, wir uns aber kategorisch verboten hatten, wirkte das alles sehr komisch, ja, absurd. Anschließend nahm ich im vollkommen leeren Bistro in der Lobby noch einen ziemlich starken Kaffee und beobachtete – die absurde Bilderfolge wollte nicht enden – eine mächtig runde Putzfrau beim Säubern von Luftschächten neben den Fenstern mit einem gigantischen Staubsauger, der proportional aber durchaus zu ihrem monströsen Leib passte. Von der Bar wehte Popmusik zu mir herüber, alle Spielautomaten waren, bis auf einen einzigen, unbesetzt: sie leuchteten und klimperten trotzdem vor sich hin. Spät abends drücken sich sonst ganze Zuhälterbrigaden davor herum: zweiarmige Banditen unterwerfen sich stundenlang den einarmigen.

Um fünfzehn Uhr haben wir uns dann entschlossen, auf Verdacht jene Wohnung anzusteuern, die man uns vorgestern, in der Meldebehörde in der Izumrudnaja 52, genannt hatte. Die beiden Frauen dort, um die fünfzig und mit schwarzen Kurzhaarfrisuren, reagierten umwerfend: Als sie hörten, worum es ging, dass da ein verlorener Sohn aus Deutschland in Moskau seinen verschollenen russischen Vater sucht, hatten sie keinerlei Bedenken mehr, in ihrem kleinen Büro mit Grundrissen und Quartierplänen an den Wänden, der russischen Trikolore auf einem weißen Lautsprecher aus Kunststoff und zwei Panzerschränken, auf denen ein kleines rotes Plastik-TV-Gerät thronte, die alten Karteikästen mit den Meldeblättern aufzuziehen, um uns die entscheidende Information geben zu können, die nicht nur sicher bestätigte, was wir schon zu wissen glaubten, die auch eine neue Perspektive eröffnete, das Ziel, um dessentwillen wir in Moskau waren, auch tatsächlich zu erreichen, offen und schonend zugleich: Ja, ein Wladimir Jegorowitsch Fedotow wohnt hier, in der Babuschkinastraße Nr. 42, Quartier 202. Seit 1988. Acht Jahre zuvor ist er nach Moskau zurückgekommen, davor hat er im Krasnojarsker Gebiet gelebt. Bis 1988 wohnte er in der Profsojesnajastraße Nr. 97, Appartement 31.

»In Deutschland undenkbar«, sagte ich, nachdem wir alles notiert hatten. »In Holland ist das nicht anders«, sagte John. Wir meinten es beide nicht als Lob Richtung Berlin und Den Haag. Konstantin hatte dann die grandiose Idee, die alte Moskauer Wohnung von Vater anzusteuern, vielleicht lebten dort ja noch Kinder von ihm, Bekannte, andere Verwandte, die uns weiterhelfen könnten? Aber das wussten die beiden Engel von der Meldebehörde auch nicht. Und so wünschten sie uns am Ende doppelt Glück. Wir aber hatten es plötzlich im Übermaß.

4. April 1999, 0 Uhr 30

In der Nacht zum heutigen Ostersonntag hab ich endlich die Lubjanka umrundet. Warum? Ich *musste* es. John Albert, Adri und Christine hatten Mutter, die alle drei sympathisch findet und denen sie vertraut, bei den Dreharbeiten zu unserem Film noch in Hamburg zwar hoch und heilig versprochen, mich rund um die Uhr in Moskau zu überwachen, sonst wollte sie einer Reise dorthin nicht zustimmen, sie mussten es regelrecht schwören. Aber wie sollte das gehen? Und außerdem sind sie meine Freunde, nicht meine Geheimdienstschatten. Um halb eins verließ ich das Hotel, überquerte, unter einem abnehmenden Mond, der noch tiefer stand als der rubinrot glühende Stern auf dem Spasskiturm, und leichtem kalten Wind den Roten Platz Richtung Manege, ließ den angestrahlten Marschall Schukow hinter mir und ging hinüber auf den Ochotny Rjad, am Marx-Denkmal vorbei, am Bolschoi-Theater und immer weiter den aufsteigenden Teatralnyi projesd hinauf bis zum Areal vor der Lubjanka. Als ich über den Roten Platz lief, war er fast leer. Vor dem Lenin-Mausoleum sprach ein einsamer Wachsoldat mit einem einsamen Zivilisten, Scheinwerfer aus der Richtung des Kremls warfen Schattenrisse von Gestalten, die auf Inlineskatern unterwegs waren, an die Prachtfassade des GUM. Am Ochotny Rjad tauchte ich ein in die Brandung des immer noch starken Autoverkehrs. Dann passierte ich die Duma und erinnerte mich sogleich an meine wirklich dramatische Ur-Begegnung mit diesem Haus, im August 1991, während des Putschversuchs gegen Gorbatschow. Gut möglich, dass unter den wildfremden Menschen, zwischen denen ich hier damals stand, meine Verwandten von heute gewesen sind: Vater und Jurij und Slavik. Es war am Ende meiner ersten Reise in die russische Arktis, die vom 10. bis 20. August dauerte und uns mit einem Forschungsschiff der russischen Akademie für Meereswissenschaften, der »Professor Molchanow«, gechartert von einem unternehmungslustigen deutschen Reeder aus Wedel bei Hamburg, ins sechzig Jahre lang für Ausländer gesperrte sowjetische Hochpolargebiet führte, nach Franz-Josef-Land. Der Reeder, ein alter Marineoffizier, ging selbst mit an Bord, gab – in karierten Puschen und stets eine kalt gewordene Handelsgold-Fehlfarbenzigarre im Mund – quasi den Kaperkapitän, und dass er immer wieder einmal das Steuer selbst in die Hand nahm, mit leuchtenden Augen und kindlichem Vergnügen, amüsierte die Russen königlich. Ein einziger deutscher Journalist und Schriftsteller war vor mir dort oben gewesen: Friedrich Sieburg, 1931, mit dem sowjetischen Eisbrecher »Malygin«. Sein Reisebericht »Die rote Arktis«, erschienen 1932 im Frankfurter Societäts-Verlag und von fast magisch wirkender und zugleich kristallklarer Intensität, hatte mich mit einer gewaltigen Sehnsucht infiziert, wie schon die Originalberichte der österreichischen Entdecker des Franz-Josef-Landes, Julius Payer und Karl Weyprecht, aus dem Jahre 1876 selbst, die Christoph Ransmayr in seinem höchst suggestiven Roman »Die Schrecken des Eises und der Finsternis« anverwandelte in eine Story der Gegenwart, mit einem Helden, der sich in einem Traum verliert, den ich nun realisierte. Es war für mich die Erfüllung eines wirklich utopischen Traums und, nach meiner Erstberührung dieses arktischen *Utopia* mit allen fünf Sinnen, die Grundlegung für eine anhaltende Leidenschaft, die auch mit drei weiteren Expeditionen nicht gestillt werden konnte. Auf der Rückfahrt durch die Barentssee am 19. August, einige Stunden vor Murmansk, der am Ende des damals mit verschrotteten wie aktiven Atom-U-Booten vollgestopften Kolafjords gelegenen, im Zweiten Weltkrieg schwer zerstörten russischen Polarmetropole, erreichte mich und zwei mitreisende Freunde auf unserem Schiff, das gerade aus dem ewigen Eis kam, die vollkommen surreal anmutende Nachricht vom Staatsstreich in Moskau. Noch eben waren wir mit diesem Schiff nicht nur in der Barentssee unterwegs gewesen, sondern zugleich auch in einem frei werdenden Russland, das nun über Nacht wieder die alte Sowjetunion geworden sein sollte? Die bis dahin ungezwungene, offene Atmosphäre an Bord veränderte sich schlagartig, einige der Seeleute trugen plötzlich Uniform, und über den Bordlautsprecher hörte man ständig das monotone Gebrabbel der Putschisten, das sie auf einer

Pressekonferenz in Moskau von sich gegeben hatten, einige von ihnen offenbar unter starkem Alkoholeinfluss. Allerdings hatten wir einen Weltempfänger dabei und konnten am Heck jede Stunde den aktuellen Nachrichtenstand abhören; aber wir hörten ihn nicht nur für uns ab, noch jedes Mal gingen wir danach sogleich in die Messe und informierten mit Hilfe unserer Dolmetscherinnen alle, die es wissen wollten an Bord, über die tatsächliche Lage in der Hauptstadt und auf der Krim, wo Gorbatschow unter Hausarrest stand und zum Glück nicht erschossen worden war, wie noch am Morgen gemeldet. Das entspannte die Lage an Bord beträchtlich, dennoch blieben Unsicherheiten. Zumal draußen inzwischen norwegische Nato-Aufklärer über uns kreisten, und je näher wir Murmansk kamen, um so mehr überlegten wir, ob wir Deutschen an Bord uns nach der Landung nicht so schnell wie möglich von dort aus ins nahe Nordfinnland absetzen sollten, eigentlich hätten wir über Leningrad, das gerade dabei war, sich wieder in St. Petersburg zurückzuverwandeln, nach Hamburg zurückfliegen sollen. Auf dem Schiff gab es auch einige jüngere Leute, unternehmungslustige Managertypen, die die Reise vermittelt hatten; sie verfügten offenbar über eigene Informationskanäle und beruhigten uns bald ihrerseits mit den Worten, die Lage in Petersburg wie in Murmansk sei sicher, die reformorientierten Kräfte hätten die Kontrolle über beide Städte, das gelte besonders für Sobtschak und Putin in der Stadt an der Newa. So war es auch, und selbst dem geplanten Kapitänsdinner zum Abschluss der Reise stand nun nichts mehr im Wege. Während die Lage in Moskau brenzlig blieb, feierten wir mit einem feinen Buffet und Krimsekt den erfolgreichen Abschluss einer ganz und gar unwahrscheinlichen Reise. Am nächsten Tag ließ ich allerdings umbuchen und flog mit meinen Freunden von Petersburg nicht direkt, sondern über Moskau nach Deutschland. Ich konnte in so einer Situation nicht in Russland sein, nur um mich aus dem Staub zu machen, und es war beileibe nicht bloß der Journalist in mir, der mir eine vorzeitige Absetzbewegung verbot. Die sechs Stunden Zwischenaufenthalt auf *Scheremetjewo* nutzte ich, um mit einem meiner Freunde, der andere blieb aus Vorsicht im Flughafen zurück, in die vom Militär belagerte Stadt zu kommen: Ich wusste, es war ein historischer Moment, und er war, wie fast alle Momente dieser Art, nicht ohne Gefahren. Aber ich wollte dabei sein, wollte mit eigenen Augen sehen, anfassen und hören, was geschah. Ich hatte Prag im August 1968 gesehen, war 1981 in Danzig Zeuge des Kongresses der Gewerkschaftsbewegung »Solidarność« geworden, hatte im Frühjahr 1989 die Trauerfeier für Imre Nagy und Gefährten in Budapest mitbegangen und anschließend in Ungarn gestrandete DDR-Flüchtlinge begleitet. Und jetzt war ich eben zum richtigen Zeitpunkt in Moskau. Mit Hilfe eines erstklassigen Taxifahrers und einhundert Mark gelang es uns auch, sehr schnell und sehr tief in die Stadt vorzudringen, obwohl der erste Ring von Soldaten und Schützenpanzerwagen bereits auf der Höhe des Belorussischen Bahnhofs sichtbar wurde und den Ernst der Lage unmissverständlich anzeigte. Dann parkte unser Fahrer den Wagen in einer Seitenstraße, ganz bewusst in der Nähe einer Polizeistation, wie er uns andeutete, und lotste uns zu Fuß weiter, immer weiter, bis wir schließlich tatsächlich im Zentrum Moskaus angekommen waren und mit vielen Bürgern der Stadt, die offenbar mit Kind und Kegel wie zu einem Volksfest unterwegs zu sein schienen, vor der endlosen Postenkette standen, die den Zugang zum Roten Platz abriegelte: eine Serie zutiefst verunsicherter junger Soldatengesichter, die sich fast hilflos vor der gespenstischen Leere des Platzes verlor. In den Seitenstraßen und in der Nähe der Kremlmauer aber standen Panzer, auch vor dem Duma-Gebäude hatten sie Position bezogen. Auf den stählernen Ungetümen saßen jedoch scheinbar völlig angstlos, ja lachend und scherzend, ganze Menschentrauben, es erinnerte mich an die Bilder aus dem besetzten Prag vom August 1968, nur dass dort die Gesichter der Panzerbesetzer von Empörung, Zorn und Trauer gezeichnet waren. Irgendwann kletterte auch ich hinauf, mein Freund schoss ein paar Photos, und dann sagte ich: »Lass uns zurückfliegen, ich glaube, die Sache geht gut aus. Wenn sie sich schon selbst besetzen müssen, dann sind sie wirklich am Ende.« Zum Glück lag ich nicht falsch mit dieser sehr schnellen Prognose, denn es gab Tote in jener Nacht, die ich schon wieder in Deutschland verbrachte, und mit ihnen spielte die politische Farce der Putschisten eine historische Sekunde lang die Möglichkeit durch, das anachronistische Stück doch noch in einer weiteren großen Tragödie enden zu lassen.

Mitten in diese Erinnerung an jene dramatischen Tage brach ein ganz anderes, ganz gegenwärtiges Drama: In einer hell erleuchteten Seitenstraße des Teatralny projesd wurde ich gewahr, wie kaukasisch aussehende Männer, offenbar Zuhälter, ein auffällig zartes Mädchen brutal zwischen sich hin und her schubsten und sie dabei mit kaum unterdrückten Flüchen belegten. Das Mädchen taumelte wie ein betrunkenes Kind unter den rohen Stößen der gewalttätigen Männer von einer Richtung in die andere; es muss eine Tortur gewesen sein. Aber kein einziger Klagelaut kam ihr über die Lippen. In mir schoss dennoch eine Hassfontäne empor, kalt wie Eiswasser und tödlich für jeden, den sie getroffen hätte. Wäre mir in diesem Moment absolute Macht gegeben geworden, ich hätte die Kerle in derselben Sekunde ausgelöscht. Alle. Da ich aber nicht stehenblieb, sondern weiterging, wurde ich abgelenkt von der unerträglichen Szene, denn vor meinen Augen lag plötzlich das Ziel meines unvermeidbaren nächtlichen Ausflugs: der hell erleuchtete riesige Platz mit dem gigantischen Gebäude an seiner nordöstlichen Flanke, der *Lubjanka*, und vor ihrer Hauptfront der mächtige Sockel des 1991 gestürzten monumentalen Denkmals ihres ersten unumschränkten Herrschers, einer asketischen Killerfigur in der ideologischen wie liquidatorischen Tradition Robespierres: Felix Edmundowitsch Dserschinski. Wie sein revolutionäres Vorbild aus Frankreich mordete er nicht persönlich, sondern ließ morden. Gerne aber verhaftete er eigenhändig. Verhöre führte er meist zu nächtlicher Stunde durch, wenn die Gefangenen physisch am schwächsten waren. Es kam ihm entgegen, er war Nachtmensch. Ansonsten trank er Pfefferminztee, aß vor allem Brot und rauchte starken russischen Tabak. Nationalität: Pole, russifiziert. Soziale Herkunft: Kleinadel aus dem Grenzgebiet zwischen Litauen und Weißrussland. Auf Anregung Lenins Gründer der Außerordentlichen Kommission zum Kampf gegen Konterrevolution und Sabotage, genannt *Tscheka*, im Dezember 1917. Unter dem Zaren hatte er elf Jahre in Gefängnissen und Verbannung verbracht. Wie Stalin sollte auch er ursprünglich Priester werden: Der gefallene Engel Gottes ist der auf dem Boden der Geschichte angekommene Teufel.

Ich überlegte keine Sekunde, ob ich weitergehen sollte oder nicht: Ich ging und ging und kam ihr näher und näher. Im Gebäude selbst brannte nur noch hinter wenigen Fenstern Licht, zwei russische Fahnen bewegten sich lautlos im leichten Nachtwind am verschlossenen, offenbar nicht mehr benutzten Haupteingang. Dann ging ich nach rechts und begann mit der Umrundung des Komplexes, nicht schnell, nicht langsam, normalen Schrittes. Hin und wieder berührte ich die Mauern, einmal blieb ich stehen und blickte in ein großes Fenster im Souterrain, von unten nach oben stieg ein eigenartig bläuliches Licht auf. Die Kantine vielleicht, dachte ich, denn es schälten sich aus dem magischen Dämmer bald auch Umrisse von Getränkeautomaten heraus. Wenig später passierte ich eine kleine Tür, neben der ein Schild angebracht war, auf dem der russische Doppeladler prangte, darunter das Kürzel FSB. Auf der Rückseite verband ein mächtiges Tor aus schwarzem Wellblech die alte Lubjanka mit einem Neubau im Stil der dreißiger Jahre. Vielleicht sind sie hier durchgeschleust worden, dachte ich, in den gespenstischen Verhaftungswagen der Tscheka, GPU, OGPU, des NKWD, NKGB und MGB, »schwarze Raben« genannt – die zahllosen Todgeweihten, denen in diesen Mauern vor allem eins bewiesen wurde: dass sie nichts waren außer einer, wenn es darauf ankam, gestaltlosen Masse aus Fleisch und Blut, und Gott und die Wahrheit ein doppelter Witz. Die hier Gott waren und keine Witze machten, selbst wenn sie welche machten, und sie verfügten fast alle über einen äußerst sardonischen Humor, hießen Dserschinski, Menshinski, Jagoda, Jeshow und Berija. Der eigentliche Gott aber, dem sie als Hilfsgötter ergeben dienten, residierte ein paar Straßen und Häuser weiter – dort, von wo ich gerade herkam, hinter den Mauern des Kreml am Roten Platz: Gott *Stalin*. Auch Mutter war sein Opfer, und jetzt berührte ich, ihr Sohn, der vor wenigen Tagen aus den Händen von Oberst Kopalin eine Rehabilitierungsurkunde der Russischen Föderation, wegen erlittenen Unrechts in den ersten drei Lebensmonaten, feierlich überreicht bekommen hatte, die mächtigen Mauern des einstigen und später ganz speziellen Versicherungspalastes, jenes gefallenen Engels namens Dschugaschwili, mit den blutgetränkten Parkettfußböden und von Schreien der Folteropfer kontaminierten Wänden, zwischen denen die Witwe Bucharins, Anna Larina Bucharina, nach der Hinrichtung ihres Mannes 1937 für Jahre darin eingeschlossen, einen »Ozean menschlichen Leids« sich hatte ausbreiten sehen – *und es ging keine zerstörerische Macht mehr von ihm aus über uns.*

Das alles raste mir durch den Kopf, als ich wie angewurzelt vor einem mit schwarzem Basalt verkleideten, gewaltigen Eingang stehenblieb, zu dem eine ebenso gewaltige Tür aus schwarzem Metall gehörte, bestückt mit starken schmiedeeisernen Verzierungen. Doch das allein hätte mich nicht zum Halten gebracht: Die riesige Tür war nicht nur nicht verschlossen, sie stand, mitten in der Nacht, sogar einen Spalt breit offen, aus dem starkes Licht auf die Straße fiel. Er gab zugleich einen Blick frei ins Innere des fast mythischen Gebäudes, auf ein hell erleuchtetes, mächtiges Treppenhaus, von dessen Stufen ein dunkelroter Läufer herabfloss. Für den

Bruchteil einer Sekunde war ich versucht, die schwere Tür weit aufzuziehen und über die blutrote Treppe, ganz langsam, nach oben zu gehen.

Auf dem Rückweg, es war kalt geworden, sah ich auf der Höhe des Bolschoi-Theaters eine Polizeistreife, wie sie ein auffällig junges Mädchen in einem auffällig eleganten Mercedes auffällig lange kontrollierte. Kurz nachdem ich den Roten Platz wieder erreicht hatte, wurde ich plötzlich von einem Scheinwerferstrahl erfasst, der meinen Schatten auf dem Pflaster zuerst verdoppelte und ihn dann so oft vervielfachte, dass ich nun als regelrechte Schattenkolonne über das leergefegte Areal lief. Außer meinen Schritten hörte ich nur noch einmal ein kurzes Lachen über den weiten Platz hallen. Es kam vom Lenin-Mausoleum herüber, von jungen Leuten, die sich vor dem gigantischen Steinsarg Uljanows gegenseitig ablichteten, des wie ein großes Insekt präparierten und unter Glas ausgestellten Revolutionsführers Lenin, der sich wahrscheinlich, Tag und Nacht in rötliches Licht getaucht, danach sehnte, endlich, wie Stalin und all die anderen Mordgefährten auch, zu Asche zu werden und in einer Urne für immer vor den bohrenden Blicken der Nachwelt zu verschwinden. Um zwei Uhr war ich wieder im Hotel und trank im Lobby-Bistro einen Tee zum Aufwärmen. Ein TV-Gerät lief und zeigte Bilder vom Krieg der Nato gegen Serbien, und Deutschland ist wieder dabei, dachte ich, in Marsch gesetzt ausgerechnet von den mitregierenden Pazifisten. Aber wie sollten diese Attrappen-Pazifisten einen wie mich jemals enttäuschen können! Ich kenne sie doch, seit meinen Hamburger Universitätstagen, als Militante aus dem Ungeist Maos, Stalins, Enver Hodschas und Pol Pots. Dann sah ich den abgeschossenen amerikanischen Tarnkappenbomber, jubelnde serbische Soldaten, und hatte genug vom Krieg in dieser Nacht. Hellwach, las ich im Bett noch in den »Moskauer Heften« Mandelstams: »Schon lieb ich Moskau, das Gesetz von neuem, / Kein Fernweh nach dem Wasser, das nun an mir nagt – / In Moskau gibt es Telephon, Faulbeerbäume, / Durch Hinrichtung berühmt ist jeder Tag. // Und wenn du leben willst, so schaust du lächelnd / Auf die buddhistisch träge blaue Milch, / Begleitest mit dem Blick die Türkentrommel, die im Galopp auf rotem Leichenwagen / An dir vorbei zurückkehrt vom Begräbnis – / Du siehst das Fuhrwerk mit der Fracht von Kissen / Und möchtest rufen: Gänse, heimwärts, marsch! // Mach keinen Unterschied und knips nur, liebe Kodak, / Solang das Auge Linse, Mundschenk, Vogel ist, / Und nicht ein Stückchen Glas. Mehr Hell-und-Dunkel, / Und noch mehr, mehr! / – Die Netzhaut: sie ist hungrig … « Aber dann dachte ich, das ist Geschichte, und dachte auch, dass ich mit den Bildern, die das Gedicht in mir aufrief, nicht einschlafen sollte, und griff deshalb erneut in den kleinen Stapel mitgebrachter Bücher und zog einen Band Samjatin-Erzählungen heraus. Ich blätterte in ihm, fand die Geschichte »Der Norden« und einen Anfang, über dem ich, ruhiger und ruhiger werdend, endlich einschlief: »Es geht so vor sich: die Sonne rollt langsamer und langsamer, bleibt schließlich hängen. Und alles steht unbeweglich, für immer zu grünlichem Glas erstarrt. Nicht weit vom Ufer breitete eine Möwe ihre Flügel auf einem schwarzen Stein aus, setzte sich nieder, um wieder aufzufliegen – und wird für immer auf dem schwarzen Stein sitzen. Über dem Schornstein der Tranfabrik verdichtete sich ein Fetzen Rauch, als sei er Stahl. Ein flachsköpfiger Bootsjunge beugte sich über Bord, um die Hände im Wasser zu spülen – verharrt und rührt sich nicht mehr. Eine Minute ist alles wie Glas – diese Minute ist die Nacht. Und sieh, fast unmerklich, hat sich die Sonne gerührt, gewinnt an Kraft, hat sich kaum noch bewegt – und die gläserne Welt ist zerschlagen: das Meer sprüht schillernd in tausend Farbsplittern; die Möwe reißt sich von dem Stein los, von irgendwoher sind es auf einmal Hunderte, rosige, durchsichtige; der orangefarbene Rauch steigt auf; der flachsköpfige Bootsjunge kriecht erschreckt aus den

Stiefeln des Onkels – und schnell an die Arbeit. Der Tag hat begonnen.«

Als der heutige Tag begann und ich erwachte, lag das Buch noch immer aufgeschlagen neben mir. Ich sah zum Fenster: Es schneite wieder; aber als wir losfuhren, brach plötzlich der Himmel auf, die Wolken wichen einem fast durchsichtigen Blau, die Sonne begann sich zu rühren, an Kraft zu gewinnen. Vor sechs Tagen noch hatte ich vom Flugzeug aus die vereisten Flüsse Russlands unter mir wie ein erstarrtes Aderngeflecht wahrgenommen.

4. April 1999, 15 Uhr

Im Haus von Vater ist es warm und voller Menschen, und Vaters Frau, die ich jetzt zum ersten Mal sehe, fragt mich nach meinem Namen: *Ulrich*, sage ich. *Как*, fragt sie nach, schüchtern, in Ton und Haltung eines verlegenen jungen Mädchens, und hält mir ihren Kopf hin, als sollte ich ihn ihr ins Ohr flüstern: *Wie?* Dann höre ich sie, nach meiner Wiederholung, langsam und deutlich meinen Namen aussprechen: *Ulrik*, mit einem stark gedehnten, dunkel betonten *U*, einem rollenden *R* und einem *K* am Ende. In Schweden, dem Land, in dem wir nun seit einem Jahr wohnen, kann man das *ch* auch nur schwer aussprechen. Auch in Schweden sagt man *Ulrik* zu mir. Und dann flüchtet sie, nicht vor mir, aber vor der Kamera, in die Arme ihres jüngsten Sohnes Jurij, meines Halbbruders, der sie schützend an sich zieht, seinen Arm um sie legt, sie auf die Stirn küsst: Sie ist, in diesen Minuten, vielleicht die von allen am meisten verwirrte Menschenseele in diesem Haus.

Bald sitzen oder stehen wir, die Fremden und die Vertrauten, im Wohnzimmer, das wie ein Wintergarten wirkt, so viele großflächige Fenster lassen Licht in den mit hellem Holz ausgekleideten Raum, die Tüllgardinen sind zur Seite gezogen. *Tschechow*, melden sich die Klischees in meinem Kopf wieder zurück, *Turgenjew*; an *Peredelkino* sind wir hierher ja auch vorbeigekommen, dem Datschendorf der russischen Dichter und Denker mit all seinen Namen und Dramen: *Pasternak, Babel, Pilnjak* ... Auf einer der Fensterbänke steht ein weißer Kochtopf: *Blinis, Pelmeni*, wuchern die Klischees weiter. Aber sind es denn welche? Die herrlichsten habe ich acht Breitengrade vor dem Nordpol gegessen, 1995, auf der Kronprinz-Rudolf-Insel, dem nördlichsten Eiland des Franz-Josef-Land-Archipels, in der Küche eines Paares, das dort, weltfern und paradiesnah, in einem eisigen Glückstraum lebte und, wenn es nicht rare Gäste wie uns bewirtete, täglich Wetterdaten sammelte und per Funk weitergab, an eine zentrale Station auf dem russischen Festland, dem anderen Planeten. Köstlichen Lachs gab es dazu, Wodka und gemeinsamen Gesang. Einer der russischen Wissenschaftler, die unsere Expedition vor Ort, es war die vierte seit 1991, durch die allgegenwärtigen, abgründigen Naturwunder führten, schlug die Gitarre und forderte uns schon bald mit deutschen Volksliedern heraus, wir hatten Mühe, ihm über alle Strophen hinweg folgen zu können.

In einigem Abstand werde ich endlich einer kleinen, kompakten Radioanlage gewahr, weder russisch noch unrussisch, nur nichtssagend modern, auf einem Hocker ein TV-Gerät. Schon gestern, in Jurijs Wohnung, ist mir die üppige Ausstattung mit Elektronika ins Auge gestochen. Auf dem Tisch vor der längeren Fensterbank fällt mir ein großes Glas auf, ursprünglich vielleicht ein Behältnis für Gewürzgurken oder Bonbons, darin eine klare Flüssigkeit. *Birkenwasser*, sagt Vater, selbstgezapft, und reicht mir davon: der Begrüßungstrank. Ich habe noch nie Birkenwasser getrunken, denke ich, während ich trinke, langsam und mit Genuss, aber ich habe Männer gesehen, die *Birkenhaarwasser* getrunken haben, wegen des beigemischten Alkohols, im Gefängnis, ihre Gesichtsfarbe wurde von Mal zu Mal gelber, wir nannten sie nur »die Chinesen«. Sie sahen aus wie Gespenster. Einmal flog aus ihrer Zelle, sie arbeiteten nicht und waren so gut wie ständig darin eingeschlossen, eine Art Geschoss aus Zeitungspapier in den Innenhof, schwer klatschte es auf den kreisrunden Steinplattenweg, auf dem wir gerade im Gleichschritt unsere Freistunde absolvierten. Die Kolonne stoppte, und einer erhielt den Befehl, das merkwürdige Päckchen zu öffnen, es sah aus, als solle er eine Bombe entschärfen. Ich sah es nicht direkt, aber plötzlich, wie alle, hörte ich ihn laut »Scheiße!« schreien, er schrie es nach oben, in Richtung der Zelle, in der die »Chinesen« saßen. Bis eben hatten ihre gelben Gesichter hinter den massiven Gittern das Geschehen im Hof noch unbewegt verfolgt, jetzt waren sie schlagartig verschwunden. Die Kolonne aber erhielt den Befehl, weiterzugehen, doch musste sie einen Bogen um das Päckchen machen, erst danach durfte der unfreiwillige »Bombenentschärfer« die im Zentralorgan der Partei eingewickelten Exkremente wegtragen. Wir hörten sein nicht enden wollendes Fluchen, bis er im Zellenhaus verschwunden war. Er fluchte auch deshalb so laut und so lange, weil er unsere schamlose Heiterkeit mitbekam. Es hallte stärker als der Gleichschritt, in dem wir uns bewegten. Die Wachmannschaft aber blieb ungerührt stehen und ließ ihn schreien. Sie amüsierte sich wie wir.

Bevor Vater sich auf die mit grünem Stoff bespannte Couch setzt, auf der wohl auch geschlafen wird, fragt er überraschend nach meinem Bart und wie lange ich ihn schon trage. Schon lange, sage ich und streiche mir mit der Hand ums Kinn, ob er nie einen getragen habe. *Nein*, sagt er auf Deutsch und lacht und hat meine Frage also verstanden. Auf dem Tisch, neben den ich mich setze, stehen, vor dem Glas mit Birkenwasser, bunte Kaffeetassen und eine weiße Kaffeekanne, ein aufgerissenes Päckchen Zigaretten liegt griffbereit an der Kante. Vater nimmt sich bald eine und raucht. Mir fällt Mutters Erzählung aus dem Vernehmungskeller vor fast fünfzig Jahren wieder ein, die zitternde Hand des jungen Leutnants Wladimir Jegorowitsch Fedotow, mit der tanzenden Zigarette zwischen

Zeige- und Mittelfinger, die nicht brennen wollte, drei Mal musste er sie entzünden, dann endlich konnte er den Rauch inhalieren, seine Angst betäuben. Heute ist Vaters Hand ruhig, heute glüht die Zigarette sofort auf, erlischt nicht, und wenn er zu mir spricht, über damals, als sie sich getroffen haben, er und Mutter, steigt der Rauch senkrecht an seinem Oberkörper empor und verfliegt vor seinem Gesicht in dünnen grauen Schleiern: Näher war ich diesem Gesicht noch nie. Es ist weich, offen, sympathisch. Noch immer. Aber jeder Mensch hat mehrere davon, und nicht alle sieht man im selben Moment. »Ich war fünfundzwanzig Jahre alt«, sagt er, und zum ersten Mal höre ich etwas über die Vorgeschichte meines Lebens aus *seinem* Munde: »In der letzten Zeit hatte ich bemerkt, dass ich immer verfolgt wurde. Von einem Unterleutnant. Es geht immer nach dem Rang: Ein Leutnant wird von einem Unterleutnant beschattet, ein Oberleutnant von einem Leutnant.« Dann sagt er, dass er das Vernehmungszimmer in Magdeburg nicht habe betreten dürfen, sondern nur durch einen Spion hineingucken und bestätigen musste, ob sie es sei oder nicht: »Ist sie das?«

»Ja!«

»Das war es«, sagt er. »Das Gespräch war beendet. Wenn ich mit ihr gesprochen hätte, hätte ich mich daran erinnert.« Ich sage, Mutter würde sich anders erinnern, und in den Akten stünde es auch. »In den Akten«, sagt Vater, »kann man wirklich alles behaupten.« Der Ton, mit dem er das sagt, ist bestimmt, energisch. So war es, heißt das, und nicht anders. Aber Mutter hat recht, denke ich, doch Vater auch: Sie *haben* nicht miteinander gesprochen, in jenem Geheimdienstkeller, damals. Mutter hat es mir erzählt, und das Protokoll hat ihre Aussage wie nun die seine bestätigt. Doch *muss* er im Raum gewesen sein, dasselbe Protokoll, das seine Antworten auf die Fragen des Vernehmungsoffiziers festgehalten hat, wurde auch von ihm unterschrieben, Seite für Seite, fast ein Dutzend Mal.

Dann hole ich den mitgebrachten Stapel Bilder aus meinem

kleinen ledernen Rucksack, die Bücher, die ich ihm schenken will. Als erstes reiche ich ihm ein Photo von jener Frau, die er einmal geliebt hat: Geradezu umhüllt von einem langen Mantel, die Halspartie in einem schwungvollen Kragen verborgen, ein wenig verdeckt er sogar noch Kinn und Wange, steht sie vor einer hohen Hecke und berührt mit der linken Hand einen hervortretenden Zweig, auf dem sich etwas Weißes befindet, eine Blüte vielleicht, genauer ist es auf dem Bild nicht zu erkennen. In der Beuge ihres rechten Armes, den sie an den Körper gepresst hat, hängt eine dunkle Handtasche, sie ist klein und sieht fein aus, es könnte eine aus Leder gewesen sein. Ihr Blick unter der nach hinten gekämmten Haarpracht: zurückgenommen, fast schüchtern. Nur ein leises Lächeln umspielt ihre Lippen. Es scheint mit der Blüte zu tun zu haben, die zwischen ihren Fingerspitzen leuchtet. Jeder, der dieses Bild betrachtet, wird von ihrem sanft auffordernden Blick auf diese Blüte verwiesen – wie damals, 1955, seit einem Jahr war sie wieder frei, auch der Photograph, der die Szene so festhielt. »Das ist Mutter«, sage ich und füge hinzu: »Nachdem sie aus dem Gefängnis gekommen ist.« Zwei, drei Sekunden hält Vater das Bild mit beiden Händen fest, versenkt seinen Blick darin – *und sagt nichts*. »Das ist das Gefängnis, wo ich geboren worden bin«, sage ich, und reiche ihm das nächste: Es zeigt die Burg, das Lager, wie Mutter sie immer noch nennt, Hoheneck. Den Leidensort. Das dritte Photo, das ich ihm zeige, leite ich mit den Worten ein: »Und dann später, das ist mein Gefängnis, wo ich war!« *Mein* Gefängnis, denke ich im selben Moment, wie bizarr, fast muss ich laut lachen: Ein Gefängnis, in dem man war, ist doch keine Trophäe, selbst für einen Unschuldigen nicht. Aber vielleicht ist meine Heiterkeit, die auf andere verrückt wirken muss, nur der Tatsache des Überstehens geschuldet, und ich habe ja nicht nur dieses Gefängnis überstanden, sondern auch noch den Staat, zu dem es gehörte wie die Hölle zum Teufel, das System, die Diktatur. Das sind schon drei Gründe, mit scheinbar unangemessener

Heiterkeit ein solches Bild zu präsentieren. »Wie alt warst du, als du ins Gefängnis kamst?«, fragt Vater, nachdem er sich dieses und weitere Bilder von *meinem* Gefängnis angeschaut hat, ruhig und konzentriert: Bilder von den mächtigen Zellenhäusern Brandenburg-Gördens, von seiner weiß gestrichenen Mauer, dem geharkten Todesstreifen und dem elektrisch geladenen Stacheldraht, vom Arrestblock, in dem ich einmal drei Wochen steckte, halb unter der Erde, 1975, im Februar, als UNO-Generalsekretär Waldheim der Diktatur seine Reverenz erwies. »Zweiundzwanzig«, antworte ich, »ich war zweiundzwanzig Jahre alt.« »Du warst zweiundzwanzig?«, fragt er nach, und dann sagt er mit der Distanz eines professionellen Psychologen: »Das ist ein kompliziertes Alter!« Woran erinnert er sich mit dieser Feststellung? An sich selbst, an meine Halbbrüder? Oder bestätigt sich damit für ihn lediglich ein weiteres Mal nur Wissen über Jungsein und Erwachsenwerden und dass man irgendwann weniger rebellisch wird? »Ich war ja immer in der Kirche«, versuche ich zu erklären, was mich getrieben hat, das Gefängnis zu riskieren. »Ich habe ja auch Theologie studiert«, füge ich an und sehe, wie Vater sich im selben Moment von Issakow, der übersetzt, abwendet, um mich direkt anzublicken. Er mustert mich geradezu. Während ich weiterrede, als ob nichts wäre, wüsste ich gerne, was er denkt. Jetzt. In diesem Moment. Aber ich habe mir geschworen, keine Fragen zu stellen, die ihm Bekenntnisse abverlangen, in welche Richtung auch immer. Er soll nur erfahren, was er längst weiß: dass es mich gibt, und endlich auch, *wie* es mich gibt. Das weiß er noch nicht, sowenig wie ich weiß, wer er gewesen oder geworden ist, warum und wodurch, und als wen er sich heute sieht, versteht, gibt. »Und«, sage ich und mache eine Pause, »in der Kirche, in Deutschland, da war nicht die Propaganda wirksam. Das war *meine* geistige Schule, und zusammen mit meiner Mutter hat der Kommunismus keine Chance gehabt, bei mir.« Jetzt lacht auch Vater übers ganze Gesicht und ruft aus: »*Das begreife ich!*« Dann erzähle ich kurz, wie er aussah, mein Widerstand und der meiner Freunde. Erzähle von Gedichten, Geschichten, Analysen und einer illegalen Zeitung. »Wann war das?«, fragt Vater. »1973«, sage ich. Tief holt er jetzt Luft und macht nun doch ein sehr überraschendes Bekenntnis: »Das System in der DDR gefiel mir in der letzten Zeit überhaupt nicht mehr. Die Sache ist folgende: Die Russen haben den Krieg praktisch allein geführt. Aber was ich nicht begreifen kann: Wieso haben fast alle Deutschen nach Gründung der sogenannten Demokratischen Republik das totalitäre Regime, wie es bei uns war, übernommen und akzeptiert?« Was kann man darauf antworten? Es könnte meine eigene Frage sein, auch wenn ich weiß, dass es 1945 für keinen Deutschen eine Wahl gab. Die Bücher, die zu antworten versuchen, sind nicht zu zählen. Auch ich habe darüber geschrieben. Immer wieder. Aber es wäre vermessen, wenn ich glaubte, mein Geschriebenes dazu sei eine Antwort, die Gültigkeit hätte über mich hinaus. Es ist nur *meine*. Gehen wir lieber trinken!

»Lasst uns trinken«, sage ich, und dann stehen wir alle um den Tisch herum – nur Julia, Jurijs Tochter, Vaters Enkelkind, meine Nichte, eine von dreien, die ich seit gestern habe, hält Abstand und filmt uns –, heben die Hände mit den gefüllten Wodkabechern aus Plastik, und Vater sagt kurz, knapp, fast militärisch, als stünden sich offizielle Delegationen gegenüber: »*Auf das Treffen!*« Einer ruft: »*Gesundheit!*« Die Flüssigkeit in den mitgebrachten Bechern, die den Namen »НАША ВОДКА«, »Unser Wodka«, trägt, zieht ihre brennende Bahn durch Kehle und Speiseröhre, bis in den Magen. Aber zugleich wärmt dieses flüssige Feuer. Dazu gibt es ungesüßte Waffeln, auf die Sahne und Kaviar gestrichen werden. Auch Bier. Vor allem Jurij liebt Bier. Für Julia und ihre Freundin Schokolade. Vom ebenfalls mitgebrachten Whisky trinkt keiner. Die Flasche bleibt verschlossen. Vater, erinnere ich mich aus den Erzählungen von Mutter, hat sich, wenn sie zusammen waren, nie betrunken.

Später besichtigen wir auch das Obergeschoss der Datsche, deren grau verputzte Außenwände in scharfem Kontrast zu den holzverkleideten im Innern stehen, die Wärme ausstrahlen, Gemütlichkeit. Vater geht voran, schnell und kraftvoll nimmt er die steile Treppe hinauf. Ich sehe Türen zu mehreren Zimmern, auf dem Flur stehen Kühlschrank und Kühltruhe, ein Tischchen mit Töpfen, Flaschen und Gläsern. Den Boden bedeckt, wie schon unten, gemusterter Linoleumbelag. Während Vater mir alles zeigt und erklärt, erzählt er vom Bau der hiesigen Datsche: »Die andere, die es auch noch gibt, ist kleiner«, sagt er. »Aber sie hat dafür einen sehr schönen Garten.« »Diese«, sagt er auch noch, »habe ich selbst gebaut, zusammen mit den Jungs. Die Arbeiter, die wir zu Anfang hier hatten, habe ich bald alle weggeschickt: Sie haben nur Bier getrunken, keine drei Säcke haben sie hintereinander bewegt. Da haben wir es lieber selber gemacht.« Besonders stolz ist er auf den Backsteinofen. Erst auf dem Rundgang ohne Kamera entdecke ich, was an den Wänden zu entdecken ist: hier ein silbernes Hufeisen, da das Bild einer russischen Kirche, dort ein Negerkopf als Relief, von dessen Ohr ein goldener Ring herabhängt, und, ja, auch das: eine Kuckucksuhr. In der tschechowschen Veranda! Natürlich könnte ich ihm jetzt erzählen, was bei Mutter so alles an den Wänden hängt, in Vitrinen steht, auf der Couch thront, und dass ich sie oft frage, wo sie den Hang, der sich darin manifestiere, eigentlich her habe? Aber dann müsste ich ihm auch sagen, dass sie das gar nicht so lustig findet, wie ich es meine: Ich solle ihr den Spaß nicht verderben. Über Geschmack lasse sich nicht streiten. Sie habe ihren, ich den meinen, und auf meinen solle ich mir bloß nichts einbilden. »Ja, so ist sie, deine Mutter«, würde er vielleicht antworten. »So kenne ich sie auch, jene Christa von damals.«

Zwischen all dem Essen und Trinken, dem Bilderzeigen und der Hausinspektion bleibt Zeit, miteinander zu reden, auch über die Gegenwart, Konstantin übersetzt, aber wir nehmen ihn schon nicht mehr wahr, wie die Kamera von Adri, die fast ständig irgendwo hinter uns herumtanzt. Wir reden und reden und gestikulieren und stellen fest: *Was* wir uns sagen und *wie* wir es sagen, gefällt uns nicht nur, weil wir es sagen. Wir gefallen uns, weil wir *das* sagen, was wir uns sagen, und *wie* wir es sagen: mit Leidenschaft und mit Ernst, mit Hohn und mit Spott, mit Sarkasmus und Flüchen, mit Symmetrie, ja sogar Kongruenz, und das in zwei Sprachen. Wir reden über Politik, russische wie deutsche, als hätten wir das schon immer getan, zusammen, auf engstem Raum, und widersprechen uns kaum: »Ich würde die Duma«, sagt er, »diese Faulpelze, mit einer Panzerdivision dazu bringen, anständig zu arbeiten! Was hältst du von Kohl?«, fragt er gleich danach, fast ohne Übergang. Aber ehe ich antworten kann und sagen müsste: »Nicht viel, wenn es um alles geht, und nicht wenig, wenn ich an das eine Jahr denke«, ist er schon bei dessen Nachfolger und sagt: »Wenn der Schröder nach Russland kommt, soll er bloß kein Geld mitbringen, nur deutlich sagen, dass hier endlich gearbeitet werden soll!« Zwischendurch, wenn er allzu deftig schimpft, blickt er zu Julia, dem hellwachen vierzehnjährigen Enkelkind mit der Videokamera, und schickt sie mit Augenzwinkern aus dem Raum, lachend läuft sie davon, und kichernd lugt sie danach durch den Türspalt: Der seltsame Dialog zwischen dem ewigen Großvater und dem plötzlich aufgetauchten Onkel aus Deutschland, der aber in Schweden lebt, scheint wie ein verrückter Film auf sie zu wirken. Und irgendwann sagt er: »Weißt du, ich habe nie Angst gehabt, habe mich immer aufgeregt, meine Akte muss dick sein. *Angst*«, plötzlich spricht er ganz ruhig und leise und wiederholt das Wort: »*страх* – hatte ich erst, als die Kinder da waren.« »Ich verstehe, was du meinst«, sag ich, »gut sogar: Ich hatte zum Glück keine Kinder, als ich im Widerstand war. Constanze wurde in Hamburg geboren, da war ich schon fast zwei Jahre raus aus dem Gefängnis und im Westen.« »Aber jetzt bist du in Schweden«, sagt er. »Ja«, sag ich, »ich war glücklich im Westen, lange war ich das, jetzt bin ich es nicht mehr. Ich brauche Abstand, Distanz.« »Das verstehe ich nicht«, sagt er, »es ist doch Deutschland?!«

Später sagt John, und Adri und Christine pflichten ihm geradezu fröhlich bei: »Wenn das kein Beweis war, dass ihr Vater und Sohn seid, dann gibt es keinen! Und deine Brüder, die haben von weitem mit ganz großen Augen zugeguckt und nur gestaunt, wie ihr palavert habt, mit Händen und Füßen, und die ganze Welt dabei vergessen, als hättet ihr das schon immer gemacht. Dein Vater hat sich durch dich für deine Brüder in diesem Moment wahrscheinlich verdoppelt, so unwahrscheinlich war das, was man sehen und hören konnte: mit eigenen Augen und Ohren, mein Lieber.« »Ja«, sag ich, »was soll man da noch sagen?! Wenn ich es mir genau überlege: Ein Beweis hat den anderen gejagt. Meine Leidenschaft für Politik ist offenbar auch die seine, meine Streitbarkeit auf diesem Feld, auch ihn feuert sie an, aber was mich am meisten erstaunt, fast umgehauen hat es mich, war, wie stolz er mir seinen Trommelrevolver zeigte und wie geschickt er sich noch das Schulterhalfter dafür umschnallte und das Ding darin verstaute mit der Bemerkung: ›Die Zeiten sind wieder gefährlich! Da braucht man so was!‹ Habt ihr gesehen, wie er sich gefreut hat, als er mir die Waffe reichte und ich sie sofort befühlte wie einen vertrauten Gegenstand und sie anlegte und zielte, durchs Fenster hinaus in den blauen Himmel über Schalikowo? Das war nicht gespielt oder ihm zuliebe gemacht: Ich mag Waffen. Schon lange. Aber das Schönste: Er macht auch die Küche, hat er mir verraten, und kocht. *Wie ich!*« »Passt doch«, sagt John, »hat Jurij uns nicht gestern erzählt, dass er Direktor eines gastronomischen Unternehmens war? Und du hast Bäcker gelernt.« »Kann sich«, frage ich zurück, »so etwas wirklich vererben?« »Verehrtester«, sagt John, der überall auf der Welt als Richard Gere durchgeht, mit dem ganzen Charme seiner Erscheinung: »Das gibt unser kleines Labor hier nicht her. Das überlassen wir doch besser der reinen Wissenschaft.«

Der Mann, der vor Stunden einen schneeverkrusteten Dorfweg einhundert Kilometer westlich von Moskau passiert hat,
um am Ende dieses Weges einen Menschen zu umarmen, zu
dem er Vater nur deshalb nicht sagen konnte, weil ihm das
Wort in der fremden Sprache, die der Umarmte spricht, plötzlich fehlte – den er aber fühlte in der Umarmung, als hätte er
das Wort ausgesprochen, er sitzt nun wieder in seinem Zimmer im »Rossija« am Roten Platz und beginnt, auf der Tastatur
des Telefons eine Nummer zu wählen, die Muschel des abge-
hobenen Hörers an sein linkes Ohr gepresst, eine lange Sekunde wartend, die das Signal braucht, um anzukommen, die
Maßeinheit für die Ewigkeit ist vielleicht auch nur eine Teil-
formel der Relativitätstheorie, denkt er jetzt und weiß: Am
anderen Ende des Rufs über Tausende Kilometer hinweg wird
gleich ein Mensch seinen Namen nennen, zu dem er Mutter
sagt, sagen kann in der gemeinsamen Sprache, doch meistens
etwas anderes, einen Spitznamen, eine schräge Formel, eine
verlegene Verrücktheit. Sie ist die Frau, die jenen Mann, den er
vor Stunden zum ersten Mal in seinem Leben umarmt hat, vor
einem halben Jahrhundert ebenfalls umarmte, aber anders.
Anders fremd, anders vertraut, anders leidenschaftlich: seinen
Vater. Und er wird ihr sagen müssen, was sie vielleicht in diesen Minuten am wenigsten hören will: dass alles gut sei. Denn
sie ist immer noch eifersüchtig, und sie hat immer noch einen
Verdacht, der auch nach den Informationen, die er ihr vorgestern gegeben hat, nicht ausgeräumt ist. Für sie. »Irgendetwas
stimmt nicht«, sagt sie nach wie vor oder deutet es an, manchmal nur mit einer Nuance in der Stimme, und meint, wie seit
langem, jene letzte nächtliche Begegnung zwischen ihr und
seinem Vater, vor Jahrzehnten, im Vernehmungszimmer des
MGB am Sitz des sowjetischen Militärtribunals in Magdeburg,
die den Offizier Wladimir Jegorowitsch Fedotow in voller
Uniform zeigte, was ihr bewies, dass er, im Unterschied zu ihr,
kein Gefangener war. Aber was war er dann gewesen? Ein Verräter, dem die Hände zitterten? Ein leichtsinniger Mensch, der

sich zur Unzeit irgendwem gegenüber verplappert und sie so ins Unglück gerissen hatte? Oder nur ein gutgläubiger, der einem Freund vertraute, der sein Freund nicht wirklich war? Und warum hatte ihr der Vernehmer danach gesagt, dass Wladimir fünfundzwanzig Jahre Sibirien bekommen hätte?

Wenn sie wieder davon anfängt, denkt der Mann, wird er ihr sagen, lass doch endlich ab, die Welt ändert sich nicht nach rückwärts, aber nach vorne. Dein Misstrauen trifft einen alten Mann, den du einmal geliebt hast, da war er jung und in einem fremden Land, und hinter ihm lag der schlimmste aller Kriege, den er überstehen musste, vom eigenen Regime nicht zu reden. Er hat dich nicht betrogen mit einer anderen, das ist doch viel; der Rest ist Schicksal, Verhängnis, Stalin. War dir überhaupt bewusst, in welcher Zeit ihr eure Illusionen zu leben versucht habt? Lass ihm seine mögliche Schwäche, ich sag ja auch nicht, dass du naiv warst, als du Lübeck vorschlugst und ihn damit in ausweglose Unruhe stürztest, mindestens. Noch nach deinem Verschwinden, so hast du selbst mir einmal verraten, sei er im Dunkeln zu euch gekommen, habe ans Fenster geklopft und sich bei deiner Mutter, von der du es, als du aus Hoheneck wieder zurück warst, erfahren hast, nach meiner Schwester erkundigt, wie es ihr gehe, die er manchmal, wie ein stolzer Vater sein eigenes Kind, in aller Öffentlichkeit geschoben hat, in der Sportkarre, wenn ihr zum Strand unterwegs wart oder anderswohin. Das macht doch keiner, dem alles egal ist. Ob Glück im Unglück oder Unglück im Glück: Ihr habt überlebt. Ist das nichts?

»Ich bin's«, sagt der Mann.
　»Wo bist du?«
　»Na, wo«, sagt der Mann, »in Moskau.«
　»Und? Gibt es was Neues?«
　»Und ob«, sagt er. »Es hat geklappt.«
　»Ja?!«
　»Wir haben uns getroffen.«

»Schön.«

»Natürlich«, sagt der Mann.

»Na, bitte.«

»Na, bitte?«, fragt der Mann zurück und denkt: Was soll das denn? *Kann* sie sich nicht freuen? Oder will sie es nicht?

»Ja.«

»Also das ist mir zu wenig, wenn du verstehst.«

»Na ja, jetzt hast du doch, was du wolltest.«

»Hab ich«, sagt er und fragt sich, was er machen muss, damit nun auch das Eis auf der anderen Seite des Zeitflusses bricht, wie er sie dazu kriegt, sich zu freuen, mitzufreuen, und hat im selben Moment eine Idee, sie ist doch eine Frau: »Er hat ja noch ganz schön Kraft«, fügt er an. John und die anderen seien ganz begeistert von ihm und seiner Erscheinung. Wie ein junger Hüpfer sei er die steile Treppe ins Dachgeschoss der Datsche emporgestiegen, wo er ihm die Räume und ihre hölzerne Verkleidung gezeigt und stolz darauf hingewiesen habe, dass er alles selbst gemacht hätte, zusammen mit den Jungs und guten Freunden. Und ein Glas Birkensaft habe er ihm zur Begrüßung auch gereicht. Selbst gezapft, von den Birken am Dorfrand. Russischer ginge es ja nun wirklich nicht.

Einen langen Moment hört der Mann nichts, und dann, überraschend weich und stolz in einem: *»Er war ja auch damals schon ein toller Typ!«* Aha, denkt der Mann: Endlich! Endlich ist sie wieder eine Frau, seine Christa, mein Vater. Eigentlich müsste er jetzt laut lachen, ins Telefon hinein, bis nach Hamburg, direkt ins Ohr und Herz der Mutter. Aber dann erzählt er, dass sie sich morgen treffen wollen, im besten georgischen Restaurant der Stadt, alle, die Fedotows, mit Kind und Kegel, Issakow, die Fernsehleute. Gefilmt werde aber nicht. Nur noch Photos. Der eigentliche Höhepunkt sei ja heute gewesen. Der könne nicht mehr überboten werden. Auch müsse man nicht alles filmen, es sei ja ohnehin ein ziemlich starkes Stück, ihm ohne Vorankündigung auf die Pelle gerückt zu sein, ohne Kamera würden sie ungezwungener miteinander umgehen können. Sowieso habe er das Gefühl, morgen einiges zu erfahren, was sie und er noch nicht wüssten. Übermorgen flöge er dann zurück. Aber morgen, morgen werde erst einmal gefeiert! »Na dann«, sagt sie, »viel Spaß.«

Es klingt jetzt freier, viel freier, fast fröhlich, und Grüße an die Holländer, wie sie sagt, solle er auch ausrichten. Zu mehr Grüßen, denkt der Mann, reicht es aber doch noch nicht. Schließlich schiebt er es auf Mecklenburg und Pommern, von dort stammen ja ihre Eltern und Großeltern. Schon die Köpfe auf den Bildern der Altvorderen haben vieles erklärt, eine von ihnen wurde die stolze Auguste, die Krone von Damm, genannt. Er weiß, dass auch sein Kopf in diese Galerie passt.

Spät schläft der Mann an diesem Tag ein. Oder ist es schon der nächste? Sie waren zuvor noch ein paar Stunden im Nachtclub des Hauses, haben wieder getrunken, wieder Billard gespielt und wieder den Tanzenden zugeschaut. Es gab nicht mehr viel zu sagen nach dem Ereignis; eher musste es beschwiegen werden, beschwiegen mit Hilfe des Gedröhns um sie herum, der stampfenden Rhythmen, des auf- und abschwellenden Stimmenchors der übrigen Nachtschwärmer, eines Stromes von Menschen, der nie zu versiegen schien, ganz gleich, um welchen Tag in der Woche es sich auch handelte. Es lenkte ab, übertönte, legte einen surrealen Schleier über jene seltsame Begegnung vor den Toren Moskaus, die natürlich trotzdem im Bewusstsein blieb mit ihren Bildfetzen und Tonspuren: *Über Wunder kann man nicht diskutieren*, hatte der Mann mitten im Discotrubel gedacht, den Satz dann aber doch für sich behalten und zu Regisseur und Kameramann gesagt: »Trinken wir noch einen? Ich zahle. Das ist mein Tag.« Aber der Regisseur hatte nur gelacht und gesagt: »Ich zahl'! Du bist morgen dran, morgen hast du uns alle am Hals, die ganze Bande! Du hast jetzt eine Großfamilie, Verehrtester, die reicht von Amsterdam über Hamburg bis Moskau.« »Schweden nicht zu vergessen«, sagte der Mann.

Irgendwann liegt er im Hotel am Roten Platz in seinem Bett und weiß nicht, ob er noch wach ist oder schon träumt. Aber was er gewahr wird in dieser Stunde zwischen den Zeiten, steht eigenartig klar vor seinen geschlossenen Augen, die zugleich weit geöffnet sind: Er sieht den PKW, in dem sie am frühen Abend von Schalikowo nach Moskau zurückgefahren sind, vor den Toren der riesigen Stadt an einem Punkt halten, an dem sie gar nicht gewesen sind, weil sie auf einer ganz anderen Straße unterwegs waren – an Kilometer 23 der Leningrader Chaussee in der Nähe des Flughafens Scheremetjewo, wo drei überdimensionale Panzersperren aus Stahlbeton in den Himmel ragen, die jene Linie symbolisieren, an der 1941 die deutschen Armeespitzen endgültig zum Stehen gekommen waren. Hier verlässt er den Wagen, geht ein Stück auf das Denkmal zu und steigt plötzlich, als wären ihm Flügel verliehen worden, auf – beginnt zu schweben, über der Szene zu kreisen. Dabei hört er eine Stimme, wieder und wieder, von der er nicht weiß, ist es die seine oder die eines anderen, den rätselhaften Satz sagen: »*Wenn der Sieg sich in die Niederlage verliebt, gebiert die Niederlage ein Kind des Sieges.*« Ich träum' wohl nur, denkt der Mann, und denkt: Ich werde geträumt, und denkt: Wer träumt mich, wenn ich geträumt werde und träume, dass ich träume … Es ist der Schlaf, der reine Schlaf, in dem der Satz, der immer noch zu hören ist, sich schließlich wie ein nachlassendes, leiser und leiser werdendes Echo verliert. Der Schlaf seiner achten Nacht in der Stadt seines Vaters, der nun bezeugt hat, vor aller Welt: Ich *bin* es, und er ist mein Sohn.

5. April 1999

Die Welt hat sich nicht verändert. Eben bin ich aufgewacht, habe auf die Uhr geschaut und dann durchs Fenster nach draußen. Alles, was mich umgibt, im Zimmer wie vor dem Hotel, ist so wie gestern: Die Möbel sind braun, Vorhänge

und Bettdecke lachsrot, die Zwiebeltürme des von stark be-
fahrenen Straßen eingeschnürten Kirchleins golden und blau,
der Kreml steht noch, die Moskwa fließt wie eh und je, der
Autoverkehr dröhnt, Glocken läuten, Menschen eilen ge-
schäftig hin und her. Gestern aber ist weit weg. Ich gehe ins
Bad. Esse danach ein paar mit Zitronencreme gefüllte Waffeln Marke »Bolschewik«, trinke Mineralwasser dazu und
lege mich wieder hin. Ich kenne das, was mich jetzt, fast läh-
mend, erfasst, süß und schwer, den Körper flutend, die Seele
entfesselnd: ein Verschwinden der Außenwelt in meinem Innern, das nun zum Außen wird. Seit Kindheitstagen kenne ich
es: Was ich höre, höre ich nur noch gedämpft; was ich denke,
denke ich laut und stumm zugleich. Hat das Telefon geklingelt? Ich bin nicht da. Ich bin da, wo ich bin. Wo bin
ich? Ich bin im Reich der Frage nach dem Verhältnis von Wissen und Wirklichkeit, von Realität und Traum, von Zeit und
Überzeit. Es geht nicht mehr um das zu Ende gebrachte
Schicksalsspiel Vater, Mutter, Kind. Nicht um die deutschen
Felder darin und die russischen. Nicht um Glücks- oder Un-
glücksregeln, nach denen es gespielt werden musste. Es geht
um das Geräusch des Meeres, an das ich mich flüchtete – vor
der Schule, der Lehre, der Diktatur, vor dem Geschrei des
scheinbaren Zufalls, in dem man zum Überleben erwacht –,
wenn ich in der Düne lag und es hörte, den Wind, die Möwen,
sonst nichts, niemanden. Die Stunden verrannen, und mit
ihnen verschwand die Welt. Nicht die Freiheit, wie ich früher
glaubte, war das Ziel dieser Fluchten; das *Freisein* zog mich
zu sich hinüber, wie ich mir heute gewiss bin, und mit aller
Macht durchströmten seine Elemente mein Bewusstsein. Es
ist die einzige Antwort geblieben, die ich restlos verstehe.
Ein vollkommenes Trostgeschenk im vollkommen Untröst-
lichen.

Um zwanzig Minuten nach zwölf klingelt das Telefon erneut: »In zehn Minuten«, sagt John, »treffen wir uns, im Cafe
auf Etage 9/8. Bist du fit?« »Ich bin fit«, sage ich. »Ich war

gerade am Meer.« »Ach so«, sagt John und macht eine andeutungsreiche Pause: »Dann wird es ja Zeit, dass du jetzt einen Kaffee kriegst. Bis gleich.« »Wir müssen noch ein paar Schüsse machen«, sagt John, nachdem ich in die Etage 9/8 gefahren bin und Platz genommen habe am Tisch meiner Freunde und Mitstreiter, einen Kaffee bestellt und ein Zigarillo angezündet habe. »Ja«, sagt Adri: »Blick auf Moskau, von den Leninbergen vielleicht, den Arbat sollten wir auch mitnehmen, da platzt die Stadt fast vor Leben, was noch?« »Den Kreml«, sagt John, »am besten eine volle Umrundung.« »Die Lubjanka nicht zu vergessen«, erweitere ich die Motivliste und trinke den ersten Schluck heißen Kaffees an diesem Tag, er ist rabenschwarz und stark und das Zigarillo schmeckt verdammt gut dazu. »Wenn wir draußen fertig sind, müssten wir bei dir noch eine Tonaufnahme machen«, sagt Christine, als wir aufstehen, sie zündet sich gerade die dritte Zigarette während unseres kurzen Gesprächs an: »Den Brief an seinen Vater müsste er doch noch lesen, John, oder?!« »Unbedingt«, sagt John. »Mir schwebt da schon was ganz Bestimmtes vor. Hat er dir eigentlich gestern gesagt, ob er ihn erhalten hat?« John schaut mich jetzt an wie ein großes irritiertes Kind: »Er muss ihn doch bekommen haben, wir haben ihn ja vor drei Tagen eigenhändig in seinen Briefkasten gesteckt: Babuschkina 42, Quartier 202, ich kann das schon auswendig, und dann noch dieser Vorsitzende von seinem Veteranenverein, mit dem wir uns in der Nähe getroffen haben, eine unglaubliche Type, der wollte uns doch noch in letzter Minute abwimmeln, man soll alte Geschichten nicht aufrühren, bloß keine Kamera, keine Zeugen, die Hand vorm Gesicht, wie zu Breschnews Zeiten, wenn der nicht hundert Jahre beim KGB war!« »Der war schon bei der *Ochrana*«, sage ich, »so wie der aussieht, aber wahrscheinlich hat mein Vater den Brief erst gestern Abend gelesen, nach der Rückkehr von der Datsche. Da war meine Bitte darin allerdings schon überholt. Wir haben uns selber überholt, merke ich gerade. Müssen wir ihn wirklich noch aufnehmen?« »Was wir haben, Verehrtester«, sagt John, »haben wir. Wegschmeißen kann man immer noch.«

Zurück von den Außenaufnahmen, noch bei Sonne und blauem Himmel, und nach der anschließenden Tonaufzeichnung in meinem Zimmer, treffen wir uns um siebzehn Uhr zum Essen in der Hotellobby. Draußen ist es inzwischen wieder grau geworden, Schnee fällt. Wir nehmen nur wenig zu uns: Gewürzgurken, Brot, kaltes Huhn, Salat. Dazu Bier. Danach einen Kaffee. Geschlemmt wird später. In gut drei Stunden – Christine ist seit gestern ziemlich erkältet, will aber, was uns freut, trotzdem mitkommen – wollen wir uns mit Vater, den Brüdern, ihren Frauen und Töchtern treffen, mit Konstantin und Susanna, unserer niederländischen TV-Kontaktfrau in Moskau, auch ihr Lebensgefährte wird dazustoßen. Das Restaurant, in dem das Fest heute Abend stattfinden soll, hat sie vorgeschlagen. Es ist ein georgisches und heißt »Goeria«. Ich hätte auch gar nicht gewusst, wo wir hingehen könnten. Es sei das beste seiner Art in der Stadt, hat sie gesagt, zur Zeit jedenfalls. Morgen könne es schon ein anderes sein, Moskaus Gastronomie expandiere gerade wie verrückt. Warum nicht, hab ich gedacht, auf nach *Georgien*! Seit meinen Kindheitstagen hat mich dieses ferne Land am Schwarzen Meer gefesselt, und das, wenn ich es ganz genau nehme, mit einem einzigen Film, den ich 1961 im Wismarer »Volksfilmtheater« sah, an einem Sonntagvormittag, die Kinokarte für fünfundzwanzig Pfennige, da war ich neun Jahre alt, vielleicht auch schon zehn, falls es im Sommer gewesen ist. Der Film hieß »Der Mameluck«. Der dramatische Streifen erzählte die tieftraurige Geschichte eines grusinischen Jungen in meinem damaligen Alter, der gegen Ende des achtzehnten Jahrhunderts in einem Küstenort am Schwarzen Meer lebt, in der freien, südlich-üppigen Natur Ziegen hütet, Eltern, Geschwister und Spielgefährten liebt und mit ihnen, wie alle in ihrer Umgebung, kirchliche wie weltliche Feste feiert, als gäbe es nur diese eine vertraute Welt, unveränderbar, immer und ewig.

Doch eines Tages geschieht das unfassbar Schreckliche, in dessen Folge dieses erste Leben des kleinen Jungen von einer Minute zur anderen beendet ist und ein zweites seinen Lauf nimmt, das nicht nur radikal anders ist als das alte, vertraute – mit ihm bricht ein anhaltendes Verhängnis über ihn herein. Es versucht, seine ursprüngliche Identität zu zerstören: unbarmherzig, fremdbestimmt, restlos. Von Sklavenjägern geraubt, wird er mit anderen Kindern ins islamisch beherrschte Stambul verschleppt, dann in den Vorderen Orient verkauft. Chwitscha, so heißt der Kleine, landet schließlich in Ägypten, am Hofe des Paschas Ali-Bey. Alles, was ihn einst prägte, muss er nun vergessen. Gequält von Heimweh und Sehnsucht nach seinem Zuhause, wird er in vielen Jahren dennoch zu einem berühmten Mameluckenkrieger, bekannt für seine Unerschrockenheit und Härte: *Machmud* sein Name. Der Bruch mit dem neuen Leben beginnt durch einen Zufall, und der Zufall heißt Zira, ein junges Mädchen aus dem Harem des Paschas: Auch sie eine Entführte, ist sie doch zugleich niemand anderes als eine Jugendgespielin des einstigen Chwitscha. Doch ihr Fluchtplan wird verraten und Zira hingerichtet. Machmud aber verschwindet in einem Verlies. Nach vielen Jahren darf er es zwar wieder verlassen, aber nur, um sich in neuen Schlachten zu bewähren. Sein tollkühner Einsatz wird belohnt, erneut kommt er zu Ehren, doch hat er mit seinem Mut zuletzt nur eines gesucht: den Tod, um all das, was ihn quält, für immer vergessen zu können. 1798 fällt Napoleon mit einem großen Expeditionsheer in Ägypten ein. Als einer der Führer des Mameluckenheeres leistet auch Machmud erbitterten Widerstand. Am Ende steht er, in mörderischer Schlacht, einem feindlichen Hundertschaftsführer in venezianischer Uniform gegenüber. Zu spät erkennt Machmud im tödlichen Getümmel – ein Muttermal ist das Zeichen –, dass dieser feindliche Fremde kein anderer ist als sein Jugendfreund Gotscha. Der Tod triumphiert dennoch nicht, weil er das Entscheidende nicht verhindern kann: dass die einst so brutal Auseinandergerissenen sich in den letzten Minuten ihres Lebens nicht als Fremde begegnen, als *Feinde*, sondern *so* füreinander da sind, wie sie es schon in den Tagen ihrer Kindheit waren, in der verlorenen Heimat, im fernen Grusinien: als *Freunde*. Natürlich hat mich dieser Film zu Tränen gerührt, und natürlich habe ich ihn auch deshalb nie vergessen. Und natürlich weiß ich, dass er mir das Fest heute Abend gar nicht verdunkeln *kann*, er ist ja zuletzt *gut* ausgegangen: das Entscheidende, die Erinnerung an das wesentlich Eigene, konnte nicht zerstört werden. Aber die Geschichte hat mich zu jener Zeit mit einer Macht überfallen, als hätte ich sie selber erlebt. Wohl deshalb ist sie mir nie wirklich aus dem Sinn gegangen, auch wenn sie lange verschwunden schien, die nun plötzlich wieder aufgetaucht ist, mit ihren farbigen Bildern und beweglichen Szenen, weil das Wort Georgien fiel, ich aber *Grusinien* sah – verschmolzen zu einem Gefühlsecho, das sich in meinem Kopf aufbewahrt hat wie eine unbestreitbare Wahrheit. Und was weiß ich schon, was diese Geschichte noch alles spiegelt in meinem Bewusstsein und dem Labyrinth seiner Säle, Räume und Kammern wie seiner vollkommen verborgenen Winkel und Gänge. Wir sind mehr als nur unser Wissen um uns. Wir sind reicher als unsere Bewusstseinsarmut uns vorgaukelt.

»Ich möchte nichts darüber wissen, nichts davon hören!« Kann es wirklich sein, dass der Mann, der mich jetzt – bekleidet mit einer feinen Hose, einem feinen Jackett und einem schneeweißen Rollkragenpullover – im Eingangsbereich des Restaurants »Goeria« irgendwo in Moskau in seine weit geöffneten Arme schließt und fest, ja geradezu innig an seine Brust drückt und nicht mehr loslässt wie schon gestern in Schalikowo, dass *er* derselbe ist, der vor Tagen jene fast verstörenden Sätze gesagt hat, um dann sofort wieder den Telefonhörer aufzulegen, bevor der Anrufer auch nur eine Silbe darauf erwidern konnte? *»Ich möchte nichts darüber wissen, nichts davon hören!«* Jedenfalls waren das seine Worte, als Konstantin noch

einmal versuchte, auf direktem Wege eine Begegnung zwischen uns zu organisieren. Aber er *ist* hier, will also doch endlich wissen und hören, genau und aus erster Hand, was ihm schon seit 1993 durch den Kopf geht, nachdem sie ihn im Militärhistorischen Archiv informiert haben über diesen Sohn im fernen Deutschland, dem er damals noch kein Vater sein wollte, sich im Gespräch dann aber doch als sein Vater verriet, weil er immer wieder danach fragte, was denn geworden sei aus diesem jungen Mann, welchen Weg er gemacht habe, ob es ihm gutgehe.

Zu Hause ist inzwischen Ostermontag, und hier ist was? Vielleicht ein Wiedersehen zwischen Verwandten, die sich vorkommen wie Kolumbus und seine Amerikaner, vierundzwanzig Stunden nach der Entdeckung, und alle sind erneut an den Strand gekommen, neugierig und aufgeregt, brauchen aber, wie schon vor 507 Jahren an einem Tag im April, *Dolmetscher,* die die Neugier befriedigen und die Aufregung dämpfen: Wladimir Jegorowitsch, Jurij und Slavik, ihre Ehefrauen Rima und Tamara, die Töchter Julia und Ljuba, die Amerikaner des Abends, und ich, Kolumbus, mit holländischer Mannschaft. Der Mann war mir schon immer sympathisch, hat er doch seine Leidenschaft auf Könige übertragen. Jurijs und Rimas kleine Alexandra ist zu Hause geblieben, bei ihrem Luftballonnachtgespenst, wie Vaters Frau, die ich gerne dabeigehabt hätte. Doch sie passt auf das Enkeltöchterchen auf. Nach der langen Umarmung mit Vater, die mit dem uralten Ritual des dreifachen orthodoxen Kusses auf meinen Wangen endet, wiederholt sich die Zeremonie mit den anderen Familienmitgliedern, und auch mit Tamara und Ljuba, die mich zum ersten Mal sehen, geschieht es nicht weniger herzlich, und doch gehüllt in einen Hauch Befangenheit. Dann gehen wir alle zu Tisch, der eine ziemlich lange, weiß eingedeckte Tafel ist, in einem saalartigen Raum im Obergeschoss des Restaurants, an seinen Mauern aus dunkel gebrannten Ziegelsteinen hängen großformatige Gemälde und Wandteppiche, märchenhafte

Gebäudeensemble darauf, Kirchen, Burgen, Schlösser. Dazwischen fällt warmes Licht auf die Tafel, von Wandlampen mit Schirmen aus milchigem Glas. In der Mitte des Tisches flackern in einem silbernen Leuchter vier dunkelgrüne Kerzen. Wir nehmen Platz, dann wird serviert: Fleisch, in allen Variationen, gegrillt auf dem Rost, am Spieß, gebraten in Scheiben auf Platten. Dazu Brot, Gemüse, Püriertes, Scharfes und Mildes, und Bier und Wasser und Wein, Rotwein. Eine Serie vollendeter Köstlichkeiten.

Vater und ich sitzen in der Mitte der Tafel, hinter unserem Rücken hängt das Gemälde an der Wand, auf dem sich zahlreiche Kirchen erheben, kann das ein Zufall sein? Oder sehe ich nur noch Harmoniegespenster aus der starken Quelle meiner Sehnsüchte und Wünsche? Links neben mir findet sich Jurij ein, schräg gegenüber sitzen Slavik und Tamara, daneben Ljuba, die zweiundzwanzigjährige Tochter der beiden, sie hat gerade ihr Jurastudium an der Lomonossow-Universität begonnen, später raucht sie elegant eine Zigarette. Neben ihr Cousine Julia und über Eck Tante Rima. John, Adri und die fiebrige Christine haben sich am gegenüberliegenden Tischende niedergelassen. Christine raucht heute Abend nicht mehr, das will etwas heißen. Konstantin aber ist strategisch so platziert, dass er die Gespräche zwischen Vater, den Brüdern und mir mühelos hören und in verschiedene Richtungen übersetzen kann, und es funktioniert. Spricht er Russisch, finde ich Zeit für Notate, die das Gefragte, Gesagte und Gehörte bergen, bevor es verlorengeht. An dieser Tafel wird es nicht still, zwischendurch hält John eine Rede, er besingt geradezu das Glück der beiden letzten Tage, das seine holländischen Kollegen und Freunde ähnlich empfänden wie wir, auch wenn sie nur Zeugen seien, nicht unmittelbar Betroffene. Dennoch bleibe es eine Sternstunde für ihn als Regisseur, und er habe schon viel gesehen und gefilmt auf der Welt. »Alle diese Geschichten sind einmalig gewesen«, sagt er zum Schluss, »aber eure gehört nicht in diese Reihe. Eure ist einfach nur *wunderbar*.« Nach dem Beifall dafür erheben wir unsere Gläser und trinken auf die Gesundheit aller, dann spreche ich einen Toast auf das Team aus und auf Konstantin, mit dem in Moskau alles das wieder angefangen hat, was vor fast einem halben Jahrhundert in Wismar schon zu Ende gewesen zu sein schien.

Irgendwann tauschen Vater und ich Bilder. Er hat mir einen ganzen Packen mitgebracht, ich ein paar winzige Photos mit gezacktem Rand aus jener Zeit, da Mutter im Gefängnis und ich bei meinen Pflegeeltern war: ein properer kleiner Kerl von etwa zwei Jahren läuft da, im Frühjahr 1953 vielleicht, unter der Sonne in einer Straße Wismars umher, in der er bei Tante Grete und Onkel Horst wohnt und ein paar Häuser weiter Oma und die Schwester finden kann, aber dass seine Mama in derselben Straße abgeholt worden ist, vor Jahren, sieht man ihm nicht an, er weiß es ja nicht. Er lacht vielmehr und strahlt und hält seinen prächtigen Stoffhund stolz und fest im Arm, und die feinen Schühchen, die er trägt, glänzen, die weißen Strümpfchen leuchten, ein adrettes Jackettchen hat er an, kurze Hosen, und das blonde Haar ist artig seitengescheitelt und festgeklammert worden. Die Welt ist heil, sagt das Photo, ganz und gar heil. Nichts Böses unter der Sonne. Vater kennt die Straße, in der sein kleiner Sohn da steht, sitzt oder promeniert und dem Menschen, der ihn photographiert, unverwandt entgegenlacht; aber *erinnert* er sie auch, jetzt, in dieser Minute? Erinnert er seinen Gang durch diese Straße im Schutze der Dunkelheit, sein Klopfen ans Fenster im Parterre des Hauses mit der Nr. 31, seine Frage an Großmutter nach Dolores, der Tochter seiner verschwundenen Christa, und wie es der Kleinen gehe? »Weißt du«, sage ich ihm, während er das Bild betrachtet, »ich bin zwar der älteste deiner Söhne, aber ich habe gerade das Gefühl, der jüngste zu sein!« Bevor er etwas antworten kann, reiche ich ihm einen Stapel mit Kopien aus seiner und Mutters Geheimdienstakte. Sofort versinkt er darin, liest über sich, über sie, liest sich fest, vergisst die Gesellschaft, die ihn umgibt, scheinbar vollkommen.

Als er wieder in die Gegenwart zurückkehrt, hat er Tränen in den Augen und flüstert leise, ihr bräunliches doppeltes Haftphoto in der Hand – Seitenprofil, Frontalaufnahme, Name, Vornamen auf Russisch, Geburtsjahr –, das Oberst Kopalin mir als Geschenk überreicht hat: »*Christa!*« Dann lauter: »*Warum haben sie einer so jungen Frau dies nur angetan?! Wegen nichts, diese Schweine, Verbrecher, wegen nichts!*« Ich schweige, die Frage richtet sich an niemanden, der im Raum ist, und die Antwort darauf kennt von allen, die an der Festtafel sitzen, mit Gewissheit er am genauesten. Sie hat mit ihm am wenigsten zu tun und vielleicht auch am meisten. Wie löst man unauflösbare Widersprüche auf? In dem man so tut, als gäbe es das nicht, das Verhängnis, die schuldlose Schuld, den unausweichlichen Irrtum? Und nachbohrt und nachbohrt, bis man endlich auf das gestoßen ist, was man gar nicht sehen will: das Schwarze Loch der Geschichte, in dem alles verschwunden ist, unterschiedslos und für immer? Nein, ich hebe stattdessen mein Glas. Er versteht und greift nach dem seinen. Wir stoßen an. Wir trinken. Roten Wein aus Georgien. In Moskau. Ein Jahr vor dem Ende des Jahrtausends. Ein Vater und sein Sohn, das Natürlichste von der Welt. Während er sein halbvolles Glas wieder absetzt und ich mein geleertes nachfülle, fragt er mich, ob und wann Mutter geheiratet hat? Und, falls ja, was für ein Mann es ist? Ich erzähle von ihm, von Rudolph, dem Böhmen aus Königgrätz, mit einem tschechischen Vater und einer deutschen Mutter, der als kleiner Soldat im Zweiten Weltkrieg ein schweres Maschinengewehr schleppen musste, in der Schlacht bei Monte Cassino in Gefangenschaft geriet und, zu seinem Glück, nach Amerika kam. Einmal hat er einen schwerverletzten Kameraden gerettet, auf einer Zeltbahne zog er ihn unter Beschuss ins Hinterland. Die Eltern des Geretteten, Bauern, bedankten sich bei den Eltern des tapferen Retters mit einem Lebensmittelpaket. Sein redseliger Bruder hat es berichtet, er selbst hätte es nie getan. Nach dem Krieg war er ein begabter Eishockeyspieler, nicht in Böhmen, in Mecklenburg, weil er, wie viele, seine alte Heimat verlassen musste. »1978 haben sie geheiratet«, sag ich, »ein Jahr später sind sie zu uns nach Hamburg gekommen.« Vor sechs Jahren fast auf den Tag sei der einst so sportliche Mann, inzwischen an den Rollstuhl gefesselt, an den Folgen von Parkinson gestorben. Sie hätten sich gut verstanden. »Er hatte«, sag ich zuletzt, »am selben Tag Geburtstag wie du, aber er war ein Jahr älter.«

»Weißt du«, Vater guckt jetzt durch mich hindurch, in eine imaginäre Ferne, »der Krieg hat meinen Vater das Leben gekostet, beim Einmarsch der Deutschen in unser Dorf, elf Geschwister hatte ich noch, und später hat mich dieser Krieg nach Deutschland gebracht. Ich hab gearbeitet dort, ich war jung, es war alles so ordentlich und sauber, ich hatte zu essen, es war keine schlechte Zeit für mich. Noch immer sehe ich die wunderschönen Alleen mit den Obstbäumen in dem Dorf, wo ich gewesen bin.« Während er erzählt, erinnere ich mich, dass auch Mutter mir sagte, Vater sei als Junge in Deutschland gewesen, dorthin verschlagen durch den Krieg, aber seine Familie habe er in Leningrad verloren. Ich bin versucht, nachzufassen, nachzufragen, nachzubohren: Wie das? Warum Leningrad? Wie kannst du in Deutschland gewesen sein, nach 1941, 1944 aber Soldat der Sowjetarmee, sogar Kundschafter, wie dein Militäraktenblatt vermerkt, an der 3. Ukrainischen Front? Hat dich mein Mutterland zurückkehren lassen, bevor seine Soldaten selber wieder zurückmussten aus Russland, meinem Vaterland? War das wirklich möglich, oder bist du zurückgeflohen? Hattest du Heimweh, gab es einen Auftrag, oder hattest du, wie immer, nur Glück? Alle Russen, die in deutsche Hände geraten waren, standen bei Stalin doch unter Verdacht? Wie verkeilt sind diese Mutter- und Vaterländer in mir, selbst wenn es nur die zwei Teile der einen Vorgeschichte sind? Aber du erzählst, als sei das alles logisch gewesen. Karg, schnörkellos, eindeutig. Was ist Logik, wenn sie nicht *lógos* ist oder wird? Zufall, Unsinn, Absurdität?

Frag nicht, denke ich, versuch nicht, das Unbegreifliche zu begreifen, schon gar nicht jetzt, in diesem Moment, und greife deshalb rasch ein weiteres Mal nach dem Photostapel, den er mir mitgebracht hat, beginne, in die entgegengesetzte Richtung zu fragen, viele der Bilder zeigen Vater in hochnordischer, eisiger Landschaft. »Wo ist das«, frage ich ihn, »nach Moskau sieht das nicht aus?« »*Igarka*«, sagt er, »das ist in Igarka.« »Igarka?«, frage ich zurück, »nie gehört, wo liegt das?« »Am Jenissej, in der Arktis, weit weg von hier.« »Wie bist du dort hingekommen?« »Mit der Akademie, der Akademie der Wissenschaften der UdSSR«, sagt er, «da war ich Direktor der Versorgungsabteilung, viele Jahre lang.« Also das war das gastronomische Institut, von dem Jurij gesprochen hat, denke ich und blicke auf den gefrorenen Strom, sehe im Eis eingeschlossene Schiffe, erstarrte Kräne, tief verschneite Uferpromenaden. Ein anderes Photo zeigt eine Siedlung mit schönen Einfamilienhäusern, die handschriftlich mit Buchstaben gekennzeichnet sind: »Da haben wir gewohnt«, sagt Vater. »Das ist verrückt«, sag ich, »du in der Arktis, am *Jenissej*! Weißt du, dass ich auch schon dort war, nein, nicht zu deiner Zeit, nicht in Igarka. Aber am Ende des Flusses, wo er zur riesigen Bucht wird und in die Karasee fließt. In *Dikson*, dem legendären Polarort, er wird dir ein Begriff sein. Das war der Ausgangspunkt unserer letzten Arktisexpedition, 1995, von dort aus sind wir mit dem Hubschrauber nach Sewernaja Semlja vorgestoßen, dann ging es weiter nach Franz-Josef-Land und wieder zurück nach Dikson über Nowaja Semlja. Ich habe am Kap Tschelanija auf Nowaja Semlja am Strand gelegen, auf herrlichem, vom ewigen Ozean geschliffenen Geröll, es war mir weich wie ein Federbett, und dem Rauschen der Barentssee gelauscht, dem Möwengeschrei, dem *reinen* Nichts.«

211

Ob Konstantin das alles übersetzt, Wort für Wort? Egal, Vater wird es mir ansehen, was ich sage. »Es war unsere vierte Tour seit 1991«, erzähle ich weiter, »und es war die umfangreichste, mehr konnte man nicht sehen, es war aber auch die anstrengendste. Vorher sind wir immer mit dem Schiff gefahren, von der Akademie in Murmansk, das war geradezu entspannend dagegen, wir haben nicht selten unter der Mitternachtssonne an der Reling gestanden und mit einem Glas Wein in der Hand auf die grandiose Natur getrunken. Ich bin süchtig nach dieser Landschaft. Wie schön, dass du sie auch gesehen hast, sogar eher als ich. Das Buch über die beiden ersten Reisen habe ich dir mitgebracht.«

Ich ziehe es aus dem Stapel meiner Bücher, die ich ohnehin dalassen will, und reiche es ihm. Er blättert ein wenig darin und guckt mich dabei immer wieder erstaunt an, legt es schließlich zur Seite. Ich deute fragend auf weitere Bilder von ihm: Auf einem steht er, mit offener Pelzjacke, langem Schal und dunkler Pelzmütze, wie ein Feldherr auf schneebedecktem Hügel, Birken und Tannen im Hintergrund, und zeigt mit dem erhobenen rechten Arm und zwei ausgestreckten Fingern in die Ferne. »Worauf zeigst du?«, frage ich. Er sieht sich das Bild näher an, dreht es um, liest die Notiz auf der anderen Seite, sagt: »Das war im März 1977, es ging um den Bau eines neuen Gebäudes. Für die Akademie. Es war eine schöne Zeit.« Wie schön, zeigen die Sommerbilder vom selben Ort: immer wieder Vater, im feinen Anzug und mit weißem Rollkragenpullover, zwischen Birken und grünem Gesträuch; oft lehnt er sich an einen der zarten Stämme, stützt sich mit angewinkeltem Arm daran auf, manchmal hat er eine Zigarette dabei im Mund, dann gerät die Anlehnung noch lässiger, fast verwegen. »Birken«, sage ich, »sind meine Lieblingsbäume«, und füge hinzu: »neben Eichen.« Unvermeidlich schießt mir jetzt Canettis Baum-Philosophie in »Masse und Macht« durch den Kopf, wo er vom Waldgefühl der Deutschen spricht: Der Deutsche fühle sich eins mit den Bäumen, einmalig sei das unter den Völkern. Aber du bist kein Deutscher, Vater, denke ich, und dennoch siehst du zwischen den Birken für Canetti aus wie einer von uns. Von uns? Kann eine Hälfte ein Ganzes bilden, ein Ganzes nur die Hälfte sein? Einmal sieht man Vater mit Jurij und Slavik zusammen wie Verschwörer zwischen den Bäumen hervorlachen, wieder hängt lässig eine Zigarette in seinem Mundwinkel. Er hat seine Arme um die Jungen gelegt, locker und scheinbar ohne jedes Gewicht – jene Arme, mit denen er mich gestern und heute fast erdrückt hat. Eine wunderbare Leichtigkeit liegt auf den Gesichtern. Ein anderes zeigt Jurij und einen Freund in einem Motorboot auf dem Trockenen, sie kleben fast am Steuer, als jagten sie gerade mit höchster Geschwindigkeit über den Jenissej, auch Jurij hängt die Zigarette lässig aus dem Mundwinkel. Auf keinem der Photos, die er mir mitgebracht hat, es fällt mir auf, sieht man Vater oder die Brüder vor den Zeichen und Symbolen der untergegangenen Macht. »Warst du in der Partei?«, frage ich. »Ja«, sagt er, »schon früh.« Ist das ein Schock? Es ist kein Schock, selbst Solschenizyn war in der Partei. Ob er auch Kommunist war, frage ich nicht. Falls ja, hätte er einen Antikommunisten zum Sohn gehabt in jener Zeit, als er Mitglied der KPdSU war, der es zudem geblieben ist, auch wenn sie hier nicht mehr herrscht, die Partei, wie auch dort nicht, wo er ihn einmal gezeugt hat. *Verbrecher*, hat er sie gerade genannt, für jene Untat gegen Mutter, die im Repertoire ihres Schreckens eine der geringsten war. Er wird wissen, warum er sie Verbrecher nennt. Ich muss ihn an diesem Punkt nicht belehren. Mir genügt die Übereinstimmung in einem einzigen Wort.

Auch Slavik, der mit vollem Vornamen Wjatscheslaw heißt, hat Photos mitgebracht: Slavik und Tamara, noch mit langem Haar, als Hochzeitspaar; Slavik, Tamara und Ljuba in Bikini und Badehosen im Sommerurlaub 1983. Slavik und Tamara, nun mit elegantem Kurzhaarschnitt, schickem schwarzem

Kleid, perlmuttenen Ohrclips und doppelter weißer Perlenkette gestylt, auf der Couch in der eigenen Wohnung, wie sie ihren Mann ernst und verliebt anschaut, der ihren Blick ebenso ernst und verliebt erwidert. Eine rosenschwere, seidig glänzende Stofftapete überzieht die Wand hinter der Szene, an der ein großes romantisches Ölgemälde in altem Goldrahmen hängt. Im selben Zimmer auf derselben Couch schließlich Ljuba, die Tochter. Ein geschmückter Weihnachtsbaum funkelt in der Ecke, neben Ljuba sitzt eine prachtvolle Kartäuserkatze mit vom Photoblitz glühenden Augen, und auch bei uns in Schweden okkupiert so ein blaugrauer Teufelsbraten, *Lena* genannt, Couchecken und Sessel, am liebsten aber ganze Betten im Schlaf- oder Gästezimmer. Zwischen Ljuba jedoch und ihrer Karthäuserin – Constanze, fast genauso alt wie ihre Moskauer Cousine, würde jubeln, wenn sie das sähe –, thront tatsächlich *Alf*, die amerikanische Fernsehpuppe vom anderen Stern. Also auch hier, denke ich, beim Druckereidirektor Wjatscheslaw Wladimirowitsch Fedotow, und belasse es nicht dabei, sondern sage es Konstantin, der es übersetzt: Wir lachen. Schöne neue Fernsehwelt, und wie klein sie tatsächlich ist inzwischen. Tamara bedauert, dass wir uns in den zurückliegenden Tagen nicht schon eher getroffen hätten, weil sie es erst so spät erfahren haben, dass es mich gibt und ich auch noch in Moskau sei. »Ich werde wiederkommen«, sage ich, »und vielleicht Constanze mitbringen.« Ein Photo von ihr liegt jetzt zwischen uns auf dem Tisch. Dann fragen sie nach meinen Büchern, die ich mitgebracht habe, nach Titeln und Inhalten. Ich zeige, blättere, rede. Bin glücklich, dass auch sie sich so dafür interessieren. Aber Tamara sagt, sie seien stolz auf den Bruder, Schwager und Onkel, der nun dazugehöre, und ich weiß nicht mehr, wo ich hingucken soll. Ich habe oft darüber nachgedacht, auf wen ich wohl treffen würde, wenn ich zu meiner Familie nach Russland käme, und meine Phantasie hat mir viele Gestalten und Szenerien durch den Kopf spuken lassen. Ein Abgrund an Möglichkeiten, ein Himmel.

Ja, es war schwierig, sie zu treffen, die *wirkliche* Familie; aber es ist nicht nur nicht enttäuschend, mit ihr zusammen zu sein in diesen Tagen und Stunden. Es ist beglückend. Wir wissen zwar kaum etwas voneinander, doch das, was wir schon wissen, bruchstückhaft wie Teile eines Puzzles, und das, was wir sehen und gesehen haben, Szene für Szene, Geste um Geste, scheint zu passen. *Zusammenzupassen.* Das Gefühl sagt ja, und die Augen widersprechen nicht.

Kurz nach dreiundzwanzig Uhr wird Vater allmählich unruhig, sie müssten wohl, sagt er. »Aber es müssen noch Photos gemacht werden«, sag ich. Gruppenphotos. Auf dem einen die Familie mit dem neuen Sohn, Bruder und Onkel; auf dem anderen sind alle die mit von der Partie, die dem Photographen, einem Restaurantangestellten, das Motiv erst verschafft haben: John, Adri und Christine, Susanna und ihr Gefährte, schließlich Konstantin. Während wir Aufstellung nehmen, wird mir plötzlich bewusst, dass Vater drei Söhne gezeugt hat, diese drei Söhne aber nur Töchter. Nur? Wenn ich das Geschehen gestern und heute richtig beobachtet habe, gibt es für diese drei Söhne jedoch kaum etwas Glückhafteres als Töchter. *Väter und Söhne*, denke ich, der Roman ist, Gott sei Dank, schon geschrieben, und sehe Jewgenij Basarows Vater, zusammen mit seiner Frau, am Grab des Sohnes auf einem kleinen Friedhof *in einer der entferntesten Ecken Russlands* niederknien und *weinen lange und bitterlich*. Unser Roman müsste »Väter und Töchter« heißen, aber das wäre nicht bloß ein anderer Titel. Das ist eine ganz andere Geschichte. Inzwischen ist auch die Rechnung da, und meine Kreditkarte streikt nicht. Das steigert das Glücksgefühl über diesen Abend fast ins Uferlose. Eine Viertelstunde später stehen wir alle vor der Tür des »Goeria«, um uns zu verabschieden. Jurij sagt mir noch, er, Vater und Julia wollten mich morgen zum Flughafen bringen. Wir werden uns deshalb um dreizehn Uhr im Hotel treffen. Es bewegt mich, dass es ihr

Wunsch ist. Ich habe nicht damit gerechnet und hätte es auch nie verlangt.

Wenig später fahren auch wir ab, zurück ins »Rossija«. Das nächtliche Moskau ist so lebendig und aufregend wie an allen Tagen und Nächten zuvor. Aber dann, in der Nähe des Hotels »Baltschug Kempinski«, auf der Höhe der Moskwa, zeichnet sich etwas geradezu Gespenstisches gegen den schwarzen Nachthimmel ab: Riesige Flammen schlagen aus einem großen Gebäude. Wir halten, photographieren, fahren weiter. Je näher wir dem Kreml, dem Roten Platz und unserem Hotel kommen, umso mehr sehen wir von dem schauerlichen Spektakel aus gigantischen Flammen, Funkenschwärmen und Rauchschwaden. Im »Rossija« angekommen, gehen wir kurz auf unsere Zimmer, um uns danach noch zu einem letzten Bier in der Lobby zu treffen. Aber sogleich, nachdem wir die Gläser geleert haben, setze ich mich ab und laufe hinaus, um dem Feuer näher zu sein. Ich gehe auf die Brücke nahe dem Kreml, auf der einst Matthias Rust gelandet ist, sehe zahllose Lösch- und Polizeifahrzeuge mit unentwegt blitzenden blauen Lichtern im Einsatz. Polizisten drängen per Megaphon Privatautos ab. Ein kalter Wind treibt das Feuer an, die Funken sprühen unentwegt, im Schattenriss sehe ich gegen die Flammenwände kämpfende Feuerwehrleute, sie versuchen, von Dächern der Nebengebäude aus, tapfer zu löschen. Einer von ihnen hockt total erschöpft auf der Brücke, Helfer versorgen den in sich Zusammengesackten.

Ich verlasse die Brücke und gehe langsam, mit eigenartig leerem Kopf, den Weg zum »Rossija« zurück. Im Hotel kaufe ich noch zwei Flaschen Wasser und falle todmüde ins Bett. Gegen vier Uhr dreißig treibt mich irgendetwas aus dem Schlaf. Unruhe erfasst mich plötzlich, ein bedrohliches Gefühl wabert durch Kopf und Raum. Mein Herz rast. Ich mache Licht und schlucke hintereinander eine Aspirin und drei kleine blassgelbe Valiumscheibe. Dann kommt der Schlaf zurück. Um elf Uhr wache ich wieder auf, fast fühle ich mich erholt. Während ich mich dusche, klingelt das Telefon. John ist am Apparat, wir verabreden uns auf einen letzten Kaffee mit Adri und Christine, die drei fliegen erst morgen nach Amsterdam zurück. Meine Sachen sind schnell gepackt. Im Foyergeschäft kaufe ich Schokolade, Zigaretten und weitere Lackkästchen, schon an einem Stand auf den Leninbergen habe ich einige wunderschöne Exemplare gefunden: winterliche Klosterszenen, strahlend weiße Kirchen mit Zwiebeltürmen unter nächtlichem Himmel, einen prachtvollen heiligen Georg, wie er vom Pferd aus die Lanze in die sich windende Schlange, das Böse, stößt. Sie zeigen mir mehr als nur das Ergebnis uralten feinsten Kunsthandwerks. Sie zeigen die übergeschichtliche Wahrheit hinter den Überbildern der Geschichte, die sich immer wieder mit der Wahrheit verwechseln. Russland wird den Motiven auf diesen Kästchen wieder ähnlicher, und das ist gut für seine Menschen.

Gegen dreizehn Uhr kommen Jurij und Julia, kurz darauf Konstantin. Er war am Vormittag noch einmal bei Kopalin und bringt mir von ihm die erbetene Kopie des Deckblatts der ewig aufzubewahrenden Akte von Vater und Mutter. Dort sei man begeistert, sagt er, über das Happy End unserer Familiengeschichte, zu dem sie, wie er hinzufügt, alle ein wenig beigetragen hätten. »Ein wenig?«, frage ich zurück. »Ohne euch gäb's mich hier gar nicht.« Eine halbe Stunde später letzte Umarmungen, dann fahren wir los. Zuerst zu Vater, der schon mit seiner Frau am Straßenrand wartet und zusteigt. Jurij fährt über die Dörfer nach Scheremetjewo, vorbei am Kosmonautendenkmal, über finstere Landwege, durch kaputte Dörfer, vorbei an Siedlungen, die Schrotthalden ähneln. Hin und wieder wird die Tristesse von nagelneuen Häuseransammlungen unterbrochen, dröhnender Datschenkitsch leuchtet zwischen den Wäldern hervor, gebaute Filmphantasien der glitzerndsten Art: »Russischer Kapitalismus«, sagt Vater. Später zeigt er auf gefrorene Flüsse und Seen, auf denen Angler stoisch auf Klapphockern oder Blechkübeln sitzen, ihr Glück versuchen, und erinnert an seine Zeit in Sibirien: Noch bis tief in den Juni hinein sei dort alles vereist, aber dann sei der Sommer umso heißer.

Endlich liegt Scheremetjewo vor uns, schnell findet sich ein Parkplatz, zügig gehen wir ins Flughafengebäude. In der Abfertigungshalle steckt Jurij mir noch ein Farbphoto von sich und Alexandra zu. »Für Constanze«, sagt er, bevor wir uns ein letztes Mal verabschieden. Wieder spüre ich die kräftigen Arme Vaters, seine Küsse auf meinen Wangen, sehe seine Augen feucht werden, auch mir ergeht es nicht anders. Ich solle Grüße ausrichten, sagt er, Grüße an alle. »Du bitte auch«, sag ich. Dann lösen wir uns voneinander. Im Gehen winke ich den Winkenden, die hinter mir zurückbleiben, zu, bis ich die Sperre passiert habe und sie aus meinem Blickfeld verschwunden sind. Die anschließende Kontrolle vollzieht sich ohne Probleme. Im Andenken- und Presseshop kaufe ich zwei CDs der Gruppe »Lyzeum«, ein Video über die »Geschichte des KGB«, von dessen Cover mich Dschersinsky anstarrt, einst auch genannt der »eiserne Felix«, die aktuelle »Zeit«.

6. April 1999, 15 Uhr 55

Die SAS-Maschine nach Kopenhagen startet pünktlich: Fünf Minuten vor vier steigt sie auf in den grauen Himmel über der riesigen Stadt an der Moskwa, schnell und steil. Leichter Schneefall begleitet das Manöver von beruhigender Routine. Es ist immer noch Winter in Russland. Ein anderes Eis aber ist gebrochen, denkt der Mann, der in den vergangenen Tagen den weitesten Weg seines Lebens bewältigt hat. Und während er die letzten Meter dieses schwierigen Weges, auf brüchigem Eis und verharschtem Schnee, ein weiteres Mal unter seinen Schuhen zurücklässt, erblickt er hinter seinen geschlossenen

Augen das Gesicht jenes Mannes, von dem er jetzt weiß, dass er fast ein halbes Jahrhundert lang auf ihn zugegangen ist, unbeirrbar und auf welchen Pfaden und Straßen der Welt auch immer. Es ist das Gesicht seines Vaters, darin dessen nicht mehr verborgene Tränen.

Ich danke nachfolgenden Personen und Institutionen herzlich für die Unterstützung bei meinen Recherchen zu diesem Buch:

Oberst der Militärjustiz, L. P. Kopalin, Moskau
Oberst K. Nikischkin, Historisches Militärarchiv, Moskau
Jurij W. Fedotow, Moskau
Edda Ahrberg, Landesbeauftragte für die Unterlagen des Staatssicherheitsdienstes Sachsen-Anhalt a. D.
Gerd Giese, Leiter des Stadtarchivs der Hansestadt Wismar
Dr. Susanne Kill, Konzerngeschichte der Deutschen Bahn AG
Ariane Blessing, ver.di Bundesverwaltung, Fachgruppe Literatur
Petra Sprenger, Sächsisches Staatsarchiv, Hauptstaatsarchiv Dresden
Barbara Schaller, Sächsisches Staatsarchiv, Staatsarchiv Chemnitz
Gabriela Hoffmann, Gollenstein Verlag, Merzig
Michail Charitonow, Berlin/Moskau
Karine Tonojan Wester, Förslöv, Schweden
Alfia und Georg Amft, Landshut
Thomas Dahnert, Gedenkbibliothek zu Ehren der Opfer des Stalinismus e. V., Berlin
Detlef Schmidt, Lokalhistoriker, Wismar
Elfriede Brinkmann, geb. Schult, Rostock

Ein besonderer Dank gilt Krista Maria Schädlich, Berlin, die aus meiner Idee zu diesem Buch einen erfolgreichen Tipp an den Aufbau Verlag machte.

Vor allem aber danke ich dem niederländischen Fernsehsender VPRO, Hilversum, namentlich seiner Mitarbeiterin Nellie Kramer, der das von John Albert Jansen vorgeschlagene und als Regisseur geleitete Dokumentarfilmprojekt über meine Vatersuche finanziert und den Film unter dem Titel »De Schacht Saga. Een Duitse familiegeschiedenis« am 8. November 1999 erstmals in den Niederlanden ausgestrahlt hat. Adri Schrover, Kamera, und Christine van Roon, Tontechnik, waren zudem wunderbare Begleiter in den so bewegenden Moskauer Tagen.

Dank schließlich auch an meine Mutter Wendelgard Trampota, geb. Schacht, Hamburg, für ihre luzide Erinnerungskraft, sowie an meinen Vater Wladimir Jegorowitsch Fedotow, Moskau, für seine Gesprächsbereitschaft, mit denen sie mir die ebenso kurze wie dramatische Geschichte ihrer Zweisamkeit nahegebracht haben.